MANAGEMENT RESEARCH
Methods and
Thesis Writing
● ● ●

管理学研究方法与论文写作

杨学儒 董保宝 叶文平◎主编

图书在版编目（CIP）数据

管理学研究方法与论文写作 / 杨学儒，董保宝，叶文平主编 . —北京：机械工业出版社，2019.8（2023.11 重印）

ISBN 978-7-111-63434-8

I. 管… II. ①杨… ②董… ③叶… III. ①管理学 – 研究方法 ②论文 – 写作 IV. ①C93-3 ②H152.3

中国版本图书馆 CIP 数据核字（2019）第 163147 号

    本书循着管理学研究的基本过程，系统地阐述了研究方法的基本概念、主导逻辑、适用情境和实用范例等。围绕论文的摘要、引言、文献综述、理论框架与假设、研究方法、数据收集与分析、结论与讨论，以及论文投稿、回复评审意见和发表后管理等，本书不仅总结了详尽的撰写方法、写作技巧和注意事项等，还提供了"手把手"带着读者"干中学"的范例，有助于读者在研究实践中掌握研究方法，提升研究能力，训练学术论文撰写和报告技能，顺利完成研究论文、学位论文的研究和撰写工作。

    本书是一本管理学研究方法入门书，非常适合高等院校和科研院所管理学、心理学、教育学与社会学等领域的高年级本科生、研究生和研究者。

出版发行：机械工业出版社（北京市西城区百万庄大街 22 号　邮政编码：100037）
责任编辑：冯小妹　　　　　　　　　　　　　责任校对：殷　虹
印　　刷：三河市国英印务有限公司　　　　　版　　次：2023 年 11 月第 1 版第 14 次印刷
开　　本：185mm×260mm　1/16　　　　　　印　　张：16
书　　号：ISBN 978-7-111-63434-8　　　　　定　　价：49.00 元

客服电话：（010）88361066　68326294

版权所有·侵权必究
封底无防伪标均为盗版

作者介绍

杨学儒，华南农业大学经济管理学院教授、硕士生导师，博士。学科带头人，《南方经济》编辑。美国北卡罗来纳大学夏洛特分校访问学者，国家自然科学基金评审专家，《管理科学学报》《南开管理评论》和 Asia Pacific Journal of Management 等期刊匿名审稿人。研究方向聚焦于创业创新与战略管理，主持完成国家级和省部级课题五项，在研国家自然科学基金面上项目一项，省部级课题三项；在《经济研究》《管理世界》《管理科学学报》《南开管理评论》《中国工业经济》和 Asia Pacific Journal of Management（SSCI 二区）等重要期刊上发表论文 40 余篇，出版学术著作一部，主编十三五规划教材一部。主讲的本科生和研究生课程有：创业管理、管理学原理、管理学方法论、管理学方法论实验、企业管理前沿等。

董保宝，吉林大学管理学院教授、博士生导师，博士。美国欧道明大学访问学者，国家自然科学基金、教育部、中国博士后基金评审专家和教育部学位论文评审专家，World Research Journal of Entrepreneurship and Business 期刊主编，International Journal of Business Administration、Journal of Business Research、Journal of Management 和《管理世界》等期刊匿名审稿人。研究方向主要为创业与创新管理、知识管理与国际创业，主持国家自然科学基金面上项目、中国博士后基金特别资助项目及面上项目，以及企事业委托项目 10 余项；在 Entrepreneurship Theory and Practice 和《管理世界》等国内外顶级期刊上发表论文 40 余篇，出版学术著作三部。入选吉林省第二届"春苗人才"计划，吉林大学青年学术骨干连续资助人选之一，U-JOM 亚太区领域编辑（field editor）。

叶文平，暨南大学管理学院副教授，博士。《管理学季刊》编辑部助理。研究方向聚焦于创业与家族企业，主持国家自然科学基金项目一项，先后参与国家自然科学基金重点项目两项、面上项目三项；在《经济研究》《管理世界》《管理科学学报》《南开管理评论》和 Journal of Happiness Studies 等期刊上发表论文 10 余篇。主讲的本科生和研究生课程有：管理学原理、管理学研究方法、管理学前沿理论等。

前言 Preface

管理学需要自己的研究方法吗？在很长一段时间，很多学者和教师都将这视为一个伪问题。自然地，管理学所使用的研究方法常常和经济学毫无差别，统计学和计量经济学是管理学研究方法体系的核心内容。但这样做的效果并不好，甚至导致了很多"常识性"错误。比如，某些缺乏管理学研究方法相关知识和技能的研究者在测量潜变量甚至是具有强烈的社会响应性特征的潜变量时，采用了单一测项的"直接问答"。特别经典的例子是2012年中央电视台记者带着摄像机，拿着话筒问路人"您幸福吗"，而收获了诸如"我姓曾""我耳朵不好"之类的神回答无数。有意思的是，节目主创人员以"CCTV新闻值班室"的微博账号开设微访谈与网友互动释疑，表示受访者中的九成人称自己"幸福"。这样的结论可信吗？我们猜，对节目主创人员而言，"不管你们信不信，我们反正信了"，因为他们相信他们的大量一线调查。而对这个问题的回答，管理学研究者则站在人们的常识这一边，因为该变量的测量毫无信度和效度可言，所以，无论多么大量的调查都得不出可靠的结论。

实际上，由于管理学并不像经济学那样假设研究对象具有高度的"经济理性"，因此无论是对组织还是对个体的研究，都必须要考虑"有血有肉"的研究对象在具体的管理情境中"真实的"行为规律，这使得从研究问题的提出、理论假设到实证检验都与更为抽象的经济学研究存在显著差异，而且常用的适用研究方法也存在显著差异。当然，管理学研究方法和经济学研究方法也有交集，面对所有的管理学和经济学问题，共用的研究方法必然是一个无比巨大和复杂的方法集，而且二者的交集非常大。但是，对大多数初学者和研究者而言，我们都只需要掌握与研究领域紧密相关的常用方法。而对常用方法而言，经济学和管理学研究方法的差异非常明显。特别地，对本科生和研究生而言，我们需要在有限的时间和精力约束下掌握适用的科学研究方法。因此，管理学类专业的学生应该将宝贵的时间和精力花在那些该领域最可能用到的合适方法上，而不应致力于那些"不明觉厉"的复杂方法。

即使是那些国内目前流行的管理学研究方法或软件操作指南书籍，也难以满足高年级本科生和低年级研究生在学习与研究实践上的真切需求。这些学生大多仅具备有限的统计学知识基础，实际研究经验几乎为零，对于学术研究的基本"套路"和禁忌更是知之甚少，因"无知"而对"神秘的"学术研究充满畏惧，在研究实践中缩手缩脚，裹足不前；或者因"无知"而视"砖家"为学者，对于学术研究缺乏敬畏，随意、莽撞地开展研究，得出一些似是而非的惊人发现。实际上，无论是神秘化学术研究还是世俗化学术研究，对于培养学生掌握基本的学术研究能力，达到学士或硕士学位的基本学术水平都是非常不利的。因此，对本科生和研究生而言，研究方法教材的首要任务是通过切实可行的研究方法性质、过程和实例的展示，帮助学生形成正确的学术研究观念；在此基础上，以类似指南的方式，"手把手地"带着学生"干中学"，在研究实践中掌握研究方法，提升研究能力，训练基本的学术论文撰写和报告技能，顺利完成学位论文的研究和撰写工作。

循着这样的理念，结合我们的教学和研究实践经验，我们编写了《管理学研究方法与论文写作》。本书的目标读者群是高年级本科生和低年级研究生，希望本书成为他们首选的管理学研究方法入门书，引领他们迈入正确的研究轨道，帮助他们完成毕业论文或小论文的写作和发表。本书强调研究方法的基本概念、主导逻辑和实用范例相得益彰，尽量使用朴实、直白的语言进行细致的介绍，每章结尾对重要术语和主要问题进行了归纳，以便读者进行自我测验，此外还提供了相应的参考文献，供读者拓展视野。

本书的编写得到了作者研究生们的帮助，他们做了大量的支持性工作。吉林大学博士研究生罗均梅、曹琦，硕士研究生刘云南、彭星、刘璐，以及华南农业大学硕士研究生车璐、王莹、曾馨莹、陈雅惠和李浩铭参与了部分内容的整理和全稿的校对工作。在此，对他们的工作表示感谢。

杨学儒　董保宝　叶文平
2019 年 6 月

目录

作者介绍
前言

第1章 为什么要做研究 ……………… 1
  1.1 管理学研究概述 ………………… 1
  1.2 研究能力的重要性 ……………… 4
  1.3 毕业论文在学位培养中的
       定位 ………………………………… 8
  1.4 发表是硬通货 …………………… 11
  1.5 学术研究的基本底线 …………… 13
  重要术语 ……………………………… 15
  复习思考题 …………………………… 15
  参考文献 ……………………………… 16

第2章 科研立题与实测概述 ……… 17
  2.1 科研立题（选题）……………… 17
  2.2 文献回顾 ………………………… 21
  2.3 理论基础与研究模型 …………… 24
  2.4 因果关系 ………………………… 26
  2.5 研究假设 ………………………… 28
  2.6 变量的定义 ……………………… 32
  2.7 实证研究 ………………………… 34

  重要术语 ……………………………… 39
  复习思考题 …………………………… 40
  参考文献 ……………………………… 40

第3章 如何提出研究问题：
      引言的撰写技巧 ………… 43
  3.1 科学研究问题的基本特征 …… 43
  3.2 研究问题的常见来源 ………… 45
  3.3 引言包含的内容及撰写步骤 … 49
  3.4 引言撰写的注意事项 ………… 53
  3.5 引言撰写示例 ………………… 55
  重要术语 …………………………… 56
  复习思考题 ………………………… 56
  参考文献 …………………………… 57

第4章 如何回顾和总结研究进展：
      文献综述的撰写方法 …… 58
  4.1 文献回顾的主要目的 ………… 58
  4.2 文献收集 ……………………… 60
  4.3 文献梳理 ……………………… 66
  4.4 文献综述撰写示例与技巧 …… 67
  重要术语 …………………………… 70
  复习思考题 ………………………… 70

参考文献 …………………………… 71

第5章 如何提出研究框架：构建理论框架与假设 …… 72
5.1 研究框架的基本内涵 ………… 73
5.2 提出研究框架的常见方法 …… 77
5.3 假设提出的常见方法 ………… 83
5.4 概念框架和假设撰写示例与技巧 ………………………… 89
重要术语 ……………………………… 95
复习思考题 …………………………… 95
参考文献 ……………………………… 95

第6章 如何选择研究方法：设计研究过程 …………… 97
6.1 科学的研究方法 ……………… 97
6.2 管理学研究的常见方法 ……… 100
6.3 案例研究法 …………………… 102
6.4 实验研究法 …………………… 105
6.5 问卷调查法 …………………… 109
6.6 二手数据法 …………………… 114
6.7 文本分析法 …………………… 116
6.8 基于研究方法的撰写示例与技巧 ………………………… 119
重要术语 ……………………………… 123
复习思考题 …………………………… 124
参考文献 ……………………………… 124

第7章 如何收集和清洗数据：研究素材获取注意事项与技巧 …………………… 126
7.1 案例研究数据收集过程与注意事项 ………………………… 127
7.2 实验研究数据收集过程与注意事项 ………………………… 131

7.3 问卷调查数据收集过程与注意事项 ………………………… 137
7.4 二手数据收集过程与注意事项 ………………………… 141
7.5 文本分析数据收集过程与注意事项 ………………………… 152
7.6 数据收集整理说明的撰写示例与技巧 …………………… 155
重要术语 ……………………………… 158
复习思考题 …………………………… 158
参考文献 ……………………………… 159

第8章 常见模型的数据分析过程与技巧：以SPSS为例 … 161
8.1 常见模型概述 ………………… 162
8.2 样本概况与描述性统计 ……… 168
8.3 相关性分析与多重共线性检验 ……………………… 173
8.4 多元线性回归 ………………… 183
8.5 曲线回归 ……………………… 187
8.6 Logit和Probit回归 ………… 190
8.7 中介效应检验 ………………… 193
8.8 调节效应检验 ………………… 196
8.9 跨层级回归 …………………… 200
8.10 分析结果报告的撰写示例与技巧 …………………… 202
重要术语 ……………………………… 207
复习思考题 …………………………… 207
参考文献 ……………………………… 207

第9章 研究总结与贡献提炼：结论与讨论的撰写 ……… 212
9.1 研究总结 ……………………… 212
9.2 理论贡献和实践启示 ………… 215
9.3 研究局限与进一步研究方向 … 218

9.4 研究总结与贡献撰写示例 …… 223
重要术语 …………………… 228
复习思考题 ………………… 228
参考文献 …………………… 228

第 10 章 论文投稿与发表 ……… 230
10.1 期刊论文的规范性要求 …… 231
10.2 论文投稿的学术道德 ……… 235
10.3 管理学期刊一般的审稿流程 …………………… 238
10.4 外审回应方法 …………… 241
10.5 研究的发表后管理 ……… 244
重要术语 …………………… 247
复习思考题 ………………… 247

第 1 章

为什么要做研究

本章主要分为管理学研究概述、研究能力的重要性、毕业论文在学位培养中的定位、发表是硬通货和学术研究的基本底线等内容模块。本章首先介绍了管理学研究的历史背景，并向读者阐明了管理学研究的定义、目的、内容，以及管理学研究的一般过程。为了更好地做研究，研究者至少需要具备五种研究能力：查阅文献能力、总结归纳能力、发现与解决问题能力、创新能力和语言表达能力。在具备一定研究能力的基础上，读者便可以根据毕业论义在学位培养中的定位来撰写毕业论文了。论文发表是学术道路上每一位研究者的梦想，是传播学术研究成果的有效途径。但是，不能为了发表论文而抛弃学术研究的基本底线，失去学术道德。

1.1 管理学研究概述

管理学是一门研究人类社会管理活动中各种现象和规律的科学。随着社会的不断发展，人类从事的管理活动越来越复杂，专业化分工越来越精细，人们逐渐认识到管理学的重要性。管理学在历史进程中经历了两次重要转折。第一次转折发生在 19 世纪末 20 世纪初，科学管理学派和管理职能学派的出现标志着现代管理学的诞生。科学管理学派的代表人物是泰勒（F. W. Taylor），他将科学管理理论引入生产现场的管理中，实行一段时间后生产效率显著提高，这让人们开始意识到管理在生产活动中所起到的重要作用。管理职能学派的代表人物是法约尔（H. Fayol）。法约尔认为想要经营好一家企业，单单改善生产现场的管理是不够的，还需要改善有关企业经营的 6 种职能，并提出 14 条原则来指导管理人员解决问题。与泰勒不同的是，法约尔提出的一般管理理论除适用于企业管理之外，还适用于政府、教会、社会团体、军事组织以及其他各种事业的管理，为管理理论的发展奠定了基础。第二次转折是在第二次世界大战后，世界经济、政治形势都发生了重大的变化，相应地，对企业管理的要求也发生了改变。此时，人际关系学派、行为科学学派、管理科学学派、决策理论学派和权变理论学派相继涌现出来，犹如一片茂密的树林，哈罗德·孔茨将这种现代管理学说群峰对峙的局面称为"管理理论丛林"。人们发现企业的兴旺发展必须遵循管理规律，重视培养管理人员，这无疑促进了管理学的发展。

管理学的重要性决定了管理学研究的必要性。那么，什么是管理学研究呢？简单来说，管理学研究就是发现和总结管理规律的过程，目的是发现、辨识和解决管理领域中发生的各种问题。从不同角度看，管理学研究内容的侧重点有所不同。从管理的二重性角度看，管理学研究的内容主要包括三个方面：一是生产力，研究如何根据组织目标的要求和社会的需要，有效配置组织中的人、财、物、知识和时间等各种要素，以达到最佳的整体经济效益和社会效益；二是生产关系，研究如何正确处理组织内成员之间的关系，如何激励组织成员为实现同一个组织目标而共同努力，如何建立健全组织机构和管理体制等问题；三是上层建筑，研究如何保持内外一致的问题，即组织内部和外部环境保持一致，组织的规章制度和社会的上层建筑（政治、经济、法律和道德等）保持一致。从历史的角度看，管理学着重研究管理实践、思想和理论的形成、演进和发展过程。从管理者的角度看，研究内容主要包括管理活动具有哪些职能，这些职能包含哪些要素，利用哪些原理、方法、程序和技术来执行职能，执行职能的过程中会遇到哪些困难，如何去克服这些困难等。

管理学研究可以按照不同的标准进行分类。按照研究目的和性质划分，可以将管理学研究分为探索性研究（exploratory）、描述性研究（descriptive）和因果性研究（causal）。探索性研究倾向于解决以前很少研究或没有研究的新问题（Brown，2006），是为了确定问题的性质，进而帮助我们更好地理解问题，而不是为了得出结论和提供最终的解决方案，如研究者从事先期试探性的"有没有"或"是不是"的初步研究。描述性研究是指研究者对研究问题已有初步认识，而对被研究群体或现象的状况、特征和发展做出更仔细的描述，进一步了解研究问题，这种方法更多地关注现象"是什么"的问题（Ethridge，2004）。因果性研究又被称为解释性研究，是为了确定变量之间因果关系的程度和性质，当研究者已经认识到现象"是什么"及状况"怎么样"，想要进一步了解现象"为什么"是这样时，便可以使用因果性研究的方法。在管理学研究中，一般先进行探索性研究、描述性研究，后进行因果性研究。

除了上述分类方式外，管理学研究还可以分为定性研究（qualitative research）和定量研究（quantitative research）。定性研究主要是探索性研究，用于了解某种潜在的原因、观点和动机。定性研究也被用来揭示思想和观点的趋势，并深入研究问题。定量研究是通过生成数值数据或转换成统计数据来量化问题，使用可测量的数据来阐明事实和解释研究中的模式。两种研究的转换逻辑是：现象—假说—构念—变量—指标—

数据—结果,其中,变量是定性研究转化成定量研究的关键环节。定性研究通过洞察问题确定所研究现象的性质、提出假说和构念,这是展开定量研究的基础。因此,定性研究和定量研究是缺一不可的,两者经常配合使用。目前的主流为定量研究,比如,《管理世界》《管理科学学报》《南开管理评论》等顶级期刊都发表以定量研究为主的文章,而《外国经济与管理》则经常发表定性研究文章。在管理学研究中,先是少数大师级别的研究者采用定性研究方法开拓一个新的管理研究领域,之后会出现一大批定量研究者来解释、细化、补充和完善这个新领域。因此,我们建议初学者尽量采用定量研究来写文章。

按照时间维度划分,管理学研究还可以分为横截面研究(cross-sectional study)和纵向研究(longitudinal study)。横截面研究是对某一特定时间的不同组样本进行"快照",从而得出有关广泛样本的现象的结论。纵向研究是以时间为主要变量,试图对一组小样本随时间的变化和波动进行深入研究。横截面研究与纵向研究的不同之处在于,前者旨在研究特定时间点的变量,后者则需要采取多种措施对变量进行较长时期的跟踪研究。可以想象,纵向研究往往比横截面研究需要更多的资源并消耗更多的成本和时间。纵向研究也更容易受到选择性损耗的影响,这意味着一些人比其他人更容易退出研究,进而影响研究的有效性。而横截面研究能够很好地解决这一问题,由于数据是一次性收集的,参与者在数据完全收集之前退出研究的可能性较小。但是,横截面研究因为没有时间前后,会导致研究结论只能说明相关关系,却不能说明因果关系。当然,研究人员也可以综合使用这两种研究方法,使用横截面研究来捕捉潜在的感兴趣的区域,然后进行纵向研究,找出趋势背后的原因。这被称为面板数据(panel data),或时间序列—截面数据,是一种复杂且费用较高的研究类型。面板数据兼具横截面和时间两个维度,两个维度的数据使得面板样本容量大幅增加,与横截面数据相比,明显提高估计的精确度,因为很多估计量和检验都是在大样本下得到的渐进分布。面板数据还可以有效解决遗漏变量的问题。遗漏变量通常由不可观察的个体差异或"异质性"所致,如果这一异质性不随时间而变化,那么面板数据就成了解决遗漏变量的利器,而这是截面数据所不能解决的。

通过上面的叙述,相信读者已经对管理学研究的定义、目的、内容和类型有了初步认识。这时我们不禁会问,到底该如何进行管理学研究呢?下面,我们就对管理学研究的基本过程进行简单说明(见图1-1)。

(1)选择研究主题。研究者选择一个自己感兴趣的现象或论题作为研究主题,这是管理学研究基本过程的起点。

(2)聚焦研究问题。研究者需要将一般的研究主题逐渐聚焦,产生一个具体的研究问题。

(3)文献回顾。文献回顾通常是研究过程中历时最长的一个阶段。事实上,研究者在确定研究问题之前就要进行文献回顾，他需要检查前人是否研究过相同的问题。然而，文献回顾的大部分工作都是集中在确定研究问题之后进行的，其意义是为后续研究打下坚实的理论基础。

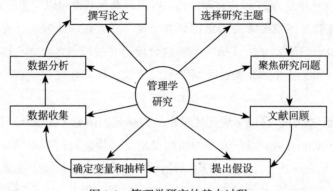

图1-1　管理学研究的基本过程

（4）提出假设。研究者在进行大量的文献回顾工作后，可能会将某些概念联系起来，之后便可以针对研究问题提出研究假设。

（5）确定变量和抽样。实证模型一般都会包括自变量、因变量和控制变量，稍微复杂一些的话，可能还会包括中介变量和调节变量。研究者在确定完变量以后需要进行抽样。抽样的基本过程如下。

- 界定总体：确定调查对象的内涵、外延和数量。
- 确定样本的数量。
- 抽样：可以采用概率抽样或非概率抽样的方法进行抽样。

（6）数据收集。按照数据的来源和它们与研究者的关系，数据可分为一手数据和二手数据。

（7）数据分析。数据分析的核心内容是检验研究假设，并判断样本观测值得出的发现是否适用于总体。研究者从数据分析的结果中得出结论，并解释这些发现的理论和现实意义。

（8）撰写论文。最后，我们要将研究成果撰写为研究论文，研究论文一般包括摘要、引言、文献综述、理论与假设、研究方法、数据处理与结果、结论、研究的局限性和对未来的建议等。论文完成后，研究者便可以进行论文的投稿与发表。

1.2　研究能力的重要性

如果想要真正进行管理学研究，我们还需要具备一定的研究能力。对本科生、硕士生和博士生来说，研究能力的要求标准是依次递增的。本科生的主要任务是打好基础，掌握好专业基本知识、基本理论和基本技能。从硕士生开始，就需要进入研究能力的重点培养阶段，硕士生与本科生相比，在研究能力方面会有很大的强化。硕士毕业之后，如果选择继续攻读博士学位，能够让你的研究能力再上台阶，可以有一个较大的提升和飞跃，更容易独立开展学术研究工作。那么什么是研究能力呢？研究能力包括哪些内容呢？接下来我们对上述问题进行说明。

很多人容易把学习和研究混淆。其实，学习就好比登山，是为了追求一个高度，而研究就像是在一个未知的新领域进行探险，是为了追求一个广度。学习注重对新接触的知识信息进行重复练习，进而把短期记忆变成长期记忆。而研究不是单纯地吸收这些知识信息，需要在此基础上进行创造性的探究以获取新的知识。简单来说，学习的目的是知识的积累，而研究的目的是知识的突破。相应地，研究能力就是蕴含在研究过程中的能力，是能够创造新知识、发现新规律并利用严谨的语言表达出来的能力。在培养研究能力的过程中，需要关注以下五个方面的能力。

1.2.1 查阅文献能力

文献的查找和翻阅贯穿整个研究过程的始终，因此，查阅文献能力是研究者应该掌握的最基本的能力之一。当研究课题未定时，我们可以通过阅读文献寻找自己最感兴趣的方向，进而确定研究课题。当研究课题已定时，文献主要可以为我们提供以下帮助：

- 文献可以帮助我们了解该领域的研究现状。我们可以搜集相关文献来了解前人已经做过哪些工作，包括取得的成果、达到的水平、研究重点、研究方法、问题等。
- 文献可以帮助我们确定具体的研究问题。我们可以通过阅读文献，了解哪些问题已经解决，哪些关键问题尚未解决，思考没能解决的原因是什么，以目前的条件有多大可能解决这一问题，该问题是否有研究价值，从而确定具体的研究问题。
- 文献可以为我们提供一些研究思路和方法。

随着各种工具和网站的开发，文献检索的形式也愈加丰富起来。我们可以通过检索中国知网、万方、维普等数据库平台来获得想要的文献。另外，外文文献可以从 Scopus、Web of Science、Elsevier-ScienceDirect、Springer Link、Wiley 等外文数据库查阅。文献资料包含了国内外学术研究思想和最新科研成果，我们可以从中获得有关研究课题的前沿动态与最新情报信息，接触该领域内最新研究理论和研究方法，并思考这些理论和方法能否为我们所用，进而为我们提供一些新的研究思路。通过对过去和现在的研究成果的梳理，我们可以收集更为科学、更可靠的事实与数据资料来佐证自己的观点，使研究结论更具说服力。

1.2.2　总结归纳能力

很多人读完一篇文献时常常会有这样一种感觉：读的时候什么都懂，读完却什么也记不住。这是因为大多数人都缺乏总结归纳能力。在阅读文献的过程中，可以把这种能力分为总结能力和归纳能力。总结能力就是把文献中的重点和要点以简洁的语言转化为自己所需的知识的能力，而归纳能力就是在总结的基础上建立知识之间的联系，从而形成一个条理清晰的知识体系的能力。总结能力能够从大量的文献资料中抽取最精华的部分为自己所用，可以提高阅读速度和质量，加强研究者对知识的记忆、理解和把控，有利于把知识转化为能力，为今后的研究奠定坚实的基础。因此，这种能力是研究者必须具备的能力之一。

在阅读文献的初始阶段，我们对知识还不够熟悉，如果现在就开始总结归纳，可能不利于兼容后续学习的知识。因此，在刚开始进行文献阅读时，我们应该对各种知识采取包容的态度，先不要急于总结归纳和做判断，只需按照文献的不同内容进行分类，如研究问题、研究模型、研究方法、结论等，并可以将自己的想法记录下来。当文献积累到一定数量之后，我们已经对知识有了更加深入的理解，这时便可以将这些知识进行系统的整理、重组，总结归纳它们的共性特点和存在的问题，进而更加明确自己的研究方向。

1.2.3　发现与解决问题能力

爱因斯坦说过发现问题往往比解决问题更重要。发现问题是科学研究的逻辑起点，没有研究问题就无法确定研究对象和研究内容，又从何谈起研究，因此，做研究就必须具备发现问题的能力。发现问题的能力是指研究者依靠敏锐的观察力、深刻的洞察力、丰富的想象力和准确的判断力，从外界大量的信息资料中发现有价值的问题信息的能力。大部分人会选择站在前人的"肩膀"上继续深入研究，研究那些该领域中已存在但未解决的问题。只有具有极强科研能力的少数人才会选择探索全新的问题，进行独创性的研究。对研究者来说，发现并提出有价值的问题等于解决了问题的大半，选题不当往往是导致研究失败的主要原因。因此，研究者不能只顾"如何解决问题"而忽视"如何发现问题"，否则，你很有可能从事一项没有任何意义的研究。

发现和提出正确的研究问题固然重要，然而，做研究不可能只停留在提出问题的阶段，发现问题只是打开研究大门的钥匙，解决问题才是研究的核心。解决问题的能力是研究者在研究过程中利用自身的知识和能力来获得解决办法，进而继续进行研究的能力。如果研究者缺乏解决问题的能力，那么他就没有能力获得科研成果，这对一位研究者来说是致命的。而他所遗留下来的问题可能会由该领域的其他研究者攻克，进而使该领域有了新的进步。因此，提高解决问题的能力，是增强我们研究能力的关键所在。

1.2.4 创新能力

创新能力是指研究者从不同角度提出问题并创造性地解决问题的能力。如果研究者缺乏创新能力，那么他只会照搬前人的研究思路，把前人的研究思路和研究方法运用在自己的研究中，进行重复性的应用和验证的工作，并在研究意义等个别方面做简单意义上的拓展延伸，揭示简单的客观规律（赵颂等，2019）。这样重复性的研究工作虽然不能说成是没有价值的，但是对一位想在科研方面有显著成绩的研究者来说，是远远不够的。他必须在研究的过程中有所创新、有所突破，即必须具备强大的创新能力。

现在，在个别大学和科研院校中，做学术、搞研究不再是为了单纯地追求真理，而是以利益为导向去从事研究工作，创新能力不能得到重视和提高。对大部分同学来说，想要提升自己的创新能力，不仅需要具备完善的理论知识体系，更重要的是要拥有挑战困难和突破自我的勇气与魄力。毕竟，做研究是在摸索别人没有走过的路，这条路是孤独的、异常艰辛的，因为缺乏毅力而对研究工作望而却步的情况屡见不鲜。

1.2.5 语言表达能力

语言表达能力包括书面表达能力和口头表达能力，前者能够反映研究者的专业能力和思维逻辑，主要体现在撰写的报告或论文等材料中；后者能够反映研究者的心态、性格、视野和格局，主要体现在思想交流碰撞的过程中，如组会、演讲和学术报告等。可以看出，语言表达能力对研究者来说是十分重要的。

书面表达能力实际上就是"写"的能力，是研究能力的外化表现。只有将研究成果形成严谨系统的文字，才是真正意义上的研究。研究者不能一味地追求输入而不输出，就好比茶壶里的饺子一样，即使肚子里有再多的东西也倒不出来。而输入到输出的媒介正是书面表达能力，它能够直接反映出研究者的逻辑思维能力、理论素养、思想水平和谋篇布局的能力，这些都是完成高质量论文的关键。很多人会陷入一种误区，认为书面表达能力和口头表达能力是有直接联系的，因为书面表达是口头表达的归纳总结。但是口头表达能力仅仅能够说明研究者能不能准确地把自己的想法表达出来，却不能够说明他是否具备严谨的写作逻辑，因此，口才好的人写文章不一定很好。口头表达能力也就是"说"的能力，做研究往往不是一个人独自进行，必须要与各种各样的人进行沟通。例如，与导师交流自己在写文章的过程中遇到的困难和突发的想法，与同门进行知识的交流和切磋，与审稿人沟通论文的问题和修改意见，在学术报告中为他人充分地展示自己的研究成果等。研究在乎过程，更在乎结果。沟通能够加速研究的进程，写作是输出结果的媒介。因此，做研究一定要具备良好的语言表达能力。

通过上文的讨论，相信读者已经意识到了研究能力的重要性。想要培养自己的研究能力，就要重点培养查阅文献能力、总结归纳能力、发现与解决问题能力、创新能力和语言表达能力，缺少任何一种能力都会阻碍研究的进程。我们也希望读者能够加强自己的"短板"，早日取得理想的研究成果。

1.3 毕业论文在学位培养中的定位

1.3.1 本科生

毕业论文是根据本科专业培养目标要求和人才培养方案的总体安排，为培养本科生综合运用能力而设置的实践教学环节。因此，撰写毕业论文是高等教育教学计划中必不可少的一个重要环节。对本科生而言，毕业论文就是通过集中进行科学研究训练，要求本科生在毕业前撰写的论文，一般安排在最后一学年（学期）进行。本科生需要在老师的指导下，选择课题并进行研究，撰写并提交论文。毕业论文是本科生提交的一份有一定学术价值的文章，是本科生完成学业的标志性作业，是对学习成果的综合性总结和检阅，是从事学术研究的最初尝试。本科生撰写毕业论文就好比大学的最后一堂"期末考试"，只不过是开卷而已。"考试结果"能够检验学生掌握知识的程度、分析问题和解决问题的基本能力。

本科生有必要写毕业论文吗？这一问题曾在教育界引起不小的争论。有的人认为，自 1999 年高校扩招以来，高等教育就从"精英教育"逐渐过渡到"大众化教育"，本科生的培养目标也从学术型人才的培养，逐渐转向面向学术、实践等多种需求的人才培养，学生的禀赋和整体素质已经发生极大的改变。此后，学校师生的比重失衡，老师对每位学生在论文上的指导相当有限。再加上目前大学培养本科生具有"严进宽出"的特点，学校对本科论文的要求不会很高，很多学生写论文只是为了尽快毕业。2014年《劳动报》做了一份关于《大学生会花多少时间写毕业论文》的研究调查报告，结果显示超过 90% 的本科生用不足 30 天完成论文，有 47% 的学生甚至只用了不足 10 天。本科生在这么短的时间内，写出的论文几乎不会有什么价值。这时我们不禁会想，难道本科生真的没必要写论文吗？答案当然是否定的。只要本科生撰写毕业论文的态度是认真的，就一定能够为本科生带来益处。第一，认真撰写论文的过程会使本科生进行严谨的思考，并想办法解决出现的各种问题，这有助于他们今后的工作和学习。第二，毕业论文可能会让第一次接触研究的本科生打开新世界的大门，从而走上学术研究的道路。因此，我们不能因为很少有本科生写出高质量的论文，就否定毕业论文的意义。

本科生为什么要写毕业论文呢？大学设置毕业论文这个环节，主要有以下三个目的。

- 对本科生进行多方面的培养：培养综合运用、巩固与拓展所学的基础理论和专业知识的能力；培养本科生理论联系实际的工作作风和严肃认真的科学态度；培养独立分析问题以及解决实际问题的能力；培养深度思考能力和创新能力；培养处理数据和信息的能力；培养学生初步的科学研究能力等。
- 激发本科生的学术研究兴致，激励本科生利用大学所学的知识和技能去系统地探究学术问题，对本科生在校期间的学习成果进行一次全面的考核。
- 对本科生进行必要的学术研究基本功的训练，使他们通过学习和训练，掌握论文写作的基本套路和研究方法，为以后撰写专业学术论文打下良好的基础。

撰写毕业论文是检验本科生在校学习成果的重要途径。本科生在毕业前必须完成毕业论文的撰写任务。申请学位必须提交相应的学位论文，答辩通过后才可以取得学位。可以这么说，毕业论文是结束大学学习生活走向社会的一个中介和桥梁。本科生应该把毕业论文当成大学期间的最后一份作业，需要认真完成。因为对很多本科生来说，毕业后就很难再有机会接触学术研究工作，这可能是人生中最后一次综合运用自己的专业知识进行研究的机会。

1.3.2 硕士生

根据我国学位条例规定，硕士研究生修满一定的学分，通过论文答辩后，方可授予硕士学位。对硕士研究生而言，硕士学位论文的撰写是最为重要的一项工作，一般在研究生完成培养计划所规定的课程学习后开始，应包括文献阅读、开题报告、拟订并实施工作计划、科研调查、实验研究、理论分析和文字总结等工作环节。硕士学位论文必须有一定的工作量。在论文题目确定后，用于论文工作的时间一般不得少于一年半。

硕士学位论文是对研究生的研究工作的阶段性总结，可以比较全面地反映研究生的状况。第一，硕士学位论文能够反映出研究生对其专业领域了解的程度；第二，硕士学位论文能够反映研究者对基础知识掌握的情况；第三，硕士学位论文能够反映研究生的综合能力，包括外语水平、阅读能力、科研能力和写作能力等。很多硕士研究生虽然学习比较好，但写作能力比较差，在撰写论文的过程中往往会暴露出很多问题，比如，重点不突出、条理不清晰、逻辑不严谨、写法不规范和表达不清等。我们可以有针对性地解决这些问题，提高自己的综合能力，进而提高论文的质量。因此，硕士研究生一定要重视硕士学位论文的撰写工作。

撰写硕士学位论文不仅对硕士研究生的科研能力大有帮助，而且能够提高研究生解决研究以外的问题的能力。毕竟，通常完成一篇硕士学位论文并不只是涉及"学术"的事，还包括关系协调、专家咨询、资源利用等"非学术"的事情。而这些事情有助于研究生的"非学术"能力的培养。因此，研究生应该好好抓住撰写硕士学位论文的机会，无论将来从事"学术"方面的工作还是"非学术"方面的工作，都具有一定好处。

如果你想继续攻读博士学位，硕士学位论文就变得非常重要了。硕士生注重专业培养，博士生注重独立研究能力的培养。硕士生通过撰写硕士学位论文，以充分证明自己能够运用学到的知识和技能来解决一个给定条件下的问题，在这一过程中逐渐培养自己的研究能力，为以后独立地完成学术研究打下坚实的基础。因此，撰写硕士学位论文有助于硕士生成功迈入博士阶段。

1.3.3 博士生

博士标志着一个人具备产出原创成果的能力，可以从学习阶段迈入学术阶段。博士学位论文是由攻读学位的博士研究生所撰写的学术论文。研究生需要在导师的指导下，确定科研方向、收集资料、阅读文献、进行调查研究以及选择研究课题。一般在第二学期，最迟在第三学期通过开题报告并拟订论文工作计划，之后根据论文工作计划分阶段报告科研和论文工作的进展情况。博士生与本科生和硕士生不同，他们是作为学术研究人才培养的，必须写学位论文，而且应该用严格的学术规范来要求。博士学位论文要求研究者必须对自己所在的专业领域具备大量的理论知识，并对这些知识有相当深入的思考，同时要求研究者具备高水平的独立科研能力，能够为该研究领域贡献有价值的研究成果。

博士学位论文的写作是博士生主要需要完成的工作。博士学位论文要选择国际前沿的课题或对国家的经济建设和社会发展有重要意义的课题，要突出论文在科学和专门技术上的创新性与先进性，并能表明作者在该研究领域中已经掌握了坚实宽广的基础理论和系统深入的专门知识，具有独立从事科学研究工作的能力。

一般情况下，想要完成一篇博士学位论文是十分困难的。因为博士学位论文的写作周期很长，并且在创新、写作规范、实际及理论意义等方面有着比较高的要求。通常，一篇优秀的毕业论文应该达到以下标准：

- 有价值的选题。
- 创新性的观点。
- 完美的结构框架。
- 可靠的求证。

- 有意义的结论。
- 优美的文笔。

博士学位论文的撰写是攻读博士学位期间最重要的一项工作，也是使大家从入学到毕业，从学生转变为自己研究领域专家的一次飞跃。因此，博士学位论文的撰写会花费博士生较多的时间和精力，希望大家能够合理安排好学习和写作，保证有足够的时间进行博士学位论文的撰写，这是写出一篇高质量论文的前提。

1.4 发表是硬通货

俗话说，盛世古董，乱世黄金。在乱世时，古董因为易贬值且易碎不再成为人们收藏的首选，而黄金因为保值且易保存的特点而备受人们青睐。"硬通货"一词，最早就是用来形容黄金的。随着时间的推移，硬通货的含义变得丰富起来，通常用来指一切有价值的东西。对走学术道路的研究者而言，发表论文就是"硬通货"。在学术界，研究者应该很熟悉"发表还是死亡"（publish or perish）这句话。它用来描述研究者为了维持或促进职业生涯而不断快速发表学术论文的压力，这种压力在学术界是普遍存在的。成功发表的论文会引起其他研究者及资助机构的注意，有助于研究者得到资助并继续发展事业。而那些不经常发表论文的研究者，或者那些专注于一些不会发表论文的活动的研究者，比如指导本科生，可能会在竞争职称时失去优势。发表的论文能够直接体现研究者的学术研究成果，其所发表的学术期刊等级越高，研究者对自己所在的研究领域的影响力就越大。学术论文发表的数量和质量往往代表了一个研究者在某个研究领域中的学术地位，因此，发表学术论文就是"硬通货"。

学术论文又被称为研究者的"信用卡"，其发表是找工作、晋升职称和申请科研经费及课题等的"硬通货"。具体来说，在校期间，如果本科生、硕士生和博士生发表一定水平的学术论文，这能为个人简历添上亮眼的一笔，有助于向他人展示自己的学术素养，找工作时会比竞争者更有优势；当讲师、副教授等想要晋升职称时，发表论文是一项必需的参考指标；研究者发表论文的数量越多、质量越高，其申请科研经费或课题会相对越容易，若申请成功，论文的发表又是完成研究课题的一项标志。因此，论文的发表对研究者来说是十分重要的。

不同的研究者在学术界发表论文的目的可能有所不同。有的研究者目的比较纯粹，希望为他所在的研究领域贡献新的知识。这类研究者真正在乎的不是论文是否发表，而是是否推动了其研究领域的发展。有的研究者想要对其研究领域产生一定的影响力。影响力只有在论文成功发表之后才会产生，并通过学术论文的被引用率来体现。如果其他研究者在引用该篇论文的过程中发现了错误，他们就有机会及时修改这种错误，以免继续误导他人。有的研究者想要在其研究领域扬名立万，建立自己的学术声誉。想要成名本不是一件坏事，但是如果研究者为了获得表面上的"名誉"，不顾论文的质量而只顾论文的数量，这种做法是万万不可的。陈晓萍（2018）在担任 *Academy of Management Journal*（*AMJ*）主编的时候就发现过以下情况。

> 即使是一些很有名的教授，也有这个陋习：他们把一篇文章投到我这里，同时又把方法改一改，问题改一改，写成另一篇论文，投到另外一个期刊。曾有审稿人向我报告这样的问题，我就打电话到另一个期刊，问他们有没有收到这样的一篇文章，他们说有啊！于是，我和那个期刊的主编，就把这两篇文章都拒绝了。

从上述例子中，我们应该得到一些启示：研究者在做研究时，千万不要为了发表而发表，而忽视了追求知识的重要性，否则，研究者就会失去做研究的乐趣，最后变成一种煎熬。研究者应该把发表论文当成一种媒介，并通过它来与学术界的其他研究者沟通，传播自己的学术研究成果。这种以贡献知识为目的的研究才是有价值的。

我们如何提高成功发表论文的概率呢？

（1）写论文要严谨。论文能否成功发表在很大程度上取决于它的严谨性。严谨性体现在论文的方方面面，比如，方法是否严谨、逻辑和理论是否严谨、研究的信度和效度如何等（陈晓萍，2018）。提高论文严谨性的最好办法，就是阅读和模仿高质量的文章，这对于初学者尤其重要。首先，我们可以找几篇与自己研究最相关的高质量论文，并细致地阅读多次。我们需要仔细思考它们是怎样引出研究问题的，用什么理论来解决该问题，以及使用了什么方法。最重要的是，我们要弄清楚文章的行文逻辑，包括段落层面的逻辑、句子层面的逻辑，甚至一句话里面的逻辑。一篇好的文章一定是循循善诱、有理有据的，让别人很容易明白文章的内容。注意句子衔接的转折、递进、因果关系，这样可以使文章读起来通顺流畅。我们需要吃透这些高质量文章的"写作套路"，从结构到段落到句子都可以模仿。模仿不是照抄，如果抄5个字以上就需要标明出处。

（2）寻找对的合作伙伴。对的合作伙伴在不同情境下有不同的含义。当我们想要发表论文时，对的合作伙伴是指与自己熟悉的期刊主编。然而，在匿名审稿的情况下，这种"靠关系"的行为就不奏效了。当我们想要找其他研究者一起合作一篇论文时，对的合作伙伴是指经验比我们丰富、做研究比我们好的研究者。这就好比赛跑，如果我们和与自己速度一样快或比自己慢的人赛跑，那么我们的跑步速度就会提升得很慢。因此，一定要和比自己跑得快的人赛跑，这样我们才有动力提升自己的速度。做研究也是一样，我们需要与一个做研究比自己做得好的人合作，最后撰写出来的论文质量水平通常会高于我们以往的水平，有助于提高发表论文的成功率。

（3）发表论文需要提前做好准备。无论是老师晋升职称，还是学生毕业，都应该尽早发表论文。因为论文从投稿到审稿、录用/被退稿、修改润色、终审、定稿、校对、排版、印刷、出刊、邮寄，需要一定的时间周期，普通期刊的审稿时间在1～7天，发表周期在1～3个月，核心期刊时间会更久，我们无法决定出刊的时间。因此，只有提前准备发表论文，才能保证万无一失。近年来，期刊审核论文的标准越来越严格，在审稿和修改的过程中花费的时间也越来越多，论文被退稿的概率大幅增加，这就要求研究者尽早投稿。另外，期刊可能也会由于某种原因，导致原先计划出刊的论文延期出刊，研究者应该为各种意外情况预留时间，以免论文无法按时出刊。而且，期刊的版面费会随着时间的推移而增加，论文发表拖得越久，费用就越高。那么，我们提前多久发表论文才算合适呢？如果想要把论文投到省级或国家级期刊，需要提前3～6个月的时间；如果想把论文投到核心期刊，需要提前10～12个月的时间。研究者需要弄清楚论文发表的时间周期，以保证论文可以在预想的时间范围内发表。

（4）学会有效管理和利用时间。高质量的论文是论文成功发表的前提。通常情况下，研究者如果想要写出一篇高质量的论文，就需要把一半及以上的时间投入到研究中。研究不能等研究者有空了再去做，向后拖只会耽误论文的进度，最后匆匆收尾，导致论文的质量不过关。研究者也不可能把全部的时间和精力都投入到论文的撰写中，因为肯定还会有其他工作等待我们去完成。这时，研究者就需要学会合理安排自己的时间，以一周的时间为例，研究者可以拿出三天的时间来完成工作，充分利用剩下四天的时间来好好做研究、写论文。研究者需要思考自己想要达到什么样的目标，论文必须在什么时候之前完成，这样有利于研究者按时且高质量地完成论文，提高论文发表的概率。

论文的发表需要漫长而艰辛的等待，希望读者能够保持乐观向上的心态。也许你觉得自己"不够好"，无法发表学术论文。也许你认为如果你写了一篇论文，它会被拒绝。首先，需要注意的一点是，即使是最知名的研究者也会收到退稿信，因此，作为该领域的新手，如果你收到退稿信，这并不是世界末日。其次，你可以从审稿人反馈的评论中学到东西，要记住，他们的评论不是针对你个人的，而是对你所提交的论文进行建设性的批评，你可以根据反馈的内容进行修改。最后，好的论文一般不是一次性完成的，而是在反复多次的修改中逐步形成的，希望你能够保持乐观，并学会在"失败"中成长，写出一篇更好的文章。

1.5 学术研究的基本底线

《菜根谭》中有一名句："德者事业之基，未有基不固而栋宇坚久者。"意思是高尚的品德是事业成功的基础，基础不稳固，高楼大厦就不能坚固持久。这句话同样能给学术研究者启示：做人比做学问更重要。近年来，学术造假的相关事件时有发生，学术不端行为在学术界受到越来越多的关注。最近，某位明星博士的论文抄袭率被曝高达40%，一度将学术界存在的学术不端问题推到了风口浪尖。研究者一旦选择了走学术研究的道路，就要充分认识学术诚信的重要性和学术不端的危害性。

郝幼幼（2007）认为，"学术研究担负着追求科学真理、诠释正义和传承人类文明薪火的重大责任，其精髓就在于'真'——学术的价值在于其真实地反映了客观规律。"学术研究的求真性决定了研究者在追求真理的过程中要坚守学术诚信。研究者不能对所发现的任何东西有所隐瞒，不能有选择地把自己想让他人知道的东西公之于众，不能隐瞒不符合自己设想的任何东西。这不仅体现了研究者的学术诚信，更体现了研究者应该承担的责任。

近年来，很多研究者受到利益的驱使，选择抛弃学术诚信，学术不端行为日益增多，被视为"一块净土"的学术界逐渐受到污染和破坏。那么，哪些行为属于学术不端呢？

（1）伪造。伪造就是弄虚作假，包括伪造科研数据、资料、文献、注释，捏造事实以及编造虚假研究成果等。韩国首尔大学黄禹锡教授曾在世界上率先用卵子成功培育出人类胚胎干细胞等，并在《科学》上发表了两篇论文，但两篇论文中的所有图像和数据于2006年确认系伪造。一度被誉为韩国"克隆之父"的黄禹锡从此跌落泥潭。

（2）篡改。篡改是指研究者对学术论文中的数据做了假，通常包括故意漏掉不利数据，只保留有利数据，添加有利数据，改造不利数据等，使得篡改后的数据能够支持研究者的研究目的。好的研究结果应该建立在真实可靠的数据基础上，篡改数据后的"辉煌"假象只是暂时的，经过后人的检验终有一天会被发现。

（3）抄袭或剽窃。抄袭或剽窃是指研究者使用他人的思想、观点、方法、成果或表述时没有进行恰当的说明。很多人对抄袭或剽窃的认识不够，导致陷入两种误区。一是只要研究观点（数据和结果）是自己的，适当照抄别人的文字则不算抄袭。这种认识是错误的，研究者不能套用别人的话来描述自己的观点，而应该使用自己的语言来进行阐释。二是只要标明了引用的文献来源，就可以把别人的文字直接拿来用。我们在借鉴他人的观点时，最好使用自己的语言进行复述，并在结尾处标明文献出处。如果想直接引用他人的话，必须用引号把照搬的文字部分引起来。研究者要避开这两种误区，否则容易被定性为抄袭或剽窃。另外，学术不端行为还包括研究成果署名不当、买卖或代写论文以及提供虚假学术信息等。

学术道德是学术研究的基本底线，也是研究者应该遵守的底线。搞学术研究就好比"穿衣服扣扣子"，如果第一颗扣子扣错了，剩余的扣子肯定会扣错，所以，学术研究的扣子要在一开始就扣好。学术道德是指进行学术研究时遵守的准则和规范，它是靠研究者内心的信念来维持的。研究者在伪造或篡改科研数据、剽窃科研成果、买卖或代写论文时,无疑知道这是不正确的,却抛弃了自己的学术道德,越过了心中的底线,导致剩余的扣子都扣不对。对一名研究者来说,应该利用这条底线来时刻警诫自己自律自省,时刻检查自己是否有学术不端的行为和倾向,如果有,就必须及时加以纠正,否则,将来一定会因为自己对学术研究的不严肃、不严谨和不端正而悔不当初。

学术研究要求研究者具有较高的学术道德,是什么原因导致研究者无视道德底线而屡次发生学术不端行为呢?说到底,问题出在评价体制和惩罚力度上。在很多高等院校和科研机构中,不管是老师还是学生,发表论文的数量都是一项硬性评价指标。对一名老师来说,需要依靠论文来获得相应的职称,因为福利待遇基本上是和职称挂钩的。老师还可以利用职称申请课题经费,课题攻克后的资金就可以收入囊中,这是学术界公开的秘密。在这种利益的驱使下,老师为了增加自己发表论文的数量,可能会发生学术不端的行为。对一名学生来说,想要毕业就需要写毕业论文,可能由于自身的学术能力有限,导致论文存在剽窃抄袭、数据造假的情况,更有甚者直接找人代写。然而,即使这些人发生了学术不端的行为,校方或科研机构也会为了自己的声誉将此事隐瞒下来。所以学术不端的行为往往具有高发生、低曝光的特点。但是,纸终有包不住火的一天,此时,相关机构才会露面对学术不端的事件进行处理。对老师的处理方式通常是通报批评、撤销职务、追回经费,开除的情况是很少见的;而对学生的处理方式是,情节较轻者给予警告或记过处分,情节严重者给予勒令退学或开除学籍处分,同样后者也是很少见的。正是由于背弃学术道德的成本太低,才导致学术不端行为不断发生。作为学术研究道路上的一员,我们应该从自己做起,守住底线,拒绝学术不端,还学术界一片净土。

重要术语

探索性研究　描述性研究　因果性研究　定性研究　定量研究　横截面研究　纵向研究　研究问题　研究能力　创新能力　学术诚信　学术道德　学术不端行为　抄袭　剽窃

复习思考题

1. 什么是管理学学术研究?
2. 探索性研究、描述性研究和因果性研究有何异同?
3. 为什么定量研究成为现在管理学学术研究的主流?
4. 横截面研究和纵向研究各有何优劣势?
5. 管理学研究的基本过程是怎样的?有无过程可以省略?哪些过程在一项研究中可能反复?
6. 本科生、硕士生和博士生为什么都需要培养研究能力?

7. 如何提高自己的研究能力？

8. 为什么研究者非常重视论文发表？

9. 学术道德对学术研究重要吗？为什么？

参考文献

[1] 陈晓萍，等. IACMR 组织与管理研究方法 [M]. 北京：北京大学出版社，2012.

[2] 黄攸立，薛婷，周宏. 学术创业背景下学者角色认同演变模式研究 [J]. 管理学报，2013，10（3）：438-443.

[3] 郝幼幼. 学术研究的精髓在于"真"[J]. 开封大学学报，2007（3）：74-77.

[4] 李华晶，王刚. 基于知识溢出视角的学术创业问题探究 [J]. 研究与发展管理，2010，22（1）：52-59.

[5] 李华晶，邢晓东. 学术创业：国外研究现状与分析 [J]. 中国科技论坛，2008（12）：124-128.

[6] 杨杜，等. 管理学研究方法 [M]. 大连：东北财经大学出版社，2018.

[7] 张克兢，宋丽贞. 学术创业对我国工科研究生创业教育的影响及启示 [J]. 中国高教研究，2013（10）：50-54.

[8] 赵颂，朱弘焱，王春强，马巍，田玉民，苏玉虹. 研究生创新能力培养的探索和实践 [J]. 中国继续医学教育，2019，11（9）：27-28.

[9] 赵卫宏. 管理学研究方法论 [M]. 北京：经济管理出版社，2018.

[10] Brown R B. Doing Your Dissertation in Business and Management：The Reality of Researching and Writing[M]. Sage，2006.

[11] Ethridge D E. Research Methodology in Applied Economics：Organizing，Planning，and Conducting Economic Research[M]. Ames：Blackwell Publishing，2004.

[12] Klofsten M，Jones-Evans D. Comparing Academic Entrepreneurship in Europe：The Case of Sweden and Ireland[J]. Small Business Economics，2000，14（4）：299-309.

[13] Lacetera N. Academic Entrepreneurship[M]. Cambridge：MIT，2006.

[14] Lam A. From "Ivory Tower Traditionalists" to "Entrepreneurial Scientists"？Academic Scientists in Fuzzy University：Industry Boundaries[J]. Social Studies of Science，2010，40（2）：307-340.

[15] Patzelt H，Shepherd D A. Strategic Entrepreneurship at Universities：Academic Entrepreneurs' Assessment of Policy Programs[J]. Entrepreneurship Theory and Practice，2009，33（1）：319-340.

第 2 章

科研立题与实测概述

本章主要分为科研立题、文献回顾、理论基础与研究模型、因果关系、研究假设、变量的定义和实证研究等内容模块。本章的主要目的是介绍管理科学研究的一般范式：一项有意义的研究始于一个好的研究问题，本章为读者展示了好研究问题的判断标准以及如何确定科研选题，研究问题统领整个研究项目中的各个成分，需要确保研究问题的重要性与新颖性。为了较好地回答研究问题，研究者需要基于文献回顾、理论基础确定研究模型，提出研究假设，明确变量之间的因果关系。此后，研究者需要选择合适的实证研究设计以验证研究假设，本章最后介绍了实证研究的一般过程和内容。

2.1 科研立题（选题）

做科学研究最关键也是最主要的工作就是立题，所谓立题，就是确定科学研究的问题（research question）。管理学大师彼得·德鲁克曾说过，管理学研究者的主要任务不是解答问题，而是提出问题，提出研究问题是科学研究的第一步。做学术研究的原动力来自于寻找问题的答案和探索事物的真相，因而提出问题可以说是学术研究的起点，影响研究设计和研究结果。所以，在做学术研究之前，必须要反复思考以提出好的研究问题。

2.1.1 好的研究问题的判断标准

在确定研究问题的时候我们必须考虑的因素有哪些？好的研究问题的判断标准是什么？综合各方面的考量，本书给出以下五条标准以供参考。

（1）此研究问题是否有人关注（care about），且有意义（significant）。做学术研究其实是加入一个学术对话的过程，尤其需要关注这两个问题——是否有人关注，是否有意义。大多数研究者从直觉上就能感觉到某个研究问题是否值得深入研究。比如，你想研究你的孩子每天对你微笑的次数，这就不是一个好的研究问题。首先，这个问题不是大家关注的问题，可能除了你之外，其他研究者根本不会关注你的孩子微笑的次数，因而这个研究不被其他研究者所需要。其次，这个问题也不是有意义的研究问题。再比如，天气对员工工作绩效影响这个问题，也不是一个好问题。一方面，天气是不可控因素；另一方面，对大多数雇员来说，工作场所物理环境受外部天气影响较小，因此天气对员工工作绩效的影响并不值得深入研究。

（2）此研究问题能否为已知的理论提供一个新的视角，或是否有助于解决一个尚未解决的问题。一个研究问题非常强调理论贡献，理论贡献强调一篇论文在多大程度上发展了前人的研究，回答了前人没有回答的问题。倘若一个研究问题能够为现有的现象提供一个新的理论视角，便是一个好的理论贡献。例如，组织社会网络领域的研究者着重于两大研究主题（Carpenter et al.，2012）：一是基于社会资本理论探讨网络嵌入于网络行为者的意义，具体说明网络能够带来哪些实际后果，如个人工作绩效、晋升、企业绩效等。二是注重探讨网络行为者如何构建、维持并拓展网络，影响网络构建与维持的因素有哪些。在这两个研究流中，第一类研究问题主要着重于社会资本的益处，对社会资本中隐含的一些负面效益探讨得较少，因而以 Burt 为首的一些研究者开始基于特定的情境探讨社会资本的一些负向效应。近年来 Jiang 等（2017）一些研究者则综合社会资本的好处和坏处，提出在绩效不好的企业中，高管社会资本与高管跳槽行为之间呈现倒 U 型关系。这就丰富了原来单一的讨论视角。此外，针对上述社会网络的两大类研究问题，研究者多从静态的视角看待网络，忽略了网络行为者的主观能动性以及环境在网络拓展和网络效益中发挥的作用。Powell 等（2005）通过探讨社会网络的宏观动态特征，从动态的视角拓展了现有社会网络研究。

（3）研究问题的范围是否合适——既不要太广，也不要太狭窄。把握研究问题的范围尺度是需要长期锻炼的，一个研究问题所涉及的范围太广的话，做出的研究可能没有什么新意；而研究问题所涉及的面太狭窄的话，研究的意义又会受到质疑。以营销战略而言，倘若研究问题是"华为公司目前采取的营销策略是什么"，这可以算得上一个较好的研究问题，因为你可以通过对报纸、电视、广播、微博等的观察，以及对当前各种营销理论和策略的研究来回答这个问题，对这个问题的重点回答足以产生一篇完整的研究论文。而如果将研究问题变成"华为公司未来的营销计划是什么"，这个研究问题不仅宽泛，而且难以研究，这主要是因为在激烈的市场竞争中，华为公司的员工可能不会透露他们未来的营销计划。或者"华为公司过去使用了哪些市场营销战略"，这个研究问题也很宽泛。华为公司成立于 1987 年，过去的资料是否可查是一个重要的问题，即使可查，资料的信度和效度也有待考察。再如，对有志于研究组织间合作的研究者来说，倘若研究问题是"组织间为什么要开展合作"，这个研究问题初看觉得合适，但当你仔细阅读相关文献，你会发现在这个研究主题下有浩如烟海的文献，也有多个理论可以用来阐述这个研究主题，研究者们使用了资源依赖理论（resource dependence theory）、社会网络理论（social network theory）、组织行为理论（organizational behavior theory）等来解释这个主题。可见，这个研究问题过于宽泛。同样，当研究问题是探讨组织间合作的效能（effectiveness）时，这个研究问题的广度也太大，原因同上一个研究问题"组织间为什么要开展合作"。

（4）你是否有足够的时间和资源来完成你的研究。做科学研究需要研究者投入大量的资源。首先，从时间来说，你需要确定自己是否有足够的时间来完成这个研究问题。对硕士和博士生而言，你需要确定自己能否用 3～5 年的时间来回答这个研究问题，如果研究问题需要耗费的时间很长，可能会影响毕业。而耗时较长的研究问题可能更适合全职做研究的研究者。其次，从资源上来说，为了回答研究问题，你需要大量的信息，获取信息渠道之一就是文献，你需要了解你所在的研究机构能否提供足够的学术资源，让你下载到所需的文献。数据收集也需要投入大量的资源，不管是一手数据收集还是二手数据收集。在一手数据收集中，你需要确保自己能够联系上访谈和调研的对象，能够获得可靠的访谈数据和问卷调查数据。在二手数据的收集过程中，你需要确保自己有足够的经费，能够获得相关的数据库资源。

（5）你的研究问题能否带来一定的实践贡献。实践贡献主要体现在研究问题的实践价值，例如"什么样的定价更能吸引顾客，提高销售绩效"这样的研究问题就极具实践价值。比如，对顾客的心理研究表明，顾客对以九九结尾的价格（如 2.99 元）与整数结尾的价格（如 3.00 元）有相当不同的反应。这样的结果可以用来指导商品定价。又比如，近年来组织行为学的研究者都在关注辱虐型管理产生的原因及带来的结果，有研究者以"在辱虐型管理情境下，下属如何提高工作绩效"为题进行研究，基于这个研究问题的研究结论可以提供给员工具体的行为建议。通常，理论性研究（或基础学科）会侧重学术贡献，而应用性研究（或应用学科）会侧重应用贡献。管理学研究往往需要兼备这两种贡献。

2.1.2　如何确定科研选题

在明确了什么是好的研究选题后，接下来介绍如何进行科研选题，研究的灵感从哪里获取。以下五种方式有助于你确定研究选题。

第一，个人学术兴趣驱动。在学术研究中困难重重，兴趣是顺利完成学术研究的驱动力。每个人的时间都是宝贵的，所以应该将时间花在个人感兴趣的学术研究上，枯燥无趣的研究只会增进研究的痛苦，导致学术研究半途而废。现在有很多管理类博士生工作了几年甚至十几年后重返学校做学术，这些人根据多年工作和生活积累的兴趣和灵感，更清楚自己想要研究什么。每一个学术研究者都是不同的，正是不同的研究者基于不同的研究兴趣才使得目前管理学研究硕果累累，为指导实践做出了巨大的贡献。

第二，文献驱动。做学术研究的一个目的就是跟此研究领域的同行进行对话，而对话的基础则是广泛的文献阅读，只有知道目前的研究范围和深度，才能方便研究者确定研究问题，进入到研究对话中。通过文献驱动寻找研究问题是一个辛苦的过程，需要阅读大量的文献，并反复思考。一般来讲，如果一个科研人员想在理论中创新，并提出一个新的基本理论，他可能需要回顾至少100篇文献。一个相对较小的主题，比如《管理学杂志》中的论文，一般会引用50~100篇文章。通常，每三篇阅读的论文中大概会有一篇适合引用，这意味着一个研究者需要读150~300篇文章。如果一天读一篇，需要一年你才能真正了解一个领域的研究近况。对于新近涉足一个领域的研究者，没有充分的文献研究就没有高质量的研究主题。

第三，学术会议驱动。学术会议绝对是刚入门的研究者确定研究选题的重要手段之一，对已经确定研究兴趣的研究者而言，参加兴趣领域的学术会议更能够帮助自己确定研究方向。在学术会议上，不仅可以了解研究者们在做什么，还可以了解该领域高手的最新研究和最新关注焦点，这样有助于节省文献阅读时间。好的学术会议的论文展示（presentation）很快会变成顶级期刊的学术论文，通过聆听学术会议上的报告，更能理解研究者有关文章的研究目的及背景，为自己确定研究问题提供方向。尤其是务实高效的学术会议，非常有助于研究者之间互动，产生新的想法。

第四，与实践从业人员学习交流。管理学科与其他基础学科性质不同，是一个实践性较强的学科。理论源于实践，最终又指导实践。因此，与实践从业人员的学习和交流是学术研究者确定研究问题的重要来源。以研究公司治理为例，研究者经常与高层管理者进行访谈和交流更能获得灵感。在实践中，管理者也有很多管理难题需要解决，了解组织和管理者的需求可能为自身确定研究方向多有助益。陈晓萍等（2012）在 Journal of Applied Psychology（JAP）上发表的关于文化智商的论文就是与管理实践人员交流的产物，通过与美国华盛顿州房地产协会从业人士的持续交流，他们发现了个体和公司文化智商对地产中介销售业绩的影响。此外，近年来，以海尔为首的很多企业开始提"轻资产运营"模式，即企业不投入大量的资金置办工厂等固定资产，通过与其他企业的合作以完成产品的生产。通过和多个企业高管的访谈和交流，董保宝等（2016）确定了"合作网络导向"的研究主题，着重于探讨合作网络导向的影响因素及结果产出。

第五，与同事和学生学习交流。同事和学生可以说都是研究领域的同行，与他们交流是产生思想火花的另一个重要渠道。对同事而言，他们和你一样，都在苦心钻研学术研究，与这样一群努力奋斗、日日精进的同事探讨问题，彼此交换一些优秀文献信息或是学术会议的信息，有助于自己从多个维度了解事物，更好地探索解释社会现象的答案。在采取互动式教学的课堂上，针对具有较大争议的问题，与学生进行讨论，也能擦出思想火花。尤其是与博士生的交流更容易诱发研究想法，博士生大多都对学术研究感兴趣，很多把做研究当成未来的职业，与谈得来的博士生交流，各种想法更可能源源不断涌出。

综合而言，研究问题最好是研究者自身感兴趣的，需要非常具体且可以检验。管理科学作为一种社会科学，实证研究的主题一般与工作、生活息息相关，以下举一些实证研究的题目以供参考：

- 明星员工越多，企业绩效越高？
- 在非营利组织工作的员工，是否比在营利组织工作的员工更容易产生利他主义行为？
- 提升员工工资能够促进员工的组织公民行为吗？
- 每年年初制订计划的员工会比不做计划的员工工作效率更高吗？
- 在面对绩效困境时，企业更愿意与本地的企业建立联系还是更愿意与非本地的企业建立联系以缓解组织困境？

2.2 文献回顾

在确定研究问题之后，往往要通过阅读大量的文献，进行系统的整理和筛选，这样才能得到与所研究的领域最相关且对于此研究主题有所帮助的资料和文献，在深入阅读这些资料和文献后，才能真正进行学术对话。对于研究主题的有关文献的整理分析又叫文献回顾，也称文献考察或文献评论，它是指对某一特定领域里已发表的信息进行梳理和评价。文献回顾是管理学、心理学、社会学等学科科学研究过程中重要的工作之一，是对问题相关的各种文献进行系统的查阅分析，以了解该领域研究状况的过程。

文献回顾有两个逻辑起点：一是知识可以不断积累；二是任何一个研究者都可以从他人的研究成果中学习，并不断丰富自身对于此研究问题的理解，从而在他人的研究成果上建立自己的研究。在一个研究领域内总是存在尚未解决或有待发现的问题或者不足之处，文献回顾可以系统地归纳此研究主题的研究脉络、所用到的方法论和相关模型，探究研究者们在此研究主题上的关注焦点差异、各自的缺陷以及相关创新点，这不仅有利于刺激新想法的产生，还有助于构建整合知识的框架。文献回顾有助于发现研究问题，而且它是确定研究问题后进行学术研究的第一步，对于建立和检验理论的研究都有实质性的帮助。

文献回顾包括以下几种类型：一是背景回顾，即把某项特定的研究放在某个较大的范围来看。对于同一个研究问题，不同的背景以及环境下，对于此问题的研究也不尽相同。在此情况下，我们可以通过对不同背景下所产出的文献进行系统的分析和整理。二是历史回顾，即追述某个主题历年来的发展，这是我们最常用的一种文献回顾方式。通过对此研究问题以时间顺序进行总结分析，可以更清楚地找出研究进程与发展脉络，也可以直观地显示目前的发展前沿，从而对新想法的出现有一定的启发性。三是理论回顾，即比较不同理论如何探讨某个议题。这是根据此研究主题所涉及的理论来进行划分的。四是方法论回顾，即指出各项研究在方法论使用上的不同之处。可以将历年的相关文献根据方法论进行分类，比较不同的方法论使用时的情境以及不同方法论的用法和特点，这对自身进行研究裨益良多。

不管是哪一种文献回顾类型，文献回顾的基本步骤主要包括以下几步。

2.2.1　界定和细化主题

在开始进行一项研究的时候，必须对你所要研究的主题做出一个明确的界定，必须从一个定义清楚、焦点明确的研究问题开始，这样有助于提高后续文献搜集的效率。

2.2.2　文献搜集

文献搜集是一个辛苦且烦琐的过程。首先，文献搜集的范围可包含期刊、专著、学位论文等。在收集文献的过程中，应从与研究主题相关的影响因子最大的期刊开始，收集经典文献和前沿文献。经典文献体现了各个时期研究者们在这一领域的重要思考，对现在的研究具有重大的启发意义，它们或是提出了某个领域的原始概念，或是极大地推进了某个研究领域的发展。以探索式和利用式学习为例，经典文献必不能错过March（1991）发表在 *Organization Science*（*OS*）的文章，他首先提出了探索式学习和利用式学习的概念。而 Gupta、Smith 和 Shalley（2006）发表在 *AMJ* 上的 *The Interplay between Exploration and Exploitation* 则很大程度上推进了探索和利用的相关研究，也是该领域内的经典文章。经典文章一般引用量都较大，比如，在社会资本的研究中，Adlner 和 Kwon（2002）发表在 *Academy of Management Review*（*AMR*）上的文章就有10 000 多引用量，这足可见经典文献的影响力。前沿文献的收集则主要着重顶级期刊近五年的文献，理论文章、案例文章、实证文章都是文献搜集的重点，它们使用不同的方法论从不同的角度拓展了研究主题。需要注意的是，在文献回顾中，选取的文章并非越多越好，而是要注意聚焦，收集的文章尽量与所研究的主题贴合，或者与整个研究的大背景相关。但如果研究的主题非常新，这个主题的发展历程很短，聚焦之后往往可供参考的文献量不够，那么可以尝试查阅一些与此研究领域相近的文章，或者通过文献追踪的方式，查找这个新主题下少量文章最后面的参考文献，根据参考文献来寻找合适的、对研究主题有所帮助的文献。

2.2.3 初步文献阅读和总结

这个步骤主要是通过读标题、摘要初步对文章进行研究模块划分，研究模块的划分标准并不统一，随个人工作习惯和喜好而变，既可以按照理论划分模块，也可以根据研究方法划分模块，或者是根据作者提出的变量划分研究模块。每个模块里可能包含着大量的研究，可以根据研究的主题进行进一步的细分。划分出来不同的研究模块后，可以建立各个模块的表格，统计此研究主题的发展史，进而构建出该主题的发展脉络。

2.2.4 详细阅读文献并做出总结

在初步筛选后，应对与研究主题最密切相关的文献进行详细阅读。对于期刊论文的阅读，最忌讳的是一篇论文反复读前面的摘要和引言，在详读文献时，应尽量一次性读完，并反复读一些重要的文献。在读文献的过程中应带着挑战式思维，在学习的同时不要迷信权威，要敢于发现文章的缺陷（weakness）。在详细阅读文章后，需要研究者明确文章的研究问题、所用理论、变量的定义与测量、分析方法、研究结论、局限性以及可能的启发，并将上述内容整理到各个模块的图表中。之后，要写出每一个模块的总结结果，通常可以以总结图表的形式来体现，如表 2-1 所示。

表 2-1 文献整理示例

文章名称	研究问题	所用理论	自变量	因变量	调节变量	中介变量	所用方法	研究结论	局限性

2.2.5 根据文献阅读的内容撰写文献回顾

撰写文献回顾需要注意以下几个方面：

（1）文献回顾需要指出在你的研究之前都发现了什么。很多时候你并不是第一个进入这个研究领域的人，大部分研究者都是站在巨人的肩膀上做研究。文献综述的本质其实就是以一个研究者的身份去为读者清楚地列举和勾勒出至今为止某个领域都有哪些重要的结论，都有哪些必须要说的发现，我们目前都知道些什么。

（2）是整合（synthesize）而非简单总结（summarize）现有文献。在撰写文献回顾时，简单堆砌文献是不可取的，不仅耗费了自己的时间和精力，还浪费了读者的宝贵时间。因而，在做文献回顾时，需要研究者拥有理解和整合的能力。一是要避免以文章为单位组织文献回顾的结构，应该以"研究问题"为单位组织文献综述。例如，"与研究问题一相关的文章有……与研究问题二相关的文章有……"有时候也可以使用研究方法、理论来组织文献回顾，比如"在研究绩效反馈的文章中，使用实验研究的文章有……使用问卷调查的文章有……"二是要在文章中使用对比，陈述文章在研究结论或是研究方法之间的区别，并添加自己的评价和讨论。例如，"在研究创业导向的文献中，Rauch（2009）等发现创业导向能够很好地预测企业绩效，而这个发现与Ireland等（2003）的研究结果不同，他们并未证明创业导向与新企业绩效之间存在正向关系。近年来Wales等（2013）的研究整合上述两个研究流，从资源调配理论的视角出发，说明创业导向高时，企业资源调配柔性低，反而不利于企业提高企业绩效，进而提出了创业导向与新企业绩效的倒U型关系。然而，现有研究在创业导向与企业绩效关系的边界条件方面仍显不足，这大大局限了这一领域的发展……"

（3）说明此前研究的缝隙（research gap）以及填补研究缝隙的重要性。在整合文献确定研究缝隙的时候，现有一些研究通过否认或是故意贬低前辈的研究成果来说明研究缝隙，这在文献回顾中是不可取的。确定研究缝隙的过程应是客观公正地评价现有研究中哪些点还没有研究到，为什么会出现这种情况以及为什么缺的这块如此重要。

（4）说明你的研究如何弥补现有文献的缝隙。一篇好的论文一定有其研究意义，应明确指出你的研究是如何弥补现有文献中的缺陷的，当现有研究缺陷在于研究方法时，你填补研究缝隙的方式则是引入更加完善的研究方法。例如，Prefer（1972）在 *Administrative Science Quarterly*（*ASQ*）中首次提出资源依赖理论，但其文章也有一定的缺陷，Casciaro和Piskorski（2005）指出，Prefer提出的资源依赖理论有四大缺陷：没有区分权力不平衡和相互依赖，因果关系阐述仍存在缺陷，边界条件模糊，实证检验方法不合适。为了弥补上述缺陷，Casciaro和Piskorski进一步完善了资源依赖理论，还提供了实证检验的方法。

2.3 理论基础与研究模型

在确定研究问题后，为将研究问题具体化，首先需要确定研究主题的因变量（dependent variable）。比如，针对"企业绩效的影响因素有哪些"这个研究问题，企业绩效便是因变量。其实，反过来说也一样，因变量的确定也是研究问题方向的确定。接着需要确定自变量（independent variable），在这里就是改变企业绩效的影响因素。当影响因素确定后，基础的研究模型框架就出来了。这里对企业绩效的影响因素非常多，倘若把所有影响因素都囊括进来，一篇文章是说不清楚的，因而形成了不同的理论视角去解释企业绩效的变化。所谓理论，就是那些经过大量测试，能广泛地应用到一个较大领域的一般性因果模型。例如在解释企业绩效的影响因素中，高阶理论主要是从高层管理者的人格特质去说明对企业绩效的影响因素，动态能力理论则从企业拥有的资源和能力的视角去解释企业间绩效的差异，制度理论则认为企业因为顺从制度才得以改善绩效。因此，理论基础的选择与确定自变量息息相关。

此外，即使是同样的自变量和因变量，因选择的理论基础不一致，也会导致结论的不一致。例如，自变量是高管功能背景多样性，因变量是企业绩效，信息处理理论（information process theory）认为高层管理者的功能背景越是多样化，带来的异质性信息越多，越有利于做出有效的战略决策，改善企业绩效。而当采用社会认同理论（social identity theory）时，高管们会因功能背景的不同而进行不同的自我分类，形成不同的子群体，子群体之间彼此竞争，会影响企业战略决策的效率和效果，进而负向影响企业绩效。因此，选择合适的理论基础是展开研究模型的关键。

那么，什么样的理论是好的理论呢？管理学科自身有大量的理论，在管理研究领域，以组织行为学为代表的一些研究流有时还会用到心理学、社会学等学科的理论。心理学、管理学、社会学每一个学科都有大大小小的理论，但理论彼此之间的接受度与认可度则存在较大的差异。为了确保科研模型的严谨性，好的理论的第一个特点应是可靠性，即所用的理论中涉及的概念不是伞概念（umbrella concept），每一个概念的内涵清楚，概念之间的关系有一定的认可度，运用这样的理论受到质疑的可能性较低。好的理论的第二个特点就是理论的适用性，即理论在多大程度上可以解释当前的现象。倘若一个理论能够解释当前管理的所有现象，那当今管理学界不可能衍生出来这么多理论。每一个理论都有明确的边界条件，只有选择适用你的研究情境的理论才能做出严谨的科学研究。

是否需要在一篇文章中包含所有的理论内涵呢？一个理论包括多个命题和概念框架，每一个应用该理论的研究者都在不断给这个理论添砖加瓦，在一篇文章中不能也没必要叙述理论的方方面面。例如，社会交换理论是一个非常大的理论，涉及非常多的交换原则。但在一篇论文中，你可能就只涉及某个交换原则的使用，这种情况下就没有必要引入其他社会交换原则以及相关的变量。Quyang 等（2018）发表在 *JAP* 的文章中采用了社会交换理论以阐释其研究模型，在叙述过程中他就只说明了互惠原则的适用，即当受惠人不能同时给予施加恩惠的人同等回报时，受惠的人便会感激施加恩惠的人，赋予其较高的社会地位，进而清楚地解释了施加恩惠、感激和社会地位三个变量之间的关系。在文章中，作者并未叙述其他社会交换原则，如谈判、利他主义等（Cropanzano & Mitchell et al, 2005）。

针对一个研究模型是否只能用一个理论呢？学术界目前对此并没有限制，一般而言，一篇文章使用的理论个数不会超过三个。当单个理论能够完整阐释文章模型时，可采用一个理论，如 Quyang（2018）发表在 *JAP* 上的文章只采用了社会交换理论。当单个理论难以完整阐释整个研究模型时，可以采用两个或者三个理论，在理论组合的过程中，需要选择互为补充的两个或三个理论，不能选择基础假设存在冲突的理论。实际上，最近在顶级期刊上发表的论文已经逐渐开始使用两个或三个理论来说明其研究模型了。例如，Ref 等（2017）发表在 *Strategic Management Journal*（*SMJ*）上的文章使用了资源基础观和组织行为理论两个理论来叙述企业绩效反馈与新市场进入之间的曲线关系。关于绩效反馈与企业网络变化之间的关系，McDonald 和 Westphal（2003）在 *ASQ* 上发表的文章使用了威胁刚性理论和自我分类理论。针对同样的研究主题，Parker 等（2016）发表在 *Organization Studies*（*OS*）上的文章采用了网络激活理论和自我效能理论。综合来看，这些研究者所使用的理论要么是基础假设存在一致性，要么是理论的结论存在互补性。

关于研究模型，现有文章中的研究模型无非是在解决什么（what）、为什么（why）、何时（when）、如何（how）的问题，简单的研究模型通常只解决 what 和 why 的问题。如关于企业间绩效差异的研究问题，研究者首先要去寻找有哪些因素影响了因变量绩效，即 what 的问题。寻找到了自变量后，还需要使用理论解释为何这些自变量会改变绩效，即回答了 why 的问题。关于 when 的问题，研究模型主要是回答在什么情况下自变量对因变量的影响更强，明确自变量对因变量的边界条件。而对于 how 的问题，研究模型则主要解决自变量与因变量之间的作用机制问题。

研究模型需要非常复杂吗？其实并不尽然，模型太过复杂时，反而不能清晰地阐释变量之间的关系。目前学界都在号召模型的简单性与可靠性，太复杂的模型反而不受评审专家的青睐。什么样的模型是复杂的模型呢？第一，模型的变量多。一般而言，人的暂时记忆的限度是 7～9 个变量。当一个模型有超过 9 个变量时，这个模型就是复杂模型了，阐释变量之间的关系需要用到多个理论，且容易说不清变量彼此之间的关系。第二，变量之间关系冗杂。在一个模型既有自变量到因变量之间的因果关系，又有因变量到自变量之间反馈的因果关系时，对文献综述类论文来说，这种冲突类的文献或许受到研究者的青睐，但对实证研究来说，极易造成误会，阐释不清变量之间的正向和逆向关系。

2.4　因果关系

因果关系在生活中无处不在。经济、法律、医学、物理、统计、哲学、宗教等众多学科，都与因果分析密不可分。然而，具有讽刺意味的是，科学发展到今天，对于什么是因果关系（causality），我们仍然没有定论。对于因果关系的确定，哲学上难以做出清晰、无歧义的定义。面对因果关系，大家往往会陷入怀疑论和先验论中，从而无法给出一个实用的因果模型。我们采用 Bollen 于 1989 年所下的定义，认为因果关系可理解为三个要素：因果的单独运作性（isolated）、因与果的相关性（association）、影响方向性（direction）。只有当三个要素同时存在时，因果关系才能确定。

因果关系的单独运作性指的是对一个因变量 Y 而言，看它是否受到某个自变量 X 的影响，需要保持其他因素不变，只允许 X 与 Y 变化。但事实上，理想的单独运作几乎不存在，即使在实验研究中，也无法控制所有噪声变量。因而，为了确保因果关系的单独运作性，在研究设计上需在可能的条件内最大限度地控制可能影响因变量的噪声变量。在所有的研究设计中，实验研究设计最能体现因果关系的单独运作性，可分为实验室研究和现场研究（或称为准实验研究）。在一个简单随机对照实验室设计中，实验对象会被随机分入两组：实验组（treatment group）和对照组（control group），实验组的测试变量是 X，对照组中控制其他噪声变量。一般控制变量越多，对照组越多。而在准实验设计中，无须随机地安排被试，运用原始群体，在较为自然的情况下进行实验处理。因此，与实验设计不同，准实验研究较容易与现实情况联系起来，可操作性强。例如，同样检验有没有物质补偿对个人献血积极性的影响，科研人员可以选择两家医院来进行准实验设计，在一家医院，实验设计人员给献血的人一些金钱补偿，而在另一家医院里则不给献血者提供任何物质补偿。最后，记录在有补偿和没有补偿两种情况下分别有多少人来献血。实验操作设计在后续会有详细的介绍，这里只做简单说明。

次于实验研究，基于一手数据或是二手数据的实证研究在一定程度上也能显示因果关系的单独运作性。在实证研究中，为了确保自变量与因变量之间的因果关系，研究者通常会设置多个控制变量，包括个人层面、团队层面、组织层面和行业层面的控制变量。例如，Baum 等（2005）发表在 ASQ 的文章，在探讨绩效反馈（X）如何影响企业建立非本地连接的意愿（Y）时，便设置了企业层面的控制变量，如银行第三方合作伙伴数量、银行更新的合作伙伴数量、银行重复联系的合作伙伴数量、银行放弃的合作伙伴数量、银行非本地合作伙伴的平均中心度、银行第三方合作伙伴的平均中心度、其他银行的非本地合作伙伴的数量、其他银行更新的合作伙伴数量、其他银行重复联系的合作伙伴数量、其他银行放弃的合作伙伴数量等，行业层面控制变量包括行业中银行的数量、行业中进入网络的银行数量、行业中退出网络的银行数量、行业中战略联盟的数量等。可见为了排除其他噪声变量对自变量 X 与因变量 Y 之间因果关系的影响，研究者在实证研究中会尽力排除噪声变量的影响。在所有的实证研究中，实验研究最能显示变量之间因果关系的单独运作性。

因果关系的相关性指的是因与果一起变化。即自变量与因变量总是一起变化，如果自变量 X 变化，因变量 Y 却不变化，抑或是反过来，因变量 Y 变化，而自变量 X 不变化，这就说明自变量与因变量之间没有相关性。要证明两个因素是否具有因果关系，首先要证明两个因素存在关联。关联现象并不一定意味着因果关系，却是一个好的起点。如果两个因素存在关联，往往会吸引研究者的注意，并积极探寻其中可能的关系，判断是否存在因果关系。探寻两个因素之间是否具有相关关系，有多种方法，其中常用的有统计学中的相关性的计算，判断这两个因素是否存在显著相关，是正相关还是负相关。但值得注意的是，仅凭数据的统计易出现局限性，当样本量过大时，干扰因素也随之增加。

在确定因果关系的相关性要素时，需要注意以下几个方面：

（1）相关性不代表因果性。虽然因果关系包括相关的要素，但因果关系并不是相关关系。相关性是对称的，而因果性是不对称的。如果 X 是 Y 的原因，那么 Y 是 X 的结果，但我们绝不会同时说事件 X 是事件 Y 的原因，事件 X 也是事件 Y 的结果。至于相关性，随机变量 X 与 Y 之间的相关性中有著名的公式 $Corr(X, Y) = Corr(Y, X)$，这表明 X、Y 相互对称，不具有先后顺序，可以随意调换。

（2）相关问题与混淆变量的关系。所谓混淆变量，指的是与自变量和因变量均有关系的变量，该变量使得自变量与因变量之间产生了虚假的关系。例如，冰激凌销量与溺水死亡者数量呈现正相关，但我们都知道，这两者之间并不存在因果关系，它们都是由一个共同的因素——高气温所导致。混淆变量在因果关系中会起到严重的阻碍作用。因此，在进行数据分析的过程中，我们需要对高相关的混淆变量进行处理。

（3）变量之间的多重共线性。即自变量与因变量本身高度相关。一旦出现高相关，一些软件对回归数据的估计结果会非常不精准，这对于因果关系的讨论造成了极大的不利影响。因此，在确定因果关系的相关性要素时，需要确保所有变量之间的相关系数小于某个标准值（0.7），后续在回归分析中会进行详细的介绍。

因果关系的方向性指的是因与果变化的时间顺序。如果 X 是因，Y 是果，那么 X 的变化要在 Y 之前。如果 Y 的变化在 X 之前，则我们很有可能颠倒了因果关系。一种更具迷惑性的情形是 X 与 Y 互为因果，例如，Tasselli、Kilduff&Menges（2015）给出了个体特征与其网络结构之间的关系，从个人情感、动机相关的理论视角出发，个体的个性影响其情感、认知，塑造了个体所有构建的网络结构。而网络模式观点则认为，网络结构配置会影响网络参与者的情感、动机和个性。由此可以看出，个性与网络结构之间呈现出了互为因果的关系。在一篇实证研究中，研究者需要通过多种稳健性检验来排除自变量与因变量之间的互为因果关系，明确自变量与因变量之间的单向因果关系。

（4）自变量与因变量之间的因果关系并非只有线性正相关和负相关关系，也有曲线关系。当因变量随着自变量的增长而增长时，是正相关关系；当因变量随着自变量的增长而下降时，是负相关关系。当因变量随着自变量的增长而先增长后下降时，自变量与因变量之间呈倒 U 型关系；反之当因变量随着自变量的增长而呈先下降后增长时，自变量与因变量之间呈 U 型关系。自变量与因变量之间的相关关系也可能是其他曲线，如 J 型曲线，即只有当自变量增加或减少到一定程度时，因变量才会显示一定的变化。

2.5　研究假设

在确定研究问题后，我们需要提出解决问题的方案，即研究模型和研究假设。研究假设与因果关系的说明息息相关，那么什么是研究假设呢？根据 Pollock（2015）的定义，研究假设是自变量与因变量之间可验证关系的陈述。就此定义而言，它至少包含以下几层意思：

第一，这个可验证关系里必须至少包含一个自变量和一个因变量，只讨论一个变量的假设不能构成研究假设，比如"企业绩效会提高"，这里只有一个变量，即企业绩效，它没有提出为何企业绩效会提高。所以，除了企业绩效这一因变量外，我们需要在这个可验证关系中增添一个或多个自变量，如学习能力、创业能力、制度环境等。这样，我们便可以研究学习能力、创业能力、制度环境等变量中某一个或多个自变量与企业绩效这一因变量之间的关系。除了上述自变量与因变量之间的简单关系外，我们还可以提出包含中介效应和调节效应的复杂研究假设。中介效应是指研究自变量 X 与因变量 Y 之间的作用机制，如果自变量 X 通过某一变量 M 对因变量 Y 产生影响，那么我们称变量 M 是 X 与 Y 的中介变量。比如国际市场进入模式在国际创业能力和国际创业绩效之间发挥中介作用。若变量 Y 和变量 X 之间的关系是变量 M 的函数，那么 M 即为调节变量，也就是说 M 对变量 Y 与 X 之间的关系有调节作用。比如，制度环境在国际市场进入模式和国际创业绩效之间的关系中发挥着负向的调节作用。

第二，研究假设中不仅要提出自变量和因变量之间的关系，还要说明它们是如何相关的。例如，只说"企业学习能力与企业绩效相关"是不够的，还要说明它们之间到底是正相关还是负相关。比如，"企业学习能力与企业绩效之间有显著的正相关关系，随着企业学习能力的增强，企业绩效提高"或"企业学习能力正向影响企业绩效"，这些是正相关。反之，随着自变量的增长而因变量逐渐减弱，则是负相关。

第三，研究假设必须可以验证。一个研究假设只有能被验证是否是错误的，它才是科学的研究假设，即可证伪性。因为相对于检验一个假设是否正确，验证其是否错误要简单些。比如"所有的天鹅都是白色的"，这句话便具有可证伪性，因为我们只需找出一只黑色的天鹅便可证明这个命题是错误的。再如"人吃大蒜越多，越能通灵辟邪"就无法验证，这里"通灵辟邪"无法定义，更没有确定的方法进行测量。通常，定义越明确、详细、具体，研究假设可被检验的程度就越高。例如，针对"命案发生与是否有人帮忙"这一研究问题，可以将其具体化为"受害者类型与施救者意愿的关系""施暴者的危险程度与周围施救者施救意愿的关系"或"是否目睹命案的人越多，每位目击者采取行动的责任越少"等详细的、可验证的研究问题。

综上所述，研究假设必须是根据所要研究的问题提出来的、尝试性的、预先的理论回答，这一点与普遍性或一般性的理论解释不同。接着，提出的研究假设必须能够被经验或理论事实检验。最后，研究假设必须和有效的观测技术相联系，若变量的不同表现或不同程度无法被准确有效地观察和衡量，则研究假设就无法被验证。

2.5.1 研究假设的类型

从研究问题出发，我们根据观测资料和文献回顾的整理分析，可能产生某些想象和概念。这时，在已有知识架构的基础上，我们便可针对研究问题提出相关的研究假设。从假设提出的逻辑来看，假设可以分为归纳假设和演绎假设。

归纳假设是指通过对一些个别事实的观察、实验和调查得出的结果进行概括、归纳推理而得出的假设。归纳假设主要通过完全归纳法、简单枚举法和判断因果联系的归纳法三种方法得来。归纳法能够明确地判断因果联系，并根据这种联系做出逻辑推理。由于归纳法通常以观察、实验和调查为研究方法，所以得出的结论一般较为可靠。例如，明茨伯格通过对企业高层管理者的日常工作写实，发现他们实际的工作总是围绕一些如打电话、会见下属和同行等烦琐事件，并非于办公室中单独思考以做占据决策，因而，他得出结论："卓有成效的管理者更重视获取非常规信息而不是报告等正规信息。"

演绎假设是指通过一般原理、公理或是学说推演出个别结论，进而得出的假设。演绎假设一般由大前提、小前提和结论三个部分构成。推演得出的假设是否正确一般取决于大前提是否正确以及推理是否合乎逻辑。演绎推理的例子有很多，例如，"所有人都会死。苏格拉底是一个人，所以，苏格拉底会死。"关于这个演绎假设，大前提就是"所有人都会死"，小前提是"苏格拉底是一个人"，最后的演绎假设是"苏格拉底会死"。再如，"以往研究表明任何一家符合此三项标准的企业都值得被收购，经过调查发现，菲尼克斯公司符合这三项标准，因此，菲尼克斯公司值得收购。"在这个演绎推理中，大前提是"任何一家符合此三项标准的企业都值得被收购"，小前提是"菲尼克斯公司符合这三项标准"，演绎假设是"菲尼克斯公司值得收购"。

根据假设的表达方式可将假设分成存在式表述、条件式表述、差异式表述和函数式表述。存在式表述，即"在 M 的条件下，X 具有 Y 的作用"，其中 M 是条件因素，X 是自变量，Y 是因变量。条件式表述，即"在 M 的条件下，若 X，则 Y"，其中 M 为条件因素，X 是自变量，Y 是因变量。差异式表述，即"在 M 的条件下，X 与 Y 存在差异"，其中 M 是条件因素，X 是自变量，Y 是因变量。函数式表述，即"在 M 的条件下，随着 X 的变化，Y 将出现……的变化"，其中 M 是条件因素，X 是自变量，Y 是因变量。另外，还有依据假设的性质和复杂程度把假设分为描述性假设、解释性假设和预测性假设等多种分类方式。

2.5.2 研究假设的注意事项

研究假设的核心是解释自变量与因变量之间的关系，其中因变量是研究中被我们解释、关注、预测的事物，有时候也称为被解释变量或结果变量（outcome variable），而自变量是导致了因变量,能够解释因变量,并预测因变量的变量,也称为预测变量或解释变量(predictor variable /explanatory variable)。

研究假设的第一个注意事项是明确假设的贡献。通常,研究假设的贡献有两大类,一是侧重于自变量,即影响因变量的自变量有多个,当有很多研究者都专注于研究因变量如企业绩效时,很有可能一些自变量已经被研究过了,那么突出文章贡献的则是选出先前研究者没有注意到的且有意义的自变量,提出此类自变量与因变量之间的假设。例如,对于研究企业动态能力与企业绩效之间的关系,前期研究者已经关注了学习能力、吸收能力等能力对企业绩效的作用,此时研究者可以选择资源整合能力这个自变量,提出资源整合能力与企业绩效之间的关系则是一个较好的假设。二是专注于因变量,例如之前关注企业绩效的研究可能只注重企业的财务绩效,那么你在做研究假设时则要包括所有反映企业绩效的变量,如财务绩效和非财务绩效,同时提出自变量与财务绩效、非财务绩效的假设。

研究假设的第二个注意事项是每一个研究假设只讨论一对关系,就是一个自变量与一个因变量之间的关系。如果一个研究中有多个自变量和一个因变量的关系,那么应该把每一对关系分别假设,而不是堆列在一起。如图 2-1 所示,IV 表示自变量,DV 表示因变量,应分别列出自变量 $IV1$ 与 DV 的假设,$IV2$ 与 DV 的假设。

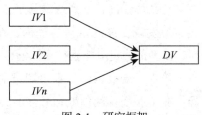

图 2-1　研究框架

研究假设的第三个注意事项是避免同义反复(tautology)。同义反复的一种表现方式是自变量的定义中包含了因变量,比如,一个信息系统给企业带来的价值与这个系统的有用性(usefulness)是正相关的。这里需要注意,一个信息系统的有用性就是它给企业带来的价值。所以,这个假设其实是一个定义。同义反复的另一种表现方式则是自变量是因变量的一部分,比如一个假设是"企业运营成本与绩效之间呈现负相关关系,企业运营成本越低,企业绩效越高"。这个假设中,企业绩效包括财务绩效,而财务绩效包括企业运营成本,即企业运营成本是企业绩效的一部分,这样的假设是永真的,所以没有必要去验证这个假设。同义反复是假设表述中常见的错误。

研究假设的第四个注意事项是避免命定论(teleology)。这种假设讲的是"命中注定"的事,而且这命中注定的事已经发生。比如,因为人类出现了,所以进化过程一定存在过。由于我们无法观察到人类不出现的现象,所以以上命题无法证伪。以下命题同样无法证伪:因为第五代通信技术一定会成功,所以第四代通信技术被淘汰了。这类命题的一个特征是往往果已经出现,而且果不出现的事件无法发生;或者,在命题中的因发生在果后,即因果时间错位。这种错误不常出现在假设表述中,却常出现在论证过程中。

2.6 变量的定义

2.6.1 变量定义的重要性

在确定研究模型的过程中，变量的定义是非常重要的一个环节。变量定义可以发挥以下几个方面的作用。

第一，进行变量定义是为了让非本领域的读者能读懂文章，传播知识。考虑到阅读研究的读者可能来自不同的学术领域，有不同的身份和不同层次的学术水平，对专业的变量进行具体、明确的定义可以帮助读者更好地理解研究假设和整个研究过程。倘若读者可以毫无异议地理解作者的变量，在不妨碍理解的情况下不对变量进行定义也可以。但这种情况一般很少出现，为了使这个领域外的其他读者能看懂论文，对变量的定义必不可少。

第二，变量的定义是假设论证的基础。假设论证的过程是运用理论推演的过程，变量定义要让读者看到变量与理论的一致性。目前有些论文，如果仔细检查变量定义，很容易发现变量的定义与理论运用不一致。这不仅仅是理论推演过程不严谨的问题，研究模型的确定可能也存在问题，是致命的缺点。

第三，变量定义是变量测量的基础。没有变量定义，后续的测量工作就没有了指导，在检查变量的信度和效度时，也就没有了基础。其他研究者重新检验你的研究模型时，需要基于变量定义进行测量，倘若没有变量定义或是变量定义不清楚，就会导致不同研究者之间的交叉论证变得不可能。例如，Miller（1983）首先对创业导向进行了清楚的定义，即反映企业创新、先动性和风险承担性的战略态势和管理哲学。依据这个定义，后续研究者开发了创业导向的测量量表，这个测量量表获得众多研究者的反复验证，信度颇高，Cronbach a 指数大部分在 0.6 以上（Rauch et al.，2009）。

变量定义如此重要，那么什么是变量呢？变量就是具有可变化特征的因素（Schwester，2015）。变量是一个研究中的主角和焦点，做研究就是讲变量之间的故事。在一个研究中，研究者试图讲清一个以前研究者没讲过的故事，这个故事不仅需要是大家感兴趣和关注的，还需要是有理有据的。换言之，这个研究故事不仅要有理论支撑，还要有实证数据支持。有了变量之后，研究者之间沟通会更容易，在一篇论文中明确表明自变量、因变量后，这个领域的其他研究人员就很容易知道你的研究主要考察什么关系。变量让研究人员可以实现数理统计的分析，更好地找出现实世界各种管理现象的规律。

2.6.2 变量与变量值的区别

每个变量都有一定的变量值（variable value），变量值就是一个变量所描述的特征或者数量。例如，变量是受教育程度，变量值就包括小学、初中、高中、大学本科、硕士、博士等。变量是职业，变量值就包括教师、公司职员、农民、工人、警察等。变量是性别，变量值便是男或女。综合来看，变量值是变量的特征，变量是变量值所描述的对象。

2.6.3　变量的类型

关于变量的类型，按不同的性质有不同的划分，按照变量发挥的作用可以分成自变量、因变量、调节变量、中介变量、控制变量等。自变量是不依赖其他变量，自身可以变化的变量，而因变量是依赖其他变量的变化发生变化的变量。控制变量是影响自变量与因变量关系的变量，是解释因变量变化的替代变量。调节变量是情境变量，说明自变量作用于因变量的情境（context）。中介变量是自变量对因变量发生影响的中介（process），通俗地讲，就是自变量通过中介变量对因变量产生作用。

按照变量可量化的程度可将变量分为名义变量（nominal variable）、有序变量（ordinal variable）、定距型变量（interval variable）、比率型变量（ratio variable）。名义变量的变量值无法排序，变量值之间没有顺序和等级的差异，只是用于区分变量的类别，只有等于或不等于的性质。例如，"性别""民族""国籍""季节""专业"等，这些变量的值一般不是数字，用数字指代不同值时，数字并不代表数字本身的含义。例如，1代表男，2代表女，这只是为了区分不同性别，并不代表男性被试学习能力比女性被试差。名义变量又可以分为二分变量和多分类变量。二分变量将所有数据分为两类，如性别变量；同理，多分类变量就是将变量的值分为三个及以上类别，如职业、籍贯、血型等。在顶级期刊发表的论文中，有很多因变量是名义变量，例如 Ref 等（2017）发表在 *SMJ* 的文章，他们的因变量是企业新市场进入，进入是1，不进入是0，这里1和0都是赋值，本身并不代表数字意义。

有序变量是这样一类变量，其变量值可以按照一定的逻辑进行排序，从低往高排或是从高往低排，以描述事物的排序或级别，其变量值可以是字符，也可以是数值。在现有实证研究中，很多研究人员采用量表测量某个变量，这类变量就是有序变量。我们可以根据其变量值比较变量的优劣程度。比如，在五级量表中，研究人员让你用数字表示对某个陈述句的同意程度，变量值有非常不同意、不同意、中立、同意、非常同意，1表示非常不同意，5表示非常同意。这里的数字就有从低到高的排序，代表了数字本身的意义。目前大多数实证研究已经开始逐渐使用七级量表，1代表非常不同意，7代表非常同意。有序变量的层次高于名义变量。

定距型变量的值不仅可以排序，而且变量值之间的差是有意义的，可以用标准化的距离来衡量。例如，对于温度，变量值可以是1度、2度、3度，1度和2度之间的温差等于2度和3度之间的温差。但对于有序变量，研究者并不能说明"同意"与"非常同意"之间差距是多少，也无法说明这个差距是否和"非常不同意""不同意"之间的差距相同。定距变量不存在基准零值，只有相对零值，即定距变量中的"0"不代表没有。定距型变量的数据精度高于前两类变量。

比率型变量相对于其他变量，可量化程度最高，最为精准。比率型变量具有以上三种变量的全部功能，且比率型变量的0值是有意义的，真的为0。比如，企业年龄，0年就是0岁；企业规模，0代表没有员工；员工工资，0元代表没有发工资。但在定距型变量中，温度为0，并非代表没有温度，只是温度计上的刻度值。因此，区分定距型变量和比率型变量的根本在于是否有绝对的零值。

在上述名义变量、有序变量、定距型变量和比率型变量四种变量中，定距型变量和比率型变量属于数值变量，名义变量和有序变量属于分类变量。数值变量的变量值可以为一些数值，这些数值可以进行加减法、求均值等计算，且这些操作之后形成的新数值是有意义的；相反，分类变量的上述操作就是无意义的。数值变量还可以细分为离散型变量（discrete）和连续型变量（continuous）。离散型变量的变量值只能取整数或自然数，它们的数值是间断的，如1，2，3……每两个相邻的数值之间都不再有其他数值，一般我们用计数方法得到离散型变量的取值。连续型变量的变量值可以在某一区间内取连续不断的任意值，与离散型变量相对，任意两个相邻的数值之间都有无数个数值，如面积、长度等。定距型变量既可以表示温度这种连续型数据，也可以表示年份这种离散型数据。

此外，根据是否由模型本身决定，变量还可以分为内生变量和外生变量。内生变量又被称为非政策性变量，是指在经济体制中完全由经济因素所决定的，由模型决定且不受政策因素影响的变量。内生变量是一种随机变量，它具有某种概率分布。相对应地，外生变量又叫作政策性变量，是指在经济体制中由政策因素决定而不由经济因素决定的变量。外生变量只起到解释作用，它会影响内生变量，但不受其他内生变量的影响。外生变量总会受到政策的控制和影响。外生变量通常是确定性的变量，有时外生变量也会具有临界概率分布，但它的参数通常不被模型系统研究。外生变量通常与随机项不相关。比如，$Q=aL+bK$，表示产量与劳动和资本的关系，其中a、b是常数，即外生变量，Q、L、K是由模型决定的内生变量。另外，技术水平、储蓄率等与模型相关的变量都是外生变量。

2.7 实证研究

实证研究（empirical study）是目前为止社会科学领域最被广泛接受、最流行、最常见的研究类型。以往有学者批评社会科学的研究带有强烈的主观感情色彩，所谓的真理和知识源于主观建构，因此无法真正客观地描述世界（Mackie，1977）。为了提高结论的可靠性，社会科学研究开始像自然科学研究一样，采用实证研究客观地观察已经存在的各种社会现象，通过数量化的表达方式说明社会现象的运行规律。实证研究是基于对事实、客观的现象、数据进行系统的验证，进而得出结论的研究。实证研究的三大特征是以证据为依托、有数据、可以重复验证。这里的数据既包括定量数据，也包括定性数据，因而按照数据的类型，实证研究可以划分为定量型实证研究和定性型实证研究。

2.7.1 实证研究的研究设计

实证研究如此重要，那么如何进行实证研究设计呢？在回答这个问题之前，我们首先需要明确研究设计的目的。无论是定量型实证研究还是定性型实证研究，都需要事先进行研究设计。研究设计是研究者在研究开始之前对研究项目结构和过程进行的整体安排。研究设计有三个基本目的：

- 回答研究问题。在实证研究中，研究问题的回答通常是以研究假设的形式出现，此时研究设计的目的就是通过数据收集和分析，为假设中所涉及的变量关系提供有效的验证，从而判断研究者的理论预期是否得到了观察数据的支撑。
- 满足实证研究效度的要求。严谨的研究设计可以合理安排研究过程，确保研究结论的可靠性，提高研究质量。严谨的研究设计基于变量的操作化质量、数据类型的选择、样本的确定等。
- 控制研究中所涉及的各种变异量。研究设计需要根据研究问题选择合适的研究方法，从而有效地控制造成因变量发生变化的各种变异量。

实证研究设计包括哪些过程和内容呢？一般来说，研究问题的性质决定研究设计的方向，但有时研究设计也可以作为一项实证研究的起点，研究者通过对文献的阅读和总结，发现已有文献中存在的问题和不足，找出弥补缺陷的方法，从而提出研究问题，设计相应的实证研究。Royer 和 Zarlowski（2001）总结了研究设计的一般过程，如图 2-2 所示，研究设计的一般过程包括确定研究主题、文献回顾和探索性访谈、定义研究问题、进行研究假设、搜集数据、分析数据等。研究者在研究设计的过程中，需要综合考虑这些因素，尽量确保研究设计的严谨性，提高研究的质量。

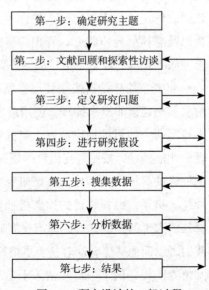

图 2-2 研究设计的一般过程

需要特别指出的是研究设计是一个不断循环重复的动态过程，并非一成不变的静态过程。在执行研究设计过程中，可能发现最初的研究设想不恰当，需要进行实时调整，也可能根据最近搜集到的数据、最新读到的文献而改变原来的研究设计。总之，没有最好的研究设计，只有更好的研究设计。

此外，研究设计通常带有个人独特的思维、教育背景、训练背景烙印，通常没有两个一模一样的研究设计。比如，针对"在面对绩效困境时，企业更愿意与本地的企业建立联系还是更愿意与非本地的企业建立联系以缓解组织绩效困境"这个研究问题，在运用实证分析方法来验证这个问题时，不同研究者的设计思路会表现出差异特征。研究者们会思考如下问题：什么样的数据类型才能回答问题？定量还是定性的方法更有效？访谈还是问卷的方法更适合？如何测量"更愿意建立联系"这个变量？选取多少个企业的样本才够？选取位于什么地点的企业？要不要选来自不同行业的企业？要不要按照业务数量将企业进行区分？控制变量要选择哪些？针对以上问题，每个研究者可能会有不同的解决方案，进而衍生出不同的研究设计。

2.7.2 实证研究的抽样

研究设计完成之后，研究者需要对研究的对象进行选择。"抽样"是指根据研究的需要对研究对象、时间、地点、行业等进行选择。通常，管理科学研究中的抽样可以分成两大类：概率抽样和非概率抽样。

概率抽样指的是在被限定的研究对象中，每一个单位都具有同样的被抽中概率。比如，被界定的对象是高科技行业中的1000家企业，研究者计划从中抽取200个企业进行研究，那么所有企业被选中的概率都是1/5。为了使从样本中获得研究结果可以推论到总体，通常需要比较大的样本，样本的数量取决于研究的精确度要求、总体的规模以及总体的异质程度。管理学研究中的定量型实证研究一般建立在概率抽样的基础上，如果样本的数量充足，从中获得的研究结果便可以推论到抽样总体。

非概率抽样是指按照其他非概率标准进行抽样的方式。定性型实证研究选择研究对象多是通过非概率抽样，使用最多的是"非概率抽样"中的"目的抽样"，目的抽样是按照研究的目的抽取能够为研究问题提供最大信息量的研究对象，这种方法也称为理论性抽样，即按照研究设计的理论指导进行抽样（Glasser& Strauss，1967）。关于目的抽样的具体实施策略，按照研究者本人的行动方式可以分为五种抽样方式：滚雪球抽样、机遇式抽样、目的性随机抽样、方便抽样和综合式抽样。滚雪球抽样是一种选择知情人士的抽样方式，即当我们通过一定的渠道找到一位知情人士获取相关信息后，我们可以问他"还有谁对这类事情特别了解，可以给我们提供相关信息"。根据第一位知情人士提供的下一位知情人士信息，我们可以继续找第二位知情人士获取信息，并问询可能的第三位知情人士。通过这样一环套一环地往下追问，样本就像滚雪球一样越滚越大，直到信息达到饱和为止。但滚雪球抽样方式的一个弱点是找到的信息提供者很可能是同一类人，彼此是熟人或朋友，具有相同的特征，他们中某些人可能碍于情面隐瞒某些信息，尤其是收集社会网络数据的时候，当问到被调查者"你有哪些朋友，你和这些朋友之间联系频率如何""你的朋友彼此之间是否保持联系，联系频率如何"，被调查者可能会隐瞒某些对他非常重要的联系人。尽管滚雪球抽样存在这样一个缺点，但目前这种抽样方式是质性数据收集应用得最多的一种策略。

机遇式抽样指的是根据当时当地的具体情况进行抽样。这种抽样方式一般发生在这样一种情境中，研究者对研究实地的情况不了解，且有较长时间在研究实地进行调查。这种抽样方式给了研究者较大的灵活性，通常带来意外的收获。例如，针对员工工作倦怠与工作绩效关系的研究中，研究者首先来到一家电信公司，本来想研究信息通信部门员工在工作倦怠和绩效上的表现，在实地调查中，研究者发现电信公司的客服中心由于整天面对客户的投诉以及各种突发性工作处理，更容易陷入工作倦怠，更容易影响其工作绩效，而当主管及时和陷入工作倦怠的员工交谈时，工作倦怠与员工个人绩效之间的负向关系就不那么强了。由此，研究者产生了对客服中心主管和员工的关系进行调查的念头，决定抽取一定数量的客服人员和主管进行访谈和观察，了解主管的哪些特质帮助员工解决了工作倦怠的问题。

目的性随机抽样是指按照一定的研究目的对研究对象进行随机抽样。在质性研究中，随机抽样与定量型实证研究的随机抽样不同，质性随机抽样在确定研究范围后，研究样本太大的情况下使用，而定量型随机抽样标准是固定的，一般不会轻易更改。质性研究的目的抽样案例如下，如前所述，当研究者确定对电信公司的客服中心进行调查时，客服中心员工人数高达150人，此时研究者没有足够的时间和精力全部进行访谈和观察，因此，研究者可以从人力资源部找到客服中心的名单，通过随机抽样的方法从中抽取一部分人（如20～30人）进行重点的调查。

方便抽样指的是研究者受当时当地实际情况的限制，只能根据研究者自身的方便进行抽样。相对其他抽样方式，方便抽样比较省时省钱，但研究结果的信度最低。这主要是因为研究者对研究过程的控制程度较低，数据来源不受研究者的控制，对变量间因果关系的推论容易不严谨，往往很难对研究结论进行重复验证。因此，这种抽样方式通常是在上述抽样方式无法使用的情况下才使用，或是作为上述抽样方式的补充。

综合式抽样是根据研究的实际情况，使用上述不同的抽样策略选择研究对象。在对研究实地不了解的情况下可以采用滚雪球抽样、机遇式抽样或是方便抽样，随着研究的逐步深入，则可以采用目的式随机抽样。综合抽样的优势是可以结合不同抽样的优点，灵活使用各种不同的抽样方式获取样本，缺点是易造成抽样评价结果的冲突，这是因为每一种抽样策略的标准不一样。

2.7.3 实证研究中的数据搜集方法

定量型实证研究的数据收集方法有实验法、准实验法、问卷调查和二手数据。上述四种数据收集的方式没有优劣之分，只是根据研究问题的性质或研究的焦点进行匹配。当研究者的关注焦点是确定变量之间的因果关系，需要剔除各种替代解释对研究结论的影响时，实验法是最好的选择。在利用实验法收集数据时，研究者将被试随机分配到代表自变量不同程度的各个实验组和控制组内，并观察不同组自变量对因变量的影响差异。

当研究者受客观条件和资源的限制，无法将被试随机地分配到实验组和控制组时，便可以采用准实验设计。与实验法不同，在准实验设计中，研究者没有对被试采用随机分配的方法，而是在自然场合下进行观察收集数据。与实验法相比，准实验法收集数据的缺点在于不能用随机分配消除混淆变量和替代解释，内部效度略低。准实验设计的优点是对研究条件要求低，可操作性强，根据此数据分析所得的研究结论适用范围较广。

问卷调查法是定量研究中使用最多的方法，这主要是因为问卷调查成本低廉，而且如果实施得当，问卷调查法是最快速且有效的搜集数据的方法。问卷调查由于对被调查者的干扰较小，所以比较容易获得被调查单位及员工的支持，可操作性很强。在选用问卷调查收集数据时，由于无法对被调查者进行实验处理，研究者需要较大规模的样本才能保证自变量拥有足够的变异量。为了提高问卷调查的数据质量，在设计问卷的过程中，应选择成熟的、已经经过多次研究验证、信度和效度较高的量表，倘若现有文献研究中没有成熟的量表可用，则需要自己开发量表。问卷收集的信息包括自变量、调节变量、中介变量、因变量、控制变量，其中控制变量的选择非常重要，控制变量的作用是剔除替代解释对自变量与因变量因果关系的干扰。

当无法通过直接方式获得数据时，可以搜集和分析二手数据。相比于其他数据收集方法，二手数据的客观性和可重复性较高。二手数据具有以下特征：

- 二手数据是他人基于一定的研究目的或是制度要求搜集或发布的数据，不是专门为了本研究而设计的。
- 研究者在使用二手数据时通常与数据中所涉及的研究对象未发生直接接触，如访谈、观察等。
- 二手数据通常可以通过公共或公开的渠道获得。常见的公开披露的数据有上市公司数据、专利数据、工业企业普查数据、年鉴数据等。

如果研究对象是企业、地区或是国家，或是需要大规模的数据样本，或是研究问题的时间跨度比较长，可以选择使用二手数据。

定性型实证研究在通过目的抽样获取研究对象后，搜集数据的方式包括访谈、观察、实物分析、口述史、叙事分析、历史法等，其中最常用的是访谈。与问卷调查相比，访谈具有更大的灵活性以及对意义进行解释的空间。问卷通常是使用研究者的语言向被调查者询问自己认为重要的问题。而访谈可以直接询问受访者自己对问题的看法，用自己的语言和概念表达自己的观点。如果访谈的结构足够开放，访谈者可以通过让受访者对自己的工作生活细节进行比较细致的描述，获取更有价值的数据。根据研究者对访谈结构的控制程度不同，访谈可以分为结构型访谈、半结构型访谈、非结构型访谈。在结构型访谈中，按照研究者事先设计好了的具有固定结构的问卷进行访谈，在这种访谈中，研究者对所有的受访者都按照同样的程序问同样的问题。与此相反，非结构型访谈中则没有固定的访谈问题，研究者鼓励受访者用自己的语言发表看法，访谈形式不拘一格。而在半结构型访谈中，研究者对访谈的结构具有一定的控制作用，但同时允许受访者积极参与。研究者事先准备一个访谈的提纲，研究者在提问的同时鼓励受访者提出自己的问题。通常，质性研究在研究初期选择非结构型访谈的形式，并随着研究的深入逐步选择半结构型访谈。在通过访谈收集数据的过程中，要注重访谈问题之间的内在联系，确保问题与问题之间存在一个先后顺序、承前启后的关系。

上述几种方法从研究设计的角度并没有优劣之分，研究者容易追求"时髦的研究方法"，忽视研究问题与研究方法的匹配，这是不可取的。研究者需要针对特定的研究问题选择最恰当、最经济的研究方法。在选择研究方法时，可以思考 Royer 和 Zarlowski（2001）提出的几个问题：

- 这种方法适合回答我的研究问题吗？
- 这种方法可以带来预期的研究结果吗？
- 使用这种方法需要哪些条件？
- 这种方法自身有哪些局限？
- 还有哪种方法适合现在的研究问题？
- 现在选择的方法优于其他方法吗？如果优于其他方法，原因是什么？
- 在使用这种方法时，我需要掌握哪些技能？
- 我现在掌握这些技能了吗？如果没有，我可以学到这些技能吗？
- 我是否需要其他方法来加强对研究对象的观察？

重要术语

文献回顾　理论　因果关系　混淆变量　U 型关系　倒 U 型关系　J 型曲线
归纳假设　演绎假设　变量　变量值　因变量　自变量　中介变量　名义变量

有序变量　定距型变量　比率型变量　离散型变量　连续型变量　内生变量　外生变量　实证研究　概率抽样　非概率抽样　滚雪球抽样　机遇式抽样　目的性随机抽样　方便抽样　综合式抽样

复习思考题

1. 文献回顾包括几种类型？
2. 什么样的理论是好理论？
3. 一个研究模型是否只能用一个理论？
4. 研究模型需要非常复杂吗？
5. 在确定因果关系的相关性要素时，需注意哪些方面？
6. 什么是研究假设？
7. 研究假设的注意事项有哪些？
8. 变量的重要性是什么？
9. 变量与变量值的区别有哪些？
10. 变量的类型有哪些？
11. 如何进行实证研究设计？实证研究设计包括哪些过程和内容？
12. 实证研究中的数据收集方法有哪些？这些数据收集方法各有何特点？

参考文献

[1] 董保宝, 王侃, 周晓月. 新创企业网络导向的测量与功效：基于中国经验的实证研究 [J]. 管理报, 2016, 13（5）: 631-639.

[2] Adler P S, Kwon S W. Social Capital: Prospects for a New Concept[J]. Academy of Management Review, 2002, 27（1）: 17-40.

[3] Baum J A C, Rowley T J, Shipilov A V, et al. Dancing with Strangers: Aspiration Performance and the Search for Underwriting Syndicate Partners[J]. Administrative Science Quarterly, 2005, 50（4）: 536-575.

[4] Bollen K A. Structural Equations with Latent Variables[M]. John Wiley & Sons, 2014.

[5] Casciaro T, Piskorski M J. Power Imbalance, Mutual Dependence, and Constraint Absorption: A Closer Look at Resource Dependence Theory[J]. Administrative Science Quarterly, 2005, 50（2）: 167-199.

[6] Carpenter M A, Li M, Jiang H. Social Network Research in Organizational Contexts: A Systematic Review of Methodological Issues and Choices[J]. Journal of Management, 2012, 38（4）: 1328-1361.

[7] Chen X P, Liu D, Portnoy R. A Multilevel Investigation of Motivational

Cultural Intelligence, Organizational Diversity Climate, and Cultural Sales: Evidence from US Real Estate Firms[J]. Journal of Applied Psychology, 2012, 97(1): 93.

[8] Cropanzano R, Mitchell M S. Social Exchange Theory: An Interdisciplinary Review[J]. Journal of Management, 2005, 31(6): 874-900.

[9] Glaser B G, Strauss A L, Strutzel E. The Discovery of Grounded Theory: Strategies for Qualitative Research[J]. Nursing Research, 1968, 17(4): 364.

[10] Gupta A K, Smith K G, Shalley C E. The Interplay between Exploration and Exploitation[J]. Academy of Management Journal, 2006, 49(4): 693-706.

[11] Ireland R D, Hitt M A, Sirmon D G. A Model of Strategic Entrepreneurship: The Construct and Its Dimensions[J]. Journal of Management, 2003, 29(6): 963-989.

[12] Jiang H, Cannella Jr A A, Xia J, et al. Choose to Fight or Choose to Flee? A Network Embeddedness Perspective of Executive Ship Jumping in Declining Firms[J]. Strategic Management Journal, 2017, 38(10): 2061-2079.

[13] Mackie J Ethics. Inventing Right and Wrong[M]. Penguin UK, 1990.

[14] March J G. Exploration and Exploitation in Organizational Learning[J]. Organization Science, 1991, 2(1): 71-87.

[15] McDonald M L, Westphal J D. Getting by with the Advice of Their Friends: CEOs' Advice Networks and Firms' Strategic Responses to Poor Performance[J]. Administrative Science Quarterly, 2003, 48(1): 1-32.

[16] Miller D. The Correlates of Entrepreneurship in Three Types of Firms[J]. Management Science, 1983, 29(7): 770-791.

[17] Ouyang K, Xu E, Huang X, et al. Reaching the Limits of Reciprocity in Favor Exchange: The Effects of Generous, Stingy, and Matched Favor Giving on Social Status[J]. Journal of Applied Psychology, 2018, 103(6): 614.

[18] Parker A, Halgin D S, Borgatti S P. Dynamics of Social Capital: Effects of Performance Feedback on Network Change[J]. Organization Studies, 2016, 37(3): 375-397.

[19] Pfeffer J. Merger as a Response to Organizational Interdependence[J]. Administrative Science Quarterly, 1972, 17(3).

[20] Powell W W, White D R, Koput K W, et al. Network Dynamics and Field Evolution: The Growth of Interorganizational Collaboration in the Life Sciences[J]. American Journal of Sociology, 2005, 110(4): 1132-1205.

[21] Pollock Ⅲ P H. The Essentials of Political Analysis[M]. Cq Press, 2015.

[22] Rauch A, Wiklund J, Lumpkin G T, et al. Entrepreneurial Orientation and Business Performance: An Assessment of Past Research and Suggestions for the Future[J]. Entrepreneurship Theory and Practice, 2009, 33(3): 761-787.

[23] Shapira Z. Entering New Markets: The Effect of Performance Feedback Near Aspiration and Well Below and Above It[J]. Strategic Management Journal, 2017, 38(7): 1416-1434.

[24] Tasselli S, Kilduff M, Menges J I. The Microfoundations of Organizational Social Networks: A Review and an Agenda for Future Research[J]. Journal of Management, 2015, 41(5): 1361-1387.

[25] Wales W J, Patel P C, Parida V, et al. Nonlinear Effects of Entrepreneurial Orientation on Small Firm Performance: The Moderating Role of Resource Orchestration Capabilities[J]. Strategic Entrepreneurship Journal, 2013, 7(2): 93-121.

第 3 章

如何提出研究问题：引言的撰写技巧

所有的研究都始于研究问题，确定研究问题是研究项目中的第一步，也是至关重要的一步。科学的研究问题需要体现出相关性、可管理性、可延伸性、清晰简明性和趣味性等特征。在识别研究缝隙、确定研究问题过程中，研究者可以通过建立新对话或完善现有对话两种方式提出研究问题，目前应用得较多的是第二种方式。这主要是因为建立一个新的领域通常需要深厚的理论基底，而且需要对管理实践有深入的洞察，这对初学者来说通常较为困难。

在一篇学术文章中，呈现研究问题的地方通常是引言。引言位于文献综述前，统领整个文章，为读者提供理解文章的思路框架。引言的作用是回答以下三个问题：研究主题存在的必要性；研究主题下尚未解决的问题以及问题的重要性；作者的研究有哪些贡献。为了回答上述问题，引言一般包含：设置引人入胜的因子、识别研究缝隙与提出研究问题、提出解决研究缝隙的方式和可能结果、说明研究贡献这四部分内容。为了提升引言撰写的效率和效果，本章特别介绍了引言撰写过程中的注意事项，帮助读者避开引言撰写的雷区。此外，本章还为读者提供了一个顶级期刊优秀文章的引言撰写示例，以期为读者提供一个引言撰写的模板。

3.1 科学研究问题的基本特征

当开始一个新的研究时，提出一个合理的研究问题是很重要的。这是研究过程中至关重要的一步，指导研究者的整个后续研究活动，包括文献综述、研究设计、数据收集与分析以及结论讨论。

那么，好的研究问题具体有什么特征呢？一些研究问题聚焦于特定理论和概念之间的关系上。例如，性别如何与不同的风险承担倾向相关？而有些研究问题旨在开辟一个领域，让可能出现的新理论浮出水面。研究问题是"这里发生了什么"，这是探索性研究中最基本的研究问题。对一篇学位论文来说，你的问题需要比这两个问题更有针对性。发现一个好的研究问题具有挑战性，但并非是一项不可完成的任务。研究者首先应从自己感兴趣的话题开始，阅读大量管理文献，了解足够的管理实践，然后逐渐、反复提炼研究问题，直到研究问题用一句话可以清楚说明。好的研究问题具有以下几个特征：

- 相关性。
- 可管理性。
- 可延伸性。
- 清晰简明性。
- 趣味性。

3.1.1 相关性

研究者所选择的研究问题应与所在领域的研究对话相关。研究的目的之一就是加入某一个研究对话，从现有研究对话中提炼关键点，并拓展现有研究对话。当研究者所提炼的研究问题与其想加入的研究对话不相关时，没有学者会关注这个研究，也不利于研究者做出学术贡献。为了达到相关性的目标，研究者需要研读该研究对话下关键的理论文章和实证文章，其中必读的文章包括第一个建立该研究对话的学者的文章，以及出现关键转折点的文章。这类文章的确定标准需要研究者长期的经验积累，或是通过阅读此研究对话下相关的文献综述文章和元分析文章，尤其是综述文章有助于研究者发现该研究对话下各个时期的重点文章，帮助研究者梳理框架。

3.1.2 可管理性

可管理性重在强调研究者需要对研究的范围和规模实事求是，所提出的研究问题需要在自身的能力范围内。在自然科学基金立项过程中，很多评委专家都提到了这样一个常见的问题，研究者可能提出了一个很具有理论和实践意义的科学研究问题，但他可能没有这样的研究能力。因此，在确定研究问题时，研究者至少需要考虑以下几个与能力相关的问题：首先，自己是否有能力获取与研究问题相关的变量的数据？其次，自己能否将研究问题的概念与所获得的观察、现象、指标或变量联系起来？数据的获取，尤其是一手数据的获取困扰了众多研究者，在事前充分考虑自身的学术能力以及资金实力是非常必要的。

3.1.3 可延伸性

好的研究问题通常能够形成一个体系，彼此之间有较强的逻辑关系。例如，动态竞争理论的陈明哲教授最先问的研究问题就是"竞争是什么",以此研究问题为核心,他的一系列文章又问了一些子问题,这些子问题融合在一起就是从各个不同方面回答最初的研究问题。因此,在确定研究问题时,应确保研究问题具有可延伸性,幽闭在一个狭窄的研究问题中通常难以做出较大的学术贡献。

3.1.4 清晰简明性

研究问题的说明应避免采用繁复的语句,应该采用精练简洁的陈述句来直截了当地告知读者文章讨论了哪个问题。一些学者认为他们的研究目标难以被精练成一句简单明了的陈述句,这往往是因为他们并不完全理解自己的研究问题。另一些学者对于在文章中仅仅识别一个研究目标感到为难,这往往是因为他们对于想要解决的特定理论问题并不清楚。通常,探讨多个研究目标的文章一无所获。而且,一个混乱的问题很可能产生混乱的数据和同样混乱的分析,对推进现有学术研究毫无贡献。因此,在确定研究问题时,不能选择那些宽泛且模糊的问题,也不要将不同研究的研究问题硬整合凑成一个研究问题,要确保研究问题简单明了。

3.1.5 趣味性

研究问题需要激发研究者的兴趣,并且能使研究者在整个项目中保持该兴趣。有两个陷阱需要避免:一是跟风确定一个研究问题。例如,最近在组织管理研究领域,出现了很多关于辱虐型管理的研究文献,很多研究者可能仅仅出于跟风的动机就确定了辱虐型管理的相关研究问题,并未考虑自身对该研究的兴趣,在研究推进的过程中,研究者可能对这个主题失去热情,阻碍研究者进行深入的研究。二是为了方便确定一个研究问题。研究者可能由于自己在某方面具有一定的人脉,能接触到相关的访谈人员,就轻易定下了这个方向的研究问题。实际上,如果在一定便利条件下制定的研究问题没有挑战性,整个研究过程可能会变得非常乏味,不利于研究者提炼研究贡献。

3.2 研究问题的常见来源

研究问题通常源于现有研究缝隙,什么是研究缝隙呢?研究缝隙是现有研究领域缺少的、有待完成的研究项目。每一个研究存在的意义就是在多大程度上解决一个研究缺口,完善现有研究。Grant 和 Pollock(2011)指出,识别研究缝隙,确定研究问题的方式有两大类:一是建立一个新的研究领域;二是说明现有研究文献出现的问题,引出研究缝隙,提出研究问题。

3.2.1 建立一个新的研究领域

当出现一个管理现象,运用现有理论无法解释时,作者便可以开启一个新的研究对话。例如，Shane 和 Venkataraman（2000）的文章 The Promise of Entrepreneurship 是建立创业领域对话的开篇之作，该篇文章在引言中指出，目前社会科学领域缺乏一个完整的理论框架可以解释该时期涌现的创业现象，需要引入一个新的对话来说明以围绕机会为核心的个人、团队和企业的相关过程与活动。

与之类似，我们在现实生活中也可以发现一些难以用现有理论解释的现象。例如，社会交换理论预测，个体在接受别人的示好或馈赠后，在互惠原则的驱动下，会给予发出者同样的好处，或是给予同等价值的物品，或是赋予发出者较高的社会地位。但在现实管理环境中，Huang 等学者发现，存在这样一种现象难以用社会交换理论进行解释。在进行社会交换过程中，交换的双方彼此竞争，这次你给我这些物品或馈赠，下次我一定要比你返回更多的物品。该现象用现有的社会交换理论无法解释，为了解决这个研究缝隙，Huang 等学者试图开发一个新的理论以说明这个现象。

3.2.2 完善现有研究领域的研究问题

这类提出研究问题的方式通常需要叙述先前文章存在的问题，识别现有研究的缝隙（gap），包括不完整性、不充分性、不正确性、相互冲突性。

1. 基于不完整缝隙的研究问题

这类研究问题的提出，需要说明先前的文献只是聚焦于某个全局的一部分，未阐述其他部分。例如，社会资本分为认知社会资本、结构社会资本和关系社会资本，在应用社会资本理论探讨社会资本对个人成长和职业成功的影响时，可能现有研究着重于关系社会资本和结构社会资本的作用，而忽略了认知社会资本的角色。这一类研究就是不完整的，需要新的研究去填补这一缝隙。

以资源基础观为例，资源基础观认为，有价值的、稀缺的、不可模仿的、不可替代的资源是企业竞争优势的来源。可能现有研究在运用资源基础观探讨创业情境中资源的效用时，只强调了资源的价值性和稀缺性，未对其他两个维度进行探讨，这也是不完整的。

以资源依赖理论为例，资源依赖理论强调资源提供方与资源获取方的依赖不对称和共同依赖两个方面，而现有研究在运用依赖理论探讨合作双方的协作行为和绩效时，可能只考虑了依赖不对称的影响，未考虑共同依赖可能发挥的调节作用，这也是不完整的。

再以网络为例，网络关系包括直接关系和间接关系，两种不同的关系都会影响网络参与者的行为和绩效，但可能现有研究在应用网络观探讨网络参与者的创新行为时，只探讨直接联系的作用，忽略了间接联系可能发挥的效用，这也是不完整的。

接下来，我们以 Kram 和 Isabella（1985）介绍研究问题的描述为例详细勾勒不完整的体现：

成年人发展和职业理论学家都认为师徒关系有助于促进个人在职业生涯早期和中期的发展。相关的实证研究也表明，师徒关系促进了职业发展和个人成长。然而，除了师徒关系，我们对其他促进生活和事业进步的成人关系知之甚少。本文的目的是考虑工作环境中的其他成人关系——同事之间的关系——如何为个人和职业成长提供类似师徒关系的功能。研究的第一步是系统地研究同事间关系的性质……

从上面描述可以看出，在工作环境中，促进个人成长和职业发展的关系有多种类型，但现有研究多聚焦于师徒关系，对其他关系的揭示不足，进而引出研究缝隙。为了解决上述不完整性，填补研究缝隙，作者试图聚焦于同事关系。

在应用某个理论分析研究现象时，作者通常只是聚焦于理论的某个维度，对其他维度关注不足，其他维度对理解现有现象又非常重要，所以呈现出了不完整性的研究缝隙。只要读者在阅读文献时多积累，寻找此类研究缝隙非常容易。

2. 基于不充分缝隙的研究问题

这种发掘研究问题的范式主要在于说明现有文献没有充分展示现有现象的不同观点和视角，或者现有研究忽略了一些在解释和理解现有现象中的其他相关观点。第一种不充分性的研究缝隙是只采用单一理论视角分析某个现象的某个方面。例如，在分析新创企业的运营现象时，可能现有研究多从资源基础观的理论视角去分析。新创企业由于其"小且新"，资源匮乏，合法性低，企业内部资源利用效率也低。资源基础观强调，通过各种方式构建有价值的资源基础以突破"小且新"的缺陷。这里研究只采用资源基础观分析新创企业的资源约束问题，缺乏从其他理论视角分析企业的合法性问题，比如从制度基础观的视角分析企业构建合法性的过程和路径对企业行为和结果的影响。

再以我们从文献中摘抄的段落为例：

现在有大量的研究提供了关于计算机如何改变组织以及计算机技术应用相关的问题见解。然而，一些学者对之前的研究结论并不满意，他们认为现有研究不完整、不充分。具体而言，他们认为研究人员忽略了计算机技术研究的符号维度。因此，我试图通过观察技术变革中包含的符号过程来填补这些空白。

上述文本叙述表明，在计算机和变革相关的文献中，现有研究多从技术应用的方面着手，忽略了符合视角下的计算机和变革。

第二种不充分性的研究缝隙表现在现有研究可能只强调某个概念的好的方面，对其坏的方面探讨不足。我们知道，每一个事物总有程度之分，过犹不及。在过去的很多年，有大量的研究强调社会资本的益处，从个人职业成功、工作满意度、团队凝聚力、企业成功等多个方面、不同维度探讨社会资本发挥的优势。但社会资本真的只有好处没有坏处吗？答案是否定的。Powell、Ahuja等作者撰写了多篇文章，说明社会资本可能存在的不同程度的黑暗面，这些黑暗面会负向影响企业的运营和相关行为结果。

以现在广泛讨论的高管成员多样性为例，之前的研究多在分析高管成员在年龄、功能背景、学历等方面的多样性对企业行为和绩效的影响，可能多基于信息处理理论，强调多样性的优点，认为高管多样性有利于企业更好地处理信息，提高战略决策的效率和效果，进而提高企业绩效。而在现实管理实践中，我们发现高管团队多样性也存在一定的弊端，高管之间的认知差异并不一定导致决策效率的提升。因此，为了解决此研究缝隙，一些研究以此为契机，运用社会认同理论或者社会归类理论分析高管多样性的影响。社会认同理论认为，个人通常会自动划分圈子，与自身功能背景相似的划为一个圈子，圈子内的成员彼此支持，圈子外的成员会争抢资源。在社会认同理论视角下，高管多样性会促成高管内部圈子的生成，圈子彼此之间内斗耗费企业资源，增加企业运营的成本，负向影响企业绩效。从这里我们可以看出，分析多样性存在多个不同的理论视角，如社会认同理论、信息处理理论等。当研究多注重从某个理论视角或事物的某个方面展开时，研究缝隙就产生了。

3. 基于不正确研究缝隙的科学问题

这种提出研究问题的方式是首先说明之前的研究结果不可靠，然后指出研究缝隙并以此提出研究问题。这个方法攻击性很强，需要慎重使用，可能会招致大量的反驳。这个方法的关键是说明现有研究是错误的，或是移动到了一个错误的方向。

指出前人研究结论错误的方式有如下两种。第一，指出前人在基础假设上的应用错误导致结论错误。以如下描述为例：

> 本文认为，先前关于快速战略决策的研究并没有涉及"两个关键现实"，本研究提倡另一种观点，这种观点挑战传统文献，并得到实证研究结果的支持。具体地说，这篇文章认为"现存的观点在描述高管如何快速做出决策方面描述不准确"（Eisenhardt，1989）。

从以上叙述可以看出，Eisenhardt提出研究缝隙的方式是指出先前的研究在"高管如何快速进行战略决策"这个主题上忽略了关键的基础假设，导致研究结果错误。该研究试图解决这一缝隙，为未来研究指引正确的研究方向。

第二，指出前人在研究过程中的不严谨所导致的研究结果错误。例如，Stewart和Roth（2001）筛选了一系列研究创业者和经理人的风险偏好文章进行元分析，结果表明，创业者比经理人具有更高的风险偏好，并且这种对风险偏好的态度在以成长为导向的创业者中最明显。之后 Miner 和 Raju（2004）认为，Stewart 和 Roth 的研究结果不正确，并指出他们在筛选研究样本过程中不恰当地排除了 14 项研究样本。根据这些研究样本，Miner 和 Raju 得出完全相反的结论：创业者（包括那些具备成长导向的人）更容易规避风险。

4. 基于相互冲突缝隙的研究问题

相互冲突表明现有文献在某个主题上不存在共识，这就导出一个研究缝隙，为了解决这个缝隙，学者们需要寻求一个新的共识。具体而言，相互冲突表现在以下两个方面：第一，现有实证研究结果表明两个变量之间的关系存在正相关/负相关、显著/不显著等相互冲突关系。例如，Engelen 等（2014）在阐述研究缝隙时是这样叙述的，"一些实证研究结果表明，创业导向与企业绩效呈现正相关关系，而另一些实证结果呈现不相关甚至负相关关系。"为了形成共识，现有研究多从权变的角度探讨创业导向的效应，深入挖掘创业导向与企业绩效关系的边界条件。

第二，现有研究在证明两个变量发挥的作用时，呈现相互冲突的结论。例如，现有实证研究和案例研究表明，探索和利用之间存在相互替代的关系。与此同时，也有学者证明两者之间存在相互补充的关系；为了得出相应的共识，作者可以选用某个角度对两者的关系进行整合。

与探索和利用类似，现有研究在探讨"契约"（contract）和"信任"（trust）之间的关系时，也存在相互替代和彼此互补的冲突关系。替代观点认为，详细的契约有助于减少机会主义行为，促进交易的形成，但破坏了信任的形成。这是因为详细的契约保障会引发对手的负面情绪，阻碍信任关系的开发。互补观点认为，契约作为一种工具，通过明确交换的角色和规则来促进交换。契约为合作伙伴提供了相互了解和交流的机会，从而有助于信任的发展。为了达成共识，解决这个研究缺口，研究者可以说明互补和替代关系发生的具体情境，整合现有研究。

3.3 引言包含的内容及撰写步骤

在选择伴侣、工作伙伴时，大家都非常看重第一印象。在进行论文阅读时，引言就是作者呈现给读者的第一印象，在吸引读者注意力方面发挥了非常大的作用，决定了读者是否要继续阅读文章的后续部分。引言呈现在文章其他部分（文献综述、假设推导、数据分析和讨论）之前，提供一个解释性框架，以引导读者进行思考。在引言安排上：

- 设置引人入胜的引子，提高读者的阅读兴趣。

- 作者需要识别出现有研究的缝隙，明确研究问题。
- 作者需要说明该研究是如何回答研究问题，并解决缝隙的。
- 简要说明研究的贡献。

上述四步看起来很简单，但很多作者在实践过程中面临较大困难，作者在每一步上都有可能犯错，进而导致文章可阅读性较差。

3.3.1　设置引人入胜的引子

引言的第一部分应该设置一个诱饵（setting the hook），引发读者的好奇心，激励其继续读下去。有效的诱饵应呈现出如下特征：简单、意外、可信、情感性和故事性。一般而言，现有学者们在引言处设置诱饵的方式有两种：引述和突出主流趋势。

1. 引述

引述就是通过使用名人名言或者其他夺人眼球的报纸标题的方式作为诱饵。例如，Yu 和 Zellmer-bruhn（2016）在考察团队正念在冲突转化、社会破坏中的屏障作用时，他们的文章开篇就引用了著名篮球教练菲尔·杰克逊的话来吸引读者："如果你知道芝加哥公牛队和洛杉矶湖人队的三连冠……那么你就了解正念的魔力了……在这两只球队中，我运用正念来缓解球队中出现的冲突和紧张局势。对一个团队来说，拥有正念这项技能是至关重要的。"

除引用名人名言外，还可以使用媒体头条来作为诱饵。例如，Ferrier、Smith 和 Grimm（1999）在考察行业挑战者对市场领导者市场的侵蚀时，他们在文章的开篇就使用了《华尔街日报》的头条来吸引读者，分别是 "Alex Trotman（美国汽车名人堂成员）的目标：福特成为世界销量第一的汽车""凯洛格（具有百年历史的方便食品生产商）正在降价，以此遏制市场份额流失""Amoco 公司力争成为聚酯山之王"。这三个标题一下让读者进入了激烈的市场竞争情境中，感受市场领导者的情境，进而引导读者进行后续的阅读。

除了上述两种方式，一些作者也会使用引人入胜的故事作为诱饵，层层铺开，跌宕起伏，迅速抓住读者的好奇心，提升读者继续阅读的动力。例如，Plowman 等（2007）在介绍根本性变革的涌现过程现象时就用了一个故事来作为诱饵：

> 使命教堂（Mission Church）是一家位于市中心的教堂，50 多年前曾红极一时，是众多富豪的聚集地，而今来使命教堂的人寥寥无几，人们更愿意去郊区的教堂。
>
> 一天晚上吃饭时，教堂里的几个年轻人在讨论如何打发周日上午的时间，为像他们这样不想参加传统教会学校项目的人提供其他备用选择。其中有个

年轻人建议在周日早上，为路过教堂的无家可归的人提供热腾腾的早餐，这个主意被大家采纳了。该组织在五周后提供了第一次早餐，在很短的时间内，教堂志愿者在周日上午为 200 多名无家可归的人提供了食物。在第一次早餐后的几个月，一名志愿医生退出了提供食物的队伍，开始与任何想讨论医学问题的人交谈。

之后，全面医疗、牙科和眼科诊所开始成为周日上午项目的一部分。在几年之内，该教堂得到资助，建立一个"周日中心"，为数千无家可归者每年提供 20 000 份早餐。除了诊所之外，法律援助、职业培训、洗衣服务和淋浴设施等项目最初也都是由一顿热腾腾的早餐产生的。无家可归的人开始加入教堂，加入唱诗班，在主要的礼拜仪式上担任引座员。每周都有数百名街头民众来到教堂，在礼拜仪式上，参加者的着装发生了巨大的变化，礼拜的风格和音乐也发生了巨大的变化。这些累积的变化从根本上改变了教堂的使命，这样的改变不仅引发了教堂内部的争议，也收到来自周围企业的大量批评，这些情况引发了媒体的关注。

作者描述了使命教堂与其环境发生根本性变革的过程，这个过程最初是由一群人的慷慨行为所引发，逐渐涌现成一个持续的根本性变革循环。作者抛出这个故事作为诱饵，引出后续的研究主题——无意的小的变革如何升级并导致根本性的激进变革。

2. 突出主流趋势

这种设置诱饵的方式是目前运用最多的一种方式，受到很多学者的青睐。首先，作者描述近年来现实管理实践中发生的新变化、产生的新现象，通过描述趋势吸引读者的注意。其次，在描述趋势之后指出这些变化或现象背后的原因和影响仍然是一个谜团，未得到有效揭示，进而引出文章的研究缝隙。例如，Elsbach 和 Kramer（2003）在文章引言部分这样描述："长期以来，组织研究人员和管理者都认为个人创造力对组织的成功至关重要……这样的信念催生出了一个虚拟产业，有大量管理书籍和商学院课程都在颂扬创造力的优点，并为激发更高水平的创造力提供建议。"之后，为了继续勾起读者的阅读愿望，作者在引言后续部分进行了转折。作者指出，"然而，在大多数情况下，我们对在高风险的情况下如何评估创造潜力仍然缺乏深入了解。"

与之类似，Barkema 和 Vermeulen（1998）在文章的引言开头部分首先说明外国直接投资大幅增长，成为国际化过程的重要方式。接着探讨了外国直接投资的两种不同研究趋势，一是侧重于探讨所有权问题，受到大量的关注；二是关注外国直接投资是采用新创企业还是收购的方式，这类趋势受到的关注较少。作者通过阐述趋势勾起读者阅读的兴趣，然后引导读者跟踪目前关注较少的趋势，引出读者的好奇心——为什么关注较少，如何解决此类研究问题。

在国内文章中，张敏等（2015）发表在《管理世界》上的文章考察了社会网络与风险承担的关系，在引言的第一段作者也是通过描述趋势来吸引读者注意。她们首先描述了企业风险承担对企业乃至社会的发展至关重要，微观上企业风险承担水平影响企业竞争优势和财务绩效，宏观上其影响社会技术进步、经济增长率等。之后，作者指出这一研究趋势背后隐藏的谜团：企业风险承担的影响因素未得到较好揭示。

3.3.2 识别研究缝隙，提出研究问题

设置好引子后，接下来的内容是识别出研究缝隙，确定研究问题。研究人员，尤其是硕士研究生和博士研究生，常常发现在他们自己选择的领域里，很难发现知识体系的空白。在撰写一篇研究论文时，发现研究缝隙并提出研究问题是第一步，也是最重要的一步。虽然前面已经说明了研究问题的常见来源，但找到原创和创新的主题，并从中找出差距从来都不是一件容易的事情，研究者在识别研究缝隙、确定研究问题的过程中还需要注意以下几个方面：

第一，在阐释研究缝隙、说明研究问题的重要性时，不能使用"该理论问题目前尚未被讨论过"来说明研究问题的重要性。尚未被讨论过的问题并不是重大研究问题的必要条件，这是因为有些尚未被探讨过的研究问题可能本身没有研究价值，不值得研究者花费大量的时间和精力。

第二，在阐释研究问题过程中使用"本研究是在响应×××学者的号召"，这也是不恰当的。经常在文献中，我们看到有学者为了说明本研究的重要性和合法性，试图让知名学者为其背书。例如，在家族企业研究中有一个知名学者，名叫 Franze Kellermans，他有很多文章观点独特，很有影响力。很多家族企业的研究文献在引言中说明研究的重要性时，会说该研究是在回应 Franze Kellermans 在某篇文章中的号召。实际上，这种做法并不可取。因为每个人都存在不同程度的认知局限性，知名学者的言论并非一直正确，响应不合适的号召可能会让自身的文章走向错误的方向。

3.3.3 说明解决研究缝隙的方式及可能的结果

在说明清楚研究缝隙后，引言的第三部分一般以"本文的目的是……"开头，说明本研究的核心目标以及解决问题的方式。针对前面的研究缝隙，作者通常需要使用两个段落说明本研究是如何解决研究缝隙的，以及可能的结果是什么。

针对不完整为特征的研究缝隙，作者可以多阅读文献综述类文章，了解相关变量的全部分类和全部维度，从未被探讨的一个维度或一个方面中挑选一个进行探讨，以此填补以不完整为特征的研究缝隙。例如，创业导向分为创新性、冒险性和先动性，现有研究可能多单独探讨创新性在高绩效人力资源管理实践中发挥的关键性作用，忽

略了冒险性和先动性发挥的效用。作者可以从中选择冒险性或者先动性入手，调查该变量在高绩效人力资源管理实践与企业绩效中发挥的作用。

针对不充分为特征的研究缝隙，作者应该基于现有现象的情境，选择其他可以解释现有现象的替代理论视角和不同方面，试图给读者更全面地看待此现象提供参考。例如，现有研究都在探讨辱虐型管理给员工带来的坏处，秦昕等学者另辟蹊径，从管理者的视角出发，说明了辱虐型管理可能给管理者带来的益处。

针对相互冲突为特征的研究缝隙，作者可以从探讨边界条件入手。一般边界条件包括外部因素和内部因素，作者可以单独探讨外部多个因素，或者单独探讨内部多个因素，抑或是同时探讨内部和外部因素。例如，鉴于现有实证研究表明创业导向和企业绩效之间呈现正相关/不相关/负相关等冲突结果，为了形成共识，Engelen 等学者使用调节之调节模型探讨创业导向与企业绩效的边界条件。该研究同时探讨了内部因素——吸收能力和外部因素——市场动荡性发挥的调节作用。此外，在探讨这类相互冲突的研究缝隙时，作者还可以从曲线关系的角度探讨变量之间的关系。例如，Wales 在探讨创业导向与企业绩效的关系时，提出创业导向与企业绩效之间呈现倒 U 型关系，并说明此类倒 U 型关系发生的边界条件以填补现有文献相互冲突的研究缝隙。

3.3.4 书写研究贡献

在引言中需要提供有关本论文的关键启示和建议的"预览"。值得注意的是，这部分预览并不要求详细总结论文全部的理论观点。因为假如全文的理论观点可以用单独一段来概括，那它可能就算不上一个论点了。

预览部分通常以对研究问题答案的简单说明开始，例如，"本文旨在研究 X 对 Y 的影响，结论是 X 对 Y 有重要的影响。"作为补充，重点强调个别研究结论的重要启示，这些启示进一步阐明了该研究理论结果的重要性。

在引言中说明贡献时，很多作者感到不得不使用很长篇幅来说明文章的众多贡献。一般来说，在引言中只需要说明一个最重要的研究贡献即可，这个研究贡献就是解决了一个重要的理论问题，而介绍其他次要贡献只会分散人们对于主要贡献的注意力。当然，一篇论文可能会有其他方面的启示和建议，这些内容可以在文章的讨论部分进行详细探讨。

3.4 引言撰写的注意事项

除需要包含上述内容之外，一个好的引言在写作过程中还需要注意撰写的时机和修改的次数。

3.4.1　撰写引言的时机

文章一般分为引言、文献综述、假设提出、数据分析、讨论等部分，那么在什么时机写引言比较合适呢？目前，研究者们有三个不同的时间段写引言：一是在刚开始有一个想法的时候就先写引言，这类学者占比较少；二是在写文章的中间阶段写引言，可能是在假设检验之后，也有可能是在数据分析结束之后，这类学者占比最多；三是在文章其他部分完成之后，最后写引言。我们建议读者采用第二种或者第三种方法，这两种方法更有利于作者打磨引言。

一篇文章中，引言的总字数不到总体文章的 10%，但相对于论文其他部分，撰写引言的时间却是相对偏多的。Grant 和 Pollock 等（2011）指出，在 *AMJ* 获奖的学者投入在引言的平均时间是文章总写作时间的 24%，有些学者甚至花 50% 的时间来写引言。

3.4.2　引言的修改

作为文章最重要的部分，引言是需要重复修改的。非常优秀的学者在写引言时至少修改了 10 次，有的甚至 20 多次，直到研究问题、研究缝隙、研究贡献具体化。作为初步涉入学术领域的研究者，在撰写引言时，一定要对引言进行重复修改，修改次数一般要大于等于 15 次。

3.4.3　引言中常见的错误和陷阱

引言撰写有三种常见错误。

第一，没有引发读者的阅读动力。这主要是因为以下几个方面的原因。一是作者没有较好地识别文献中的研究缝隙，或是在阐述研究缝隙的过程中太过生硬。二是引言中只强调如何填补缝隙，没有阐述"填补了缝隙会怎样"的问题。

第二，引言缺乏重心。明显的表现有：引言篇幅过长，在引言中塞入过多的研究内容，牺牲了引人注目、有趣的内容；在定位文章研究问题的过程中使用了较多的框架；读者在阅读过程中难以发现文章的研究目标。例如，作者通常会引用之前的研究成果，但他们并没有告诉读者之前的研究发现了什么，以及他们的研究如何对读者理解起到重要作用。

第三，过度承诺。这种情况发生在以下情境中，作者在引言部分设置了过高的期望，而后面部分未能达成这些期望。具体而言，在引言部分，作者非常努力地让读者相信这篇文章的研究问题非常有趣，研究过程引人入胜，解决了重要的理论和现实问题。但在后续的研究假设、文献综述、数据分析和讨论部分，作者并未实现引言中的承诺。这种引言和文章其余部分的不匹配会引发读者的反感，认为作者不可信。

3.5 引言撰写示例

Gulati 和 Westphal（1999）的引言（*Cooperative or Controlling? The Effects of CEO-board Relations and the Content of Interlocks on the Formation of Joint Ventures* 一文的引言）被众多学者称为大作，为引言的撰写提供了较好的模板。接下来，我们将仔细分析这篇文章的引言，试图为读者构思引言提供可借鉴的模板。这篇文章的引言共分为四段，具体翻译如下：

董事会连锁网络被视为检验组织间关系嵌入观点的理想舞台。董事会作为一个正式机制，连接了大公司的高管，它为领导者提供了相互交换信息、观察同伴领导力实践和风格的机会，并目睹这些实践的后果。因此，从这个角度来讲，与其他公司的董事的联系应该对公司的政策和战略决策产生重大影响。现有关于董事会连锁的实证研究拓展了创新扩散相关的研究，说明了社会网络在跨企业传播政策、实践方面的效用（Mizruchi, 1992; Haunschild, 1993; Palmer, Jennings, and Zhou, 1993; Westphal and Zajac, 1997）。

然而，尽管连锁研究促进了我们对连锁效用的理解，但对网络理论在组织间关系中的应用也引发了一些担忧（Mizruchi, 1996）。一些作者表达了对网络效应的一致性和影响程度的担忧（Stinchcombe, 1990; Fligstein, 1995）。薄弱或不一致的结论发现可能源于先前研究的两个局限性：一是先前的连锁研究没有充分明确网络关系的内容（Hirsch, 1982; Pettigrew, 1992; Mizruchi, 1996）。这里内容是指两个参与者之间的关系性质和行为过程规范。最近的治理研究文献表明，公司董事会中高管成员之间的关系可能在某些情况下具有独立性和不信任性（Westphal, 1999）。但在连锁文献中，所有关系都被视为促进社会凝聚力和企业间信息交换的积极关系。这忽略了连锁中可能存在的异质性，即董事们在多大程度上传递信息并产生信任关系。

二是它主要关注直接关系或关系嵌入对企业行为的影响，而不考虑间接网络关系或结构嵌入的影响（Granovetter, 1992）。然而，在网络研究中有充分的证据表明，关系嵌入和结构嵌入都可以影响行为（Burt, 1987; Gulati and Gargiulo, 1999），这就限制了网络理论在连锁研究中的应用。大量的网络文献表明，行动者之间的间接网络关系可以调节它们之间直接关系的效果（Gulati, 1995b）。此外，最近的研究也表明，间接网络关系可以放大直接关系影响程度的差异。这样，当参与者之间存在间接关系时，他们之间的不信任会加剧（Burt and Knez, 1995）。因此，通过对直接联系的内容变化进行建模，并考察这种联系如何被更大的社会结构所调节，可能会发现更强的连锁效应。

本研究考察了构成连锁关系的异质社会过程对企业间战略联盟的影响，以及间接网络关系在其中发挥的调节作用。一些关系可以促进新联盟的建立，而另一些关系实际上可能会降低这种可能性，这取决于关系的行为内容。因此，组织间关系中的嵌入可能既有光明的一面，也有黑暗的一面。虽然最近的研究探讨了先前的联盟网络如何向潜在的合作伙伴提供关于彼此的可靠性、能力和需求等有价值的信息（Kogut, Shan, and Walker, 1992; Gulati, 1995 b; Powell, Koput, and Smith-Doerr, 1996），但这类文献没有考虑诸如董事会连锁等替代网络在新联盟形成或公司之间战略合作中的作用。在这篇论文中，我们研究了董事会连锁的作用，主要聚焦于联盟的子集——合资企业，它是一个单独创建的法律实体，其中母公司持有股权，联盟在此专门指合资企业。这种联盟通常需要投入大量资源，并在伙伴之间建立持久和不可逆转的承诺，这就使董事会连锁网络对其形成的影响更加重要。这样的网络可以成为高层管理人员获取潜在合作伙伴的可靠性和能力的重要信息来源。

这篇文章的引言分为四个段落，这是最佳的引言布局。整个引言行文清晰、简洁，读起来非常流畅。具体来说，文章第一段设置了诱饵，通过说明董事会连锁的理论和实践意义以引发读者的兴趣。第二段、第三段以一个转折句开始，作者通过说明之前连锁研究聚焦于直接联系、关系嵌入而忽略了关系行为内容、间接联系的作用，进而引出研究缝隙，并通过阐述关系行为内容、结构嵌入、间接联系在现有研究中的意义以说明研究主题的重要性。在第四段中，作者有效地解释了该研究是如何解决研究缝隙的，即构建异质社会过程与联盟成立之间的关系以及间接网络关系的调节作用模型以解决前述研究缝隙，并清楚地解释了这项研究如何实现其目标，详细地描述了可能的结果和研究设计。此外，引言中并未包含不相关的文献和模棱两可的语句。

💬 重要术语

科学研究问题　研究缝隙　引言　研究贡献

💬 复习思考题

1. 科学研究问题的基本特征有哪些？
2. 引言的作用是什么？
3. 引言包含的内容有哪些？
4. 研究者在识别研究缝隙，确定研究问题的过程中还需要注意什么？
5. 引言中常出现的错误与陷阱有哪些？

参考文献

[1] 张敏,童丽静,许浩然.社会网络与企业风险承担:基于我国上市公司的经验证据[J].管理世界,2015(11):161-175.

[2] Eisenhardt K M. Making Fast Strategic Decisions in High-velocity Environments[J]. Academy of Management Journal,1989,32(3):543-576.

[3] Engelen A,Kube H,Schmidt S,et al. Entrepreneurial Orientation in Turbulent Environments:The Moderating Role of Absorptive Capacity[J]. Research Policy,2014,43(8):1353-1369.

[4] Grant A M,Pollock T G. Publishing in AMJ——Part 3:Setting the Hook[J]. Academy of Management Journal,2011,54(5):873-879.

[5] Gulati R,Westphal J D. Cooperative or Controlling? The Effects of CEO-board Relations and the Content of Interlocks on the Formation of Joint Ventures[J]. Administrative Science Quarterly,1999,44(3):473-506.

[6] Miner J B,Raju N S. Risk Propensity Differences between Managers and Entrepreneurs and between Low and High Growth Entrepreneurs:A Reply in a More Conservative Vein [J]. Journal of Applied Psychology,2004,89(1):3-13.

[7] Shane S,Venkataraman S. The Promise of Entrepreneurship as a Field of Research[J]. Academy of Management Review,2000,25(1):217-226.

[8] Stewart W H,Roth P L. Risk Propensity Differences between Entrepreneurs and Managers:A Meta-analytic Review.[J]. Journal of Applied Psychology,2001,86(1):145-153.

[9] Wales W J,Patel P C,Parida V,et al. Nonlinear Effects of Entrepreneurial Orientation on Small Firm Performance:The Moderating Role of Resource Orchestration Capabilities[J]. Strategic Entrepreneurship Journal,2013,7(2):93-121.

第4章

如何回顾和总结研究进展：文献综述的撰写方法

文献综述（literature review）是研究中不可或缺的一环。文献综述是指在确定选题后，在对选题所涉及研究领域文献进行广泛阅读和理解的基础上，对该领域的研究现状、新水平、新动态、新技术、新发现、发展前景等内容进行综合分析、归纳整理和评论，并提出自己的见解和研究思路。做好文献综述不仅在于做好相关文献的综合回顾，还在于对相关文献做出系统评述。由此，写好文献综述要求研究者具备两种能力：对某一领域或关于某一问题的文献资料系统综合与提炼的能力；对前人观点做出叙述与评论的能力。本章对文献综述过程进行了解构，介绍了文献回顾的主要目的、文献收集、文献梳理和文献综述撰写示例与技巧四个部分，旨在通过对每一环节的要点和方法进行详细介绍，为研究者提供有关文献综述的理论和实践指导。

4.1 文献回顾的主要目的

知识的积累是一个从无到有、由少积多、由部分到整体的过程。从外部视角来看，如果将某一领域的知识集看成是一个圆圈，相关研究成果越多，则圆圈的半径也就越大。相关研究成果不断发表的过程就是圆圈总面积不断扩张的过程。从内部视角来看，在这个大圆圈中还囊括了众多大小不一的小圆圈，小圆圈不断地加入大圆圈的过程就是为大圆圈边界扩张增加贡献效力的过程。然而，值得注意的是，这些小圆圈在大圆圈中的布局并不是彼此之间完全独立没有交点的关系。因为一篇研究成果的发表必定会受到相关文献的影响，必定会获得相关研究成果和理论的支撑，没有一篇文章是完全独立于相关领域所有文献而被独自创造出来的。另外，这些小圆圈在大圆圈中的布局也不是彼此之间完全重合相互并包的关系。因为完全重复性的研究对于大圆圈半径的增加量起不到任何的贡献作用，无法为相关领域带来新的知识的增量。因此，做好文献回顾不仅可以避免与某一领域的相关研究完全分离，防止与该领域的研究成果完全偏离，还可以避免与某一领域的相关研究完全重合，防止不必要的资源浪费。

4.1.1 促进对研究领域成果的全局性把握

通过详细的、全面的文献检索和阅读能够帮助研究者对所关注的研究领域拥有一个全局性的把握，能够为研究者系统梳理研究发展脉络、研究进展方向、最新成果状况等打下基础。例如，若研究者认为可持续创业是一个新兴、有价值的研究课题，想要探索影响可持续创业的前因变量和进行可持续创业所导致的结果变量，那么，通过文献回顾，研究者可以发现，该主题的起源是学者有关创业与可持续发展关系的探讨。该主题中对可持续发展的定义大多数学者都遵循或改编自 Dean 和 McMullen（2007）以及 Cohen 和 Winn（2007）对可持续创业的界定。Dean 和 McMullen（2007）把可持续创业定义为发现、评估和开发因市场失灵损害可持续性而催生的商业机会的过程；Cohen 和 Winn（2007）认为，可持续创业是可持续创业者把未来产品和服务变为现实的机会识别和开发过程，最终创造的是兼顾经济、心理、社会和环境多方面利益诉求的新价值。当前对于可持续创业的研究多关注于可持续创业者、可持续创业组织和可持续创业制度三大主题。未来研究中关于可持续创业的驱动因素、绩效评价、制度和政策研究还需要做出进一步的推进。

4.1.2 厘清以往研究的不足与局限

在对当前相关研究领域研究成果具备整体性把握之后，文献回顾能够帮助未来研究者发现该领域当前研究的局限性以及研究的空白。内容上，文献回顾能够帮助研究者很好地判断出该领域在哪些研究议题下需要进一步地深化与延伸以及该领域中的哪些研究议题的研究发展已经趋于成熟，剩余可拓展空间不足或难度较大。方法上，文献回顾能够帮助研究者辨析到目前为止各种研究方法的局限性，有助于研究者更好地对研究方法进行修正和补充。理论上，文献回顾能够帮助研究者进一步明晰前人理论运用中矛盾之处，确定理论的适用条件和边界。

例如，Bavik 等（2018）在对道德型领导和员工知识分享进行文献回顾时发现，虽然现有研究已经证明了道德型领导对于培育员工道德上的可取行为具有积极影响，并且也有文章对于道德型领导对员工知识分享正向促进作用进行了探讨，但是忽略了着眼于道德型领导的两个子维度，即领导者是一个有道德的人和领导者是一个有道德的管理者，是否在激励员工参与知识共享方面发挥了不同的作用。并且，现有研究中对于道德型领导与员工知识分享之间的中介传导机制并不明晰。鉴于已有研究的不足与局限性，Bavik 及其合作者提出，道德型领导不仅可以为他们的追随者提供分享知识所必需的机会，还能够为他们的追随者提供分享知识所必需的动力。因此，一方面，在员工知识分享的受控动机作为中介的作用下，道德型领导可以通过实施促进道德的政策和制度（如道德准则、道德决策准则、开放的双向沟通体系、公正的奖励体系），减少限制员工之间资源共享的物质障碍，提升员工知识分享；另一方面，在员工道德认同作为中介的作用下，道德型领导可以通过角色塑造规范适当的行为，亲自展示他们组织的价值观和规范（如信任、友好、公平），培育员工道德上的认同感，进而提升员工知识分享。

再如Zhao等（2010）通过文献回顾指出，以往众多研究中在检验中介效应时都倾向于选择Baron和Kenny（1986）的四步骤检验法，然而，这种方法自身的局限性造成了研究结果的"弃真"。Zhao及其合作者认为，中介效应的检验不应该以自变量与因变量之间的作用效果显著为首要条件，他们改进了中介效应的检验方式，提出了直接通过间接效应是否显著来进行检验的这种新的、更科学的中介效应检验方法。

又如，资源基础观认为，VRIN特征的资源是企业持续竞争优势的来源，有助于企业获取卓越绩效。该理论的基础假设是：资源的价值性和稀缺性能够确保企业创造新的价值，而资源的不可模仿性和不可替代性则提供了一种隔离机制，确保企业可以持续获得这种资源租金。通过文献回顾可以看出，10年前的研究者大多指出企业具备的稀缺性、价值性、不可模仿性、不可替代性的资源与企业绩效之间确实存在正向显著的相关关系。然而，近年来，出现学者开始质疑前述关系，如Nason和Wiklund（2018）。他们的研究结果表明，具有VRIN特征的资源与企业绩效之间只呈现了微弱的正相关关系，其中资源的价值性与企业绩效之间呈现正向显著关系，而不可模仿性与绩效之间则呈现负向显著关系。而且，无法从统计结果上看出具有VRIN特征和不具有VRIN特征资源与绩效关系的差异。因此，通过文献回顾，可以帮助研究者更加明晰研究进程中理论使用的条件和范围。

4.2 文献收集

在了解了文献回顾的主要目的之后，将介绍进行文献综述的关键步骤：文献收集，即浏览可能与研究课题相关的数据和资料。对于相关文献的收集，需要具备以下两个特征：从量的方面来看，文献收集要尽可能完善，不要漏掉任何一个重要的研究成果。文献数量上的丰备是写好文献综述的基础。从质的方面来看，并不是所有的文章都有资格被纳入文献综述的样本库中，在选择文献的过程中还需要研究者仔细甄别，只有对高质量的文章进行综述才能保障文献综述的可说服性。由此，科学的文献收集基本素养是每一个研究者必备的技能。对研究者而言，文献收集过程中最重要的两点就是：如何广泛搜罗到所需文献，如何进行文献质量判断。

4.2.1 如何广泛搜罗到所需文献

文献搜罗的方式多种多样,下面介绍几种主流的文献获取途径。

- 高校移动图书馆:大多数高校都会购买各个学科的数据库,里面收藏了众多相关学科领域的文献资料。对管理学而言,可以通过 Scopus、Web of Science、Elsevier ScienceDirect、Springer Link、Wiley、知网、万方等数据库进行检索搜寻。
- 谷歌学术和百度学术:对无法登陆高校图书馆的研究者而言,还可以通过谷歌学术镜像网站或者百度学术方便地进行文献的搜寻。

4.2.2 如何进行文献质量判断

1. 英文期刊质量判断

FT50 是《金融时报》(*Financial Times*)认定的 50 本经管类权威杂志,它们在经济和管理领域都具备极大的影响力(见表 4-1)。UTD24,是美国得克萨斯州大学达拉斯分校(University of Texas, Dallas)所选出的商学院最顶尖的 24 种学术期刊,覆盖了一般大学商学院的主要专业,这个列表广受世界各大高校认可(见表 4-2)。经过对比可以发现,UTD24 中,有 22 本期刊都跻身于 FT50,另外两本没有出现在 FT50 中的期刊是 *The Accounting Review* 和 *Journal on Computing*。在进行英文文献搜索时,可以重点关注在 FT50 和 UTD24 所列期刊中已经发表的相关文献,因为好的期刊是高文章质量的一个间接的重要保障。

表 4-1 FT50 期刊列表

FT50	
1. Academy of Management Journal	15. Journal of Applied Psychology
2. Academy of Management Review	16. Journal of Business Ethics
3. Accounting, Organizations and Society	17. Journal of Business Venturing
4. Administrative Science Quarterly	18. Journal of Consumer Psychology
5. American Economic Review	19. Journal of Consumer Research
6. Contemporary Accounting Research	20. Journal of Finance
7. Econometrica	21. Journal of Financial and Quantitative Analysis
8. Entrepreneurship Theory and Practice	22. Journal of Financial Economics
9. Harvard Business Review	23. Journal of International Business Studies
10. Human Relations	24. Journal of Management
11. Human Resource Management	25. Journal of Management Information Systems
12. Information Systems Research	26. Journal of Management Studies
13. Journal of Accounting and Economics	27. Journal of Marketing
14. Journal of Accounting Research	28. Journal of Marketing Research

(续)

FT50	
29. Journal of Operations Management	40. Production and Operations Management
30. Journal of Political Economy	41. Quarterly Journal of Economics
31. Journal of the Academy of Marketing Science	42. Research Policy
32. Management Science	43. Review of Accounting Studies
33. Manufacturing and Service Operations Management	44. Review of Economic Studies
34. Marketing Science	45. Review of Finance
35. MIS Quarterly	46. Review of Financial Studies
36. Operations Research	47. Sloan Management Review
37. Organization Science	48. Strategic Entrepreneurship Journal
38. Organization Studies	49. Strategic Management Journal
39. Organizational Behavior and Human Decision Processes	50. The Accounting Review

表 4-2　UTD24 期刊列表

UTD24	
1. The Accounting Review	13. Marketing Science
2. Journal of Accounting and Economics	14. Management Science
3. Journal of Accounting Research	15. Operations Research
4. Journal of Finance	16. Journal of Operations Management
5. Journal of Financial Economics	17. Manufacturing and Service Operations Management
6. The Review of Financial Studies	18. Production and Operations Management
7. Information Systems Research	19. Academy of Management Journal
8. Journal on Computing	20. Academy of Management Review
9. MIS Quarterly	21. Administrative Science Quarterly
10. Journal of Consumer Research	22. Organization Science
11. Journal of Marketing	23. Journal of International Business Studies
12. Journal of Marketing Research	24. Strategic Management Journal

　　另外，研究者还可以单独比较各个期刊在各个研究领域的所属地位和影响因子差异。此时我们需要关注的就是 JCR（Journal Citation Reports）分区。JCR 又叫期刊引证报告，当前期刊分区影响较为广泛的有两种：一种是 Thomson Reuters 公司自身制定的分区，另一种是中国科学院国家科学图书馆制定的分区（简称中科院分区）。它们均基于 SCI 收录期刊影响因子。以 Journal of Management 为例，下面将介绍汤森路透分区查询方法。

　　第一步，打开 Web of Science 数据库，在"基本检索"栏中输入杂志名称，后面检索类型选择"出版物名称"，如图 4-1 所示。

　　第二步，点击"检索"按钮后右侧出现该杂志收录的文章，随便点击一篇文章的标题进去即可，如图 4-2 所示。

　　第三步，进去后会看到文章的详细信息，点击"查看期刊影响力"，如图 4-3 所示。

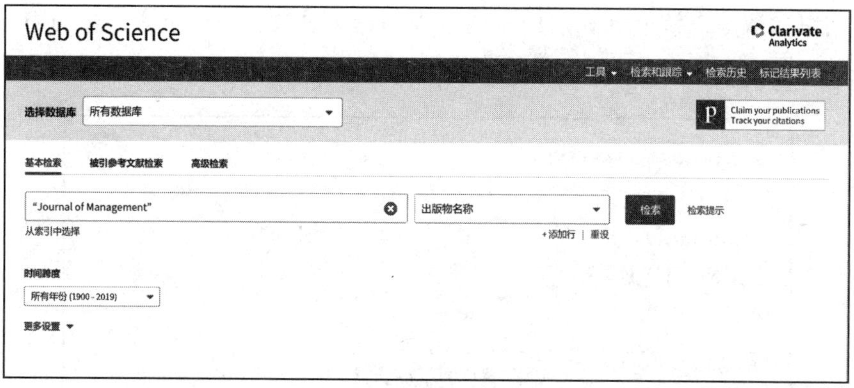

图 4-1　出版物检索第一步

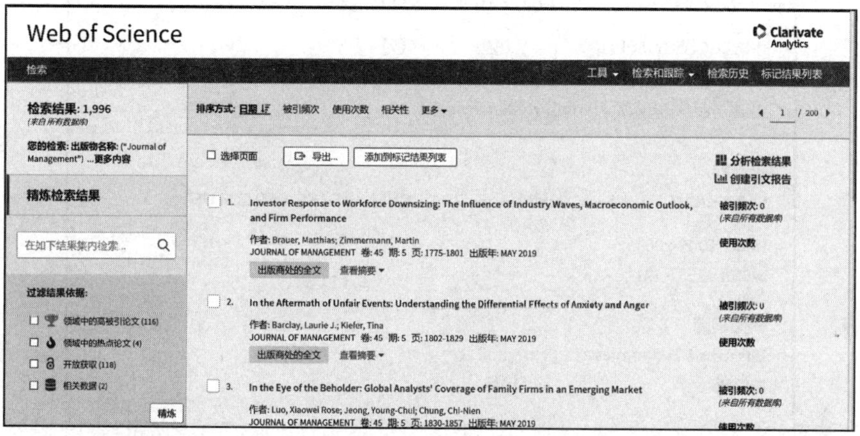

图 4-2　出版物检索第二步

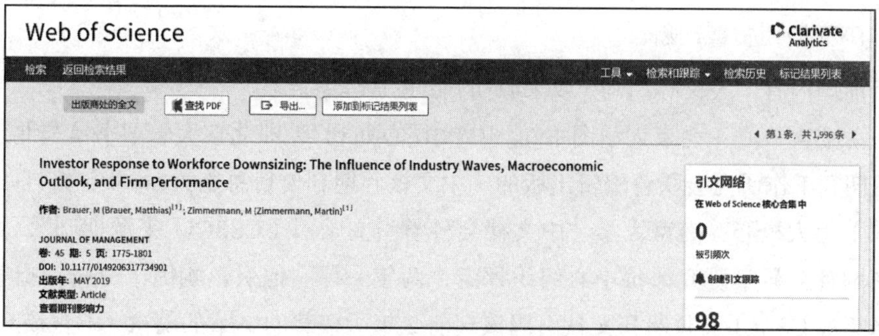

图 4-3　出版物检索第三步

第四步，解读相关信息。JCR 的 Journal Ranking 常用 Q1 ～ Q4 表示，Q 表示 Quartile in Category，即 4 个等级中所处的位置，所处地位从高到低分别是 Q1 大于 Q2 大于 Q3 大于 Q4（见图 4-4）。另外，还可以对不同文献的影响因子的大小进行比较。影响因子（impact factor，IF），即某期刊前两年发表的论文在该报告年份（JCR year）

中被引用总次数除以该期刊在这两年内发表的论文总数。一般来说，影响因子越高，期刊的影响力就越大。

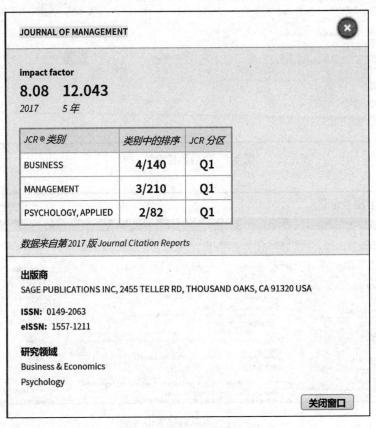

图 4-4　出版物检索第四步

2. 中文期刊质量判断

目前国内有 7 大核心期刊（或来源期刊）遴选体系。

（1）北大核心：北京大学图书馆"中文核心期刊"，即北京大学图书馆与北京高校图书馆期刊工作研究会联合编辑出版的《中文核心期刊要目总览》，每 4 年修订一次。

（2）南大核心：南京大学"中文社会科学引文索引（CSSCI）来源期刊"，由南京大学中国社会科学研究评价中心组织评定，两年一评。他引影响因子分析，指某刊在统计当年被 CSSCI 来源期刊文献引用该刊前 2 年所登载的文章的篇次（不含该刊自引）与前 2 年该刊载文量之比；总被引频次指某刊在统计当年被 CSSCI 来源期刊文献所引用该刊创刊以来登载的文章的总篇次（含该刊自引）。结果最靠前的刊物，就是南大核心来源期刊。

（3）中国科学技术信息研究所"中国科技论文统计源期刊"（CSTPCD），又称"中国科技核心期刊"。

（4）中国社会科学院文献信息中心"中国人文社会科学核心期刊"。

（5）中国科学院文献情报中心"中国科学引文数据库（CSCD）来源期刊"。

（6）中国人文社会科学学报学会"中国人文社科学报核心期刊"。

（7）万方数据股份有限公司"中国核心期刊遴选数据库"。

进行中文文献质量评定时，用得最多的当属北大核心与南大核心。二者的关系在于：第一，二者都是一个集合的概念，北大核心的范围较广，期刊较多，北大核心的发表难度要低于南大核心；第二，北大核心目录里面有部分南大核心期刊，南大核心目录里面也有部分北大核心期刊，即存在双核心刊物。

另外，如表 4-3 所示，国家自然科学基金委员会管理科学部还认定了 30 种管理类重要期刊，其中 A 类有 22 种，B 类有 8 种。

表 4-3　国家自然科学基金委员会管理科学部认定的 30 种管理类重要期刊

1. 管理科学学报（A）	16. 公共管理学报（A）
2. 系统工程理论与实践（A）	17. 管理科学（A）
3. 管理世界（A）	18. 预测（A）
4. 数量经济技术经济研究（A）	19. 运筹与管理（A）
5. 中国软科学（A）	20. 科学学研究（A）
6. 金融研究（A）	21. 中国工业经济（A）
7. 中国（A）	22. 农业经济问题（A）
8. 系统工程学报（A）	23. 管理学报（B）
9. 会计研究（A）	24. 工业工程与管理（B）
10. 系统工程理论方法应用（A）	25. 系统工程（B）
11. 管理评论（A）	26. 科学学与科学技术管理（B）
12. 管理工程学报（A）	27. 研究与发展管理（B）
13. 南开管理评论（A）	28. 中国人口资源与环境（B）
14. 科研管理（A）	29. 数理统计与管理（B）
15. 情报学报（A）	30. 中国农村经济（B）

3. 文章质量判断

在了解了期刊质量如何进行判断之后，还需要将焦点放在每一篇文章自身的质量上。因为即使是发表在同一本期刊中的文章，质量也是不同的。对于特定一篇文章的质量判断方法有以下两种：客观指标判断法、主观分析判断法。

第一，客观指标判断法。该方法主要是根据每篇文章的引用率和年均引用率来判断文章的被引状况。值得注意的是，引用率代表了文章的受认可程度。虽然无法通过文章的受认可程度来直接判断文章的质量，但是作为一种间接的方式，文章引用率的大小也可以为研究者判断一篇文章的质量提供些许参考。

第二，主观分析判断法。此方法需要研究者对文献进行精细化阅读，并且对研究者能力提出了较高要求。对初学者而言，由于相关领域知识积累不足、阅读量不够等劣势，很难通过这种方式对某篇文章进行准确判断。该方法下，研究者需要通过阅读进行考量的因素有：

- 研究主题是否得到了清晰的论述。
- 论述是否可信、有条理。
- 研究是否有相关理论支撑。
- 研究数据来源是否真实可靠。
- 研究所使用的方法论是否恰当。
- 研究背后的假定条件是否可行以及如何实现。
- 研究的意义以及是否填补了研究缝隙。

4.3 文献梳理

4.3.1 阅读与筛选

一篇完整的管理学实证文章主要包含以下 10 个部分：

- 摘要。文章摘要的功能是提供文献内容梗概，不加评论和补充解释，简明、确切地记述文献的重要内容。其基本要素包括研究目的、方法、结果和结论。
- 引言。文章引言包括了该文章的研究问题、得到的研究成果、该研究做出的突出贡献以及后文的安排和布局等。
- 文献回顾。文章中的文献回顾并不是研究者对其他研究者的观点所进行的复制、粘贴，而是经过研究者本人归纳整理、消化吸收后形成的有关研究议题的创造性的叙述。
- 假设推演。该部分是研究者根据所选用的理论进行逻辑推导后得出的结果。假设推演是文章最核心的部分之一，假设的好坏直接决定了论文的质量。
- 研究方法。该部分描述了研究的抽样过程、样本的人口统计学特征以及对多个样本的基本分析。
- 测量。该部分描述了研究所选用测量指标的量表来源、量表的题项总数以及量表的可信度。
- 结果。该部分是在信效度分析、共同方法偏差等判断数据质量的基础上，采用适合的统计学分析方法对文中所提假设进行的验证过程和得出的结论。
- 讨论。该部分包括对研究结果的提炼性总结、研究的理论意义和实践意义的评述，以及研究所面临的某些真实的局限性。
- 参考文献。该部分罗列了正文中所引用的所有必要的参考文献。

- 附录。该部分包含对正文论述提供支撑的重要图表。

在检索和收集到文献后,就要进行文献的阅读。然而,并不是每一篇文章都需要研究者进行精细的阅读。在对研究议题有一个初步的认识和判断之后,可以先对所选文章进行粗略的阅读。粗读重点是阅读摘要和结论,以便对文献的大概情况有个大概掌握。通过摘要和结论的阅读,可以提取出文献内容是否与研究者研究议题具有相关性、是否可用;或者是否解决了本领域一个重要的疑问,推动了学科研究进展。这个过程可以帮助研究者决定是否需要对文章进行进一步的阅读,有助于帮助研究者在尽量短的时间内掌握尽量多的有价值的信息,提高文献阅读效率。如果研究者是刚开始接触某个新的领域,那可能摘要内容并不能完全理解,对这类研究者而言,应该先读文章的引言部分。一旦决定对选用的文献进行精细化阅读,便要遵循其研究的思路,了解研究的目的、方法、结果、结论、贡献与局限。

4.3.2 分类与归纳

在做文献回顾工作时会涉及数量庞大的文献资料,我们需要从中提取有用的关键信息,并且自己创造性地进行信息加工和汇纳总结。面对如此烦琐的工作,我们需要借助专门的文献管理软件(如 EndNote)帮我们对诸多文献进行分类。以管理学综述为例,文章一般会涉及引言、概念、维度、量表、相关因素、影响因素、总结和展望等要素的积累。此时,我们可以借助文献管理软件(如 EndNote),在软件内建立综述的这个 Group Set,里面包含了上述 8 个 Group。当我们阅读文献时,可以将相关文章放入 Group 里面,这样便可以在写综述时直接从 Group 中定位(若需要引用该篇文章)。当然,一篇文章也可以同时加入多个 Group 中。在阅读文献时,如果觉得某篇文章非常重要,那么可以按照重要度给予它们评分,在撰写的过程中便可以先关注重要度高的文章。另外,文献归纳的过程在阅读文章的时候便开始进行了。这里可以借助 Excel 等软件,记录文献阅读中的关键信息,比如,为什么要写这篇论文(研究中的缝隙),用了什么样的模型,采用了什么理论支撑,数据、测量和方法有什么特点,得出了什么结论,未来展望如何等。这样,在未来的写作过程中,便能够快速地对所阅读的内容进行多次检索,提取所需要的关键信息。

4.4 文献综述撰写示例与技巧

管理学领域的文献综述形式可谓是多种多样的,具体来说,大致可以分为以下 9 个类型的综述写作范式,如表 4-4 所示:基于扎根理论的文献系统梳理;基于元分析的文献系统梳理;经典模型的回顾与比较;基于某一视角的文献梳理;一些新主题的概念内涵式梳理；某一领域或主题在中国的研究进展；针对某一理论或学派进行综述；理论本土化和东方管理；建构式研究。

表 4-4 九种综述范式与举例

综述范式分类	举例
基于扎根理论的文献系统梳理	单标安，蔡莉，王倩. 基于扎根理论的创业网络研究多视角分析与整合框架构建 [J]. 外国经济与管理，2011，33（2）：1-9.
基于元分析的文献系统梳理	张骁，胡丽娜. 创业导向对企业绩效影响关系的边界条件研究：基于元分析技术的探索 [J]. 管理世界，2013（6）：99-110.
经典模型的回顾与比较	董保宝. 公司创业模型回顾与比较 [J]. 外国经济与管理，2012，34（2）：1-9.
基于某一视角的文献梳理	王伟毅，李乾文. 创业视角下的商业模式研究 [J]. 外国经济与管理，2005（11）：34-42+50.
一些新主题的概念内涵式梳理	李军，杨学儒，檀宏斌. 家族企业国际化研究综述及未来展望 [J]. 南方经济，2016，34（5）：62-86.
某一领域或主题在中国的研究进展	董保宝. 创业研究在中国回顾与展望 [J]. 外国经济与管理，2014，36（1）：73-80.
针对某一理论或学派进行综述	肖建强，孙黎，罗肖依. "战略即实践"学派述评：兼与"知行合一"观对话 [J]. 外国经济与管理，2018，40（3）：3-19.
理论本土化和东方管理	陆亚东，符正平. "水"隐喻在中国特色管理理论中的运用 [J]. 外国经济与管理，2016，38（1）：3-14.
建构式研究	杨学儒，陈文婷，李新春. 家族性、创业导向与家族创业绩效 [J]. 经济管理，2009（3）：53-59.

下面介绍两种常见的综述范式写作技巧。

（1）基于扎根理论的文献系统梳理：以单标安等（2011）所发表的《基于扎根理论的创业网络研究多视角分析与整合框架构建》为例。文章主要分为四个部分：引言、研究设计、不同视角创业网络研究脉络梳理和创业网络研究整合框架构建。

首先，引言部分阐明了以下五个方面的内容：创业网络定义，即创业者的社会关系网络或新企业的组织关系网络；创业网络的重要性；目前创业网络研究的缺陷，即就网络关系作为外部因素对新企业的影响达成了广泛的共识，但现有的创业网络研究并没有得出一致的结论；本文研究意义，即根据现有研究所取得的成果，针对现有研究所存在的不足，构建创业网络研究整合框架，可以指导未来的创业网络研究；本文研究内容，即在梳理现有文献的基础上理清创业网络研究的脉络，结合前人所提出的未来研究方向构建创业网络研究整合框架，并分析预测未来创业网络研究需要重点关注的问题。

其次，研究设计中阐明了数据的收集过程、数据的编码和提炼过程。第一，数据的收集过程涉及：期刊来源，六种比较关注创业研究的 SSCI 来源期刊；时间跨度，2000～2009 年；关键词，social capital、network、ties 等；文章总数，150 多篇；纳入标准和最终样本，我们主要选取了实证类以及提出明确命题或者未来研究方向的创业网络研究文献，最终选定 63 篇创业网络研究文献进行编码处理。第二，编码过程中出现的问题：初级编码源自于研究文献中提出的假设或者命题，相关变量并不在同一层次上，其中既有创业网络的前因变量，又有结果变量，甚至还有权变变量，致使我们无法把所有的初级编码放在一起进行归类处理。于是，我们不得不重点关注描述网络本身的相关编码，如网络结构、信任、共同语言、构建与维护时间等。其他编码比较零散，有些根本无法聚焦，我们对它们进行了有选择的提炼，最终形成了 16 个不重复的聚焦编码。

再次，研究基于网络相关研究内容共提炼出外部关系、合作联盟、网络结构、关系特性、认知特性、网络构建和维护、网络利用等七个聚焦编码，并且基于资源视角、关系视角、认知视角和经济视角对创业网络研究框架进行了构建。

最后，文章从现有研究文献中归纳出了影响创业网络构建和演化的因素，并总结了影响网络产出的内部变量和外部变量。文章通过剖析现有研究的不足，并关注学者们所提出的有价值的未来研究方向，构建出了创业网络研究整合框架。

（2）一些新主题的概念内涵式梳理：以蒿坡等（2017）发表的《领导力涌现研究综述与未来展望》为例。文章主要分为五个部分：引言、领导力涌现的概念及测量、领导力涌现的理论基础与路径、领导力涌现的实证研究、未来研究展望。

第一，引言部分采用层层递进的方式，指出了传统领导理论的缺陷：均将领导力视为一种垂直的、自上而下的正式模式。随着研究的发展，学者指出这种研究范式忽视了由个体员工所提供的领导力，因为领导力并不一定是由受到正式任命的个体所表现的。然后，点出了领导力涌现研究的概念，即一种由个体员工所表现出的水平的、自下而上的非正式领导力模式，强调在团队中个体成员表现出非正式领导力的过程。紧接着，作者指出了现有领导力涌现研究的不足：

- 对领导力涌现成因的研究过于单一，过多地关注个体成员的特征。
- 对领导力涌现作用效果的研究相对较少，限制了我们对领导力涌现所激发的一系列积极产出的全面认识。
- 对领导力涌现作用机制的考察缺乏系统性，阻碍了理论界对领导力涌现为什么会提高个体产出的认识。而本研究能够很好地填补上述研究中的不足。

第二，文章梳理了领导力涌现的概念，指出了本文主要关注个体层次领导力涌现相关研究。再者，通过文献梳理，总结了六种领导力涌现的测量方式：社会网络测量、基于参与到集体任务讨论中的比率来进行测量、基于正式领导者评价的测量方法、选举法、晋升比率法、排序法。

第三，文章总结了领导力涌现的理论基础：主要从内隐领导理论和期望状态理论两个视角揭示了个体领导力涌现是如何实现的。同时梳理了一个团队中个体涌现出领导力的路径，即成就路径和归因路径。

第四，如图 4-5 所示，文章通过对现有领导力涌现的实证研究进行分析，总结了已有领导力涌现的实证研究中涉及的前因变量、中介变量、调节变量和结果变量。并且，还总结归纳出了研究较少且未来可以拓展的实证研究方向。

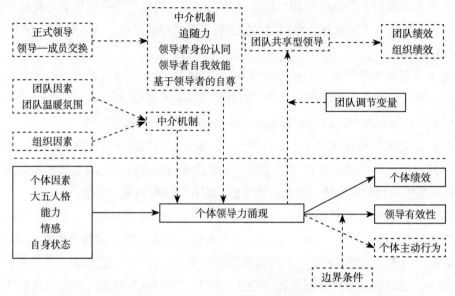

图 4-5 个体领导力涌现研究现状

注：实线表示已经得到研究的问题，虚线表示研究较少且未来可以拓展的方向。

第五，文章提出了四点研究不足：一是现有对个体领导力涌现前因的研究基本上聚焦于个体自身因素，而忽略了对组织情境因素的探讨；二是个体领导力涌现作用效果研究相对不足；三是个体领导力涌现与领导有效性之间的关系并不清楚；四是作用机制研究相对缺乏。进一步地，文章在这四点的基础上，指出了未来研究展望。

重要术语

文献综述　文献收集　FT50 期刊　UTD24 期刊　*JCR*　影响因子　北大核心　南大核心　CSSCI　期刊质量　文章质量

复习思考题

1. 文献回顾的主要目的是什么？
2. 文献收集的过程中最重要的两点是什么？
3. 汤森路透分区查询方法具体步骤有哪些？
4. 研究者需要通过阅读进行考量的因素有哪些？
5. 一篇完整的管理学实证文章主要包括哪些部分？
6. 管理学领域的文献综述形式大致可以分为几类？具体有哪些？

7. 期刊质量和文章质量有怎样的关系?

参考文献

[1] 单标安, 蔡莉, 王倩. 基于扎根理论的创业网络研究多视角分析与整合框架构建[J]. 外国经济与管理, 2011, 2: 1-9.

[2] 李军, 杨学儒, 檀宏斌. 家族企业国际化研究综述及未来展望[J]. 南方经济, 2016, 34(5): 62-86.

[3] 蒿坡, 陈琇霖, 龙立荣. 领导力涌现研究综述与未来展望[J]. 外国经济与管理, 2017, 39(9): 47-58.

[4] 杨学儒, 陈文婷, 李新春. 家族性、创业导向与家族创业绩效[J]. 经济管理, 2009(3): 53-59.

[5] Baron R M, Kenny D A. The Moderator–mediator Variable Distinction in Social Psychological Research: Conceptual, Strategic, and Statistical Considerations[J]. Journal of Personality and Social Psychology, 1986, 51(6): 1173.

[6] Bavik Y L, Tang P M, Shao R, et al. Ethical Leadership and Employee Knowledge Sharing: Exploring Dual-mediation Paths[J]. The Leadership Quarterly, 2018, 29(2): 322-332.

[7] Dean T J, McMullen J S. Toward a Theory of Sustainable Entrepreneurship: Reducing Environmental Degradation through Entrepreneurial Action[J]. Journal of Business Venturing, 2007, 22(1): 50-76.

[8] Nason R S, Wiklund J. An Assessment of Resource-based Theorizing on Firm Growth and Suggestions for the Future[J]. Journal of Management, 2018, 44(1): 32-60.

[9] Zhao X, Lynch Jr J G, Chen Q. Reconsidering Baron and Kenny: Myths and Truths about Mediation Analysis[J]. Journal of Consumer Research, 2010, 37(2): 197-206.

第5章

如何提出研究框架：构建理论框架与假设

在对文献有了广泛和深刻的理解后，接下来就要构建研究框架、理论模型，提出假设。理论框架和研究假设是学术论文中必不可少的部分，了解什么是理论模型和研究假设，并构建结构良好的理论模型、提出科学的研究假设，对一篇优秀的学术论文来说是非常重要的。理论模型能够帮助读者快速理解论文中使用的主要理论以及度量的主要构念，明确构念之间的关系。本章首先介绍了理论模型的基本内涵，理论模型对研究的作用，应该在什么阶段提出理论模型以及常见的六种理论模型。在此基础上，区分了定量研究和定性研究中构建理论的不同方法，并详细叙述了从确定构念到组织构念再到绘制理论模型图这一提出理论模型所必经的完整步骤。

假设是对自然界的某种模式的描述，或对一些可以通过观察和实验来验证的现实世界现象的解释。假设是科学方法的重要组成部分，是根据有限证据提出的想法或提议，这个想法或提议必须通过事实、直接测试和证据来证明。在科学研究中，假设常常被看成一种试探性的、可测试的和可证伪的陈述，用来解释一些在自然界中观察到的现象。许多学术领域，从物理科学到生命科学再到社会科学，都使用假设检验作为检验思想的一种手段，以了解世界，增进科学知识。本章具体指出了假设的几大基本特征：假定性、科学性、可检验性、逻辑性和多样性，并介绍了假设的来源、提出假设的方法和撰写假设的步骤。最后，本章选取了两篇典型文献作为示例，综合前面的理论知识，进行具体分析，向读者展示理论模型和研究假设的撰写步骤与方法。在阅读本章后，读者对理论模型和研究假设有了进一步的了解，并能够尝试独立地构建一个结构较为完整的理论框架，提出科学合理的研究假设。

5.1 研究框架的基本内涵

5.1.1 理论模型的内涵及作用

研究型论文中通常会包含一个理论模型。许多学生对此感到困惑，不知道什么是理论模型，更不知道如何建立一个理论模型。对很多人来说，建立一个坚固的理论模型很有挑战性，许多学术论文也没能提供一个良好的理论模型，因此，读者很难理解研究的目的是什么。理论的形成是为了解释、预测和理解某个现象，在多数情况下，提出新的理论是为了在临界边界假设的范围内挑战和扩展现有的知识。理论常常被视为理解、分析和设计调查社会系统内部关系的方法的概念基础。理论的作用具体体现在：

- 给旧数据新的解释和意义，帮助解释和编码新的研究数据以供未来的研究使用。
- 对以前没有确定解决方案的新问题做出解答。
- 识别出重要的新问题，规定需要解决的最关键的研究问题，最大限度地理解该问题并为研究问题制定或评估解决方案。
- 鉴别我们已掌握的知识中哪些事实是重要的，哪些事实是不重要的。
- 指导研究工作并改善专业实践等。

理论模型是指能够支撑研究理论的结构，可以具体化为一个思维分析图。理论模型介绍和描述了论文中使用的解释研究问题的理论，所以它应该将研究假设与论文的文献综述部分中讨论的理论和概念联系起来。理论模型包括支撑研究的主要理论、研究中探索的概念以及研究中使用的理论和概念间的相互作用。理论模型必须展示出作者对理论和概念的理解，这些理论和概念与研究论文的主题相关，并且与研究所在的更广泛的知识领域相关。当谈到理论时，我们有时会听到"概念框架"这个词。这一术语通常用在定性研究中，而理论模型这一术语则更多出现在定量研究中。它们都涉及与论文主题相关的关键理论、模型和思想。本章主要介绍的是定量研究中的理论模型。

理论模型可以用来回答只需要文献（或案头）研究的描述性研究问题。例如，仅凭理论就足以回答研究问题："顾客忠诚度和顾客满意度之间有什么关系？"相比之下，"X公司的在线客户目前的满意度如何"这个问题需要进行实地研究，无法在理论模型内得到回答。理论模型（以及支撑理论模型的文献综述）可以用来进一步分析现有的发现和假设，也可以用来制定和评估作者自己的假设，还可以在以后的定性或定量研究中检验假设。

理论模型可能根植于特定的理论，在这种情况下，研究需要测试与特定事件、特定问题或特定现象相关的现有理论的有效性。许多社会科学研究论文都符合这一标准。例如周边现实主义理论，它按民族国家之间的差异将国家划分为发号施令者、服从者和造反者，周边现实可以用来作为理解非洲国家之间冲突关系的一种工具。检验这一理论的一个可能的方法是：外围现实主义理论是否有助于解释国家内部的行动，比如苏丹南部和北部之间有争议的分裂是否导致了两个国家的诞生？但有时，作者并不需要在论文中检验一个已有的理论，而是要构建自己的理论模型，从中得出对研究问题的分析。

根据上述例子，基于理论模型的本质和功能，它通常可以解答以下两个问题：研究的问题是什么（例如，"个人和国家在冲突期间应如何相处"）；为什么研究方法是可行的（证明论文中应用的特定理论是正确的，并解释为什么其他结构被拒绝。相反，作者可以选择检验工具主义或环境主义模型，这些模型是在种族冲突理论家中发展起来的，它们依赖于社会经济—政治因素来解释个人—国家关系，学者们将这种理论模型应用于国家间的战争时期）。为了回答这些问题，作者往往需要对文献和课程阅读材料进行全面回顾，并找出相关研究领域的空白，有时在全面审查了文献之后才能构建一个完整的理论模型。

对论文中涉及的概念进行定义并构建一个理论模型简化研究任务，通过选择特定的现象或构念并提出它们之间的关系使得研究便于讨论和分析，筛除所有与研究主题和研究问题没有关系的论点和材料，还可以帮助作者发现与研究领域相关的材料，改善论文结构并增强论文的连贯性，为研究指明方向，为读者设定界限。此外，它们还可以为研究项目的提出提供合理的理由，比如研究主题来源于相关科学文献中的知识空白等，它还可以向读者展示研究是建立在合理的科学理论之上的。社会科学中的好理论之所以有价值，正是因为它实现了一个主要目标：解释与日常生活中经常遇到但无法解释的现象相关的意义、本质和挑战。总之，一个好的理论模型可以为研究打下坚实的基础，无论谁阅读论文，他们都能够比较容易地理解论文的目的。因此，作者可以利用这些知识和理论，以更明智和更有效的方式开展研究。

5.1.2 常见的理论模型种类

理论模型有许多类型，下面我们介绍几种比较常见的理论模型。

1. 因果关系

理论模型中最常见的一种就是因果关系的形式。这种模型通常使用有边框的矩形和箭头来绘制，箭头出发点的构念导致或影响箭头到达点的构念（见图 5-1）。

图 5-1 展现了一个典型的因果关系的理论模型，其中 CEO 的谦逊态度对 TMT 整合有积极的影响，CEO 的谦逊态度与垂直薪酬差距呈负相关，薪酬差异会部分调节 CEO 的谦逊态度与 TMT 整合之间的关系，CEO 的谦逊态度与垂直薪酬差距呈负相关，垂直薪酬差距与 TMT 整合呈负相关，TMT 整合将与双元战略导向正相关，TMT 整合

将调节垂直薪酬差距与双元战略导向之间的关系，垂直薪酬差距与 TMT 整合呈负相关，而 TMT 整合与双元战略导向呈正相关。双元战略导向与企业绩效呈正相关，双元战略导向会调节 TMT 整合与企业绩效之间的关系，使 TMT 整合与双元战略导向正相关，双元战略导向与企业绩效正相关。

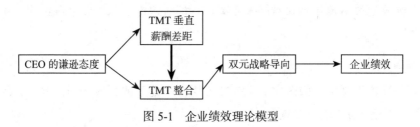

图 5-1　企业绩效理论模型

2. 流程关系

在一些理论模型中，构念是整个过程的一个阶段，构念之间根据逻辑和顺序存在着流程上的先后关系而非因果关系。在这类模型中，我们使用有边框的矩形和箭头连接构念，如图 5-2 所示。

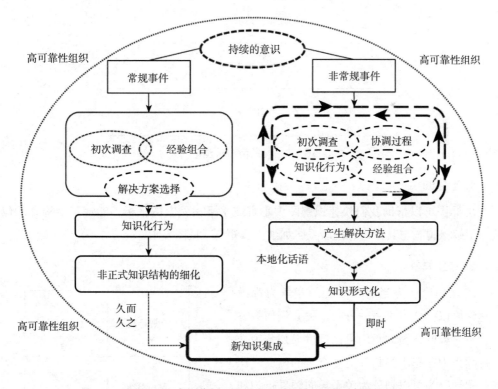

图 5-2　在高可靠性组织中知识创造过程的两条路径

图 5-2 表示了在日常事件中发生的知识涌现阶段（阶段 1），个体依靠自己的经验、这些经验的重新组合以及本地化的话语，从现有的知识体系中选择最合适的解决方案，

并根据情况的偶然性进行调整。一旦选择并适应了解决方案，形式化阶段（阶段2）需要细化和/或扩展非正式知识结构。相反，在非常规事件中，知识涌现阶段（阶段1）涉及个人首先通过最初的询问和协调来定义问题，然后通过有知识的行动结合他们的经验来生成（而不是选择）适合情况的解决方案。在非常规事件中，知识形式化阶段（阶段2）涉及通过本地化会议对解决方案进行即时讨论，从而促进对正式知识结构的紧急洞察的快速集成。

3. 等级关系

在一些理论模型中，构念在一个等级或层次中处于或高或低的位置，并因此建立联系，如马斯洛需求理论（见图5-3）。

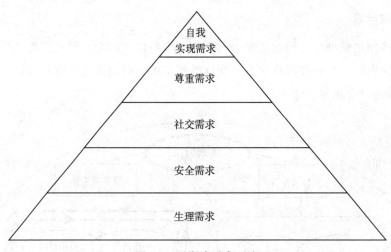

图 5-3　马斯洛需求理论

4. 坐标图

坐标图可以帮助我们快速识别图中垂直或水平比例上的坐标，确定某个构念的位置并了解该构念与其他构念的联系，如波士顿矩阵（见图5-4）。

5. 对立关系

二元理论认为当两种事物的竞争力都没有达到可以完全毁灭另一方时，失去任何一方都是不完整的，因此我们可以把世界划分为处于持续张力状态下的相互对立竞争的两面。比如，领导行为可以划分为关系导向领导行为和任务导向领导行为，领导者必须在这两种领导行为之间找到平衡点，缺少任何一方，另一方都无法正常运作。所以，研究者可以以对立形

图 5-4　波士顿矩阵

式建立两个构念，进而找出两者之间的联系。

6. 相似性关系

构念之间往往会存在一定的相似性，并因此产生联系。相似性关系的理论模型由具有相似主题的构念群构成，如"7S"模型（见图5-5）。

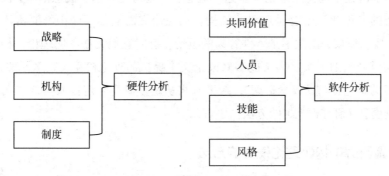

图 5-5 麦肯锡"7S"模型

虽然不同类型的理论模型其形式各不相同，但基本都主要从以下几个方面加强了研究：首先，理论模型明确陈述了理论假设，使读者能够批判性地评价它们。其次，理论模型将研究人员与现有知识联系起来。在相关理论的指导下，它提供了提出假设和选择研究方法的基础。再次，理论模型阐明了研究的理论并回答了为什么和怎么做的问题。最后，理论模型帮助确定这些构念的限制，规定了哪些关键构念会影响作者感兴趣的研究现象，并强调作者需要研究这些关键构念在什么情况下可能会有什么不同。

5.2 提出研究框架的常见方法

在论文撰写的过程中，通常需要构建一个理论模型。理论模型旨在帮助读者快速理解论文中使用的主要理论以及度量的主要构念，明确概念之间有着怎样的关系。一个好的理论模型能够帮助研究者根据理论和构念来确定研究问题的边界，帮助研究者更加清晰地说明构念间的关系。有时，我们可以在文献综述章节的结尾插入一个技术路线图，它可以更加直观地汇总以往学者已经讨论过的研究假设、理论和构念。另外，理论模型对作者和论文的读者来说也很有帮助，它能够以清晰、简洁和可视化的方式描述作者的研究内容，以使读者可以批判性地评价它们。

作者可以在两个不同的研究阶段提出理论模型：研究早期或后期。在研究的起步阶段或早期阶段，作者在理论、构念和假设的基础上，将理论模型引入研究中，并使用这个模型来指导研究和数据收集过程；也可以在研究的后期提出理论模型，这种方法的优点在于研究前期由于没有形成具体的理论模型，可以不受主观想法影响地收集数据，对所得的大量数据进行研究，观察其中体现了哪些构念和结构，并从中形成理论模型。

有时，我们也会听到"概念框架"这个概念，概念框架和理论模型的作用是相似的，这两个术语通常可以相互替换，但实际上，研究者往往在定性研究中构建概念框架，而在定量研究中则使用理论模型这一概念。构建理论模型（概念框架）没有固定的规则，重要的是创建一个合乎逻辑的结构。但在论文的实际写作中，要构建一个好的理论模型（概念框架）往往不是一件容易的事情，有时它们无法阐明理论、构念和后面要提出的假设之间的关系。为了能够修改论文中提出的理论模型（概念框架），或重新构建一个新的理论模型（概念框架），接下来将从定量研究和定性研究两个角度详细介绍构建理论模型（研究框架）的方法。

5.2.1 定量研究中构建理论模型的方法

在定量研究中，理论模型的构建是一个循序渐进的过程，包括四种形式：仅提出框架并给出研究需要测度的变量，但不说明变量间的关系；对各个变量做出明确的定义，但不把它们联系起来；根据一个单独的观察的事后解释提出假设，但没有研究其他解释或进行新的观察；经验的通则化，提出一个命题，阐明两个变量之间的关系，但没有给出进一步的关联。尽管以上四种都不是完整的理论，但它们都是构建理论模型的途径。

在定量研究中构建一个理论模型具体包含四个步骤：确定构念、确定构念之间的关系、确定组织构念的方式和绘制理论模型图。

1. 确定构念

提出理论模型的前提是对概念进行定义，就是根据文献综述对研究中涉及的主要术语和构念进行定义。那么，如何将这些已被明确定义的构念组合起来呢？要先确定并解释构念，后确定这些构念之间的关系。为了确定构念，我们需要检查论文题目和研究问题。研究问题是整个研究的基础，也是构建理论模型的基础。具体例子如下。

A 公司的管理人员发现该公司的许多顾客在购买过一次公司产品后不会返回来再次购买。管理人员希望提高顾客忠诚度，他认为顾客满意度和服务质量在实现这一目标的过程中发挥重要作用。为了研究这个问题，我们可以从中提炼出以下问题陈述、目标和研究问题。

- **问题陈述**：顾客重复购买率低。
- **目标**：提高顾客忠诚度，增加公司收入。
- **研究问题**：如何提高 A 公司的服务质量和顾客满意度，从而提高顾客忠诚度？
- **次问题**："顾客满意度、服务质量和顾客忠诚度之间的关系是什么？""A 公司的服务质量、顾客目前的满意度和忠诚度如何？""什么因素会影响 A 公司的服务质量、顾客的满意度和忠诚度？"

在回顾论文题目和研究问题后，我们需要找出研究中哪些是关键的构念。在本例中，"顾客满意度""服务质量"和"顾客忠诚度"三个构念是本研究的关键，也就是概念框架内需要定义的关键构念，稍后我们将对这些构念进行测量。在研究中，应该对这些构念进行严格的界定。但需要注意的是，不要在理论模型中说明构念的操作性定义，因为操作性定义往往过于冗长。

接下来，我们需要考虑不同构念所扮演的角色。一个构念有时包括多个维度，在构建理论模型时，我们通常将构念视为变量，并对二者做相似的处理，也就是说，构念可以充当自变量、因变量或中介变量。因此，我们需要确定不同的构念所扮演的角色（在上例中，服务质量和顾客满意度是自变量，顾客忠诚度是因变量，信任是中介变量）。

由于构念所扮演的角色（即自变量、因变量或中介变量）会影响它们在稍后构建的理论模型中的位置，因此在确定了要度量的构念，以及这些构念所扮演的角色后，我们可以将它们放在一个表格中（见表 5-1）。

表 5-1　构念及其角色

构造名称	自变量	中介变量	因变量
服务质量	√		
顾客满意度	√		
信任		√	
顾客忠诚度			√

2. 确定构念之间的关系

在确定这些构念之间的关系之前，我们需要做一些准备工作，即查阅相关文献，了解其他学者是怎样解决类似的研究问题的。然后，回顾我们所掌握的所有理论，选择其中最能解释研究中关键构念之间关系的理论，讨论这个理论的假设或命题，并找出它们与我们研究的相关性。最后提出我们自己的假设，思考我们的假设告诉了我们构念之间存在怎样的关系。此时，我们不仅要理清构念之间的关系，还要弄清楚这些关系的本质，即它们之间的关系是直接的还是间接的/调节的，是正相关关系还是负相关关系。根据表 5-1 中的构念，我们提出以下假设的示例。

- H1：服务质量对顾客忠诚度有积极影响。
- H2：顾客满意度与顾客忠诚度之间存在正相关关系。
- H3a：信任与服务质量之间存在正相关关系。
- H3b：信任与顾客满意度之间存在正相关关系。

- H4：信任在顾客满意度和顾客忠诚度之间起中介作用。

这里，我们也可以使用一个表格来说明我们的假设、假设中所包含的构念以及假设的方向性（见表 5-2）。

表 5-2 假设、假设中所包含的构念以及假设的方向性

假设	构念 1	构念 2	方向性
H1	服务质量	顾客忠诚度	(+)
H2	顾客满意度	顾客忠诚度	(+)
H3	信任	服务质量	(+)
H4	信任	顾客满意度	(+)

3. 确定组织构念的方式

我们需要考虑以什么样的方式组织我们的构念。有时，我们要研究的构念之间存在某种逻辑关系或理论关系，如链接、分组或离散等，这就需要将这些构念分组。研究中的构念往往是由一些理论所支撑的，作者需要对这些理论加以解释说明，而有时这些不同的理论是相互重叠的，这就需要对理论进行分组。下面，我们进一步解释构念分组和理论分组。

（1）构念分组。有些构念的结构比较复杂。通过构念分组可以展示出一个意义更加广泛的构念和某两个或多个构念之间的包含关系。例如，我们想研究构念 A——组织承诺和构念 B——员工流动率之间的关系。当我们面对组织承诺（即员工对他们工作组织的忠诚度）这一构念时，我们往往不会把它看成是一维构念，而是会研究组织承诺的三个不同维度，即规范承诺、持续承诺和情感承诺（Meyer & Allen，1991）。虽然组织承诺的不同维度可能会对员工流失率有不同程度和不同方向的影响，但我们可能仍然会把这三个维度分为一组，以表明它们是一个意义更加广泛的总体构念（即组织承诺）的一部分。一个总体构念包含我们想要研究的两个或多个构念，所以我们称之为构念分组。

如果我们需要向主流期刊文章中已有的构念添加新构念，那么应该考虑新的构念与主流期刊文章中已有的构念有何不同，或者它是否是一个总体构念的一部分。例如，主流期刊文章研究了银行规范承诺和员工流动率之间的关系，而我们的论文研究的是工厂中规范承诺和情感承诺间的关系，我们论文中的构念（即情感承诺）与主流期刊文章中的构念（即规范承诺）是总体构念（即组织承诺）的一部分。在本例中，我们可以在模型中对规范承诺和情感承诺这两个构念进行分组。

（2）理论分组。在定量研究中，人们通常会建立或检验理论。这些理论可以帮助作者解释如何在不同的构念之间建立联系，这具体反映在作者提出的假设和假设的方向性上。例如上文给出的例子：一个构念（持续承诺）和另一个构念（员工流动率）之

间的关系是怎样的？我们基于这两个构念提出假设：持续承诺对员工流动率有负向影响，即随着离职的预期成本增加（持续承诺），离职的员工数量会减少（员工流动率）。对于这两个变量之间的负相关关系，可以用组织承诺理论和离职理论来解释。在理想情况下，作者往往知道用哪一条理论可以解释论文中不同构念之间的关系，为了做到这一点，可以多参考一些主流期刊文章的文献综述，这些文章的文献综述中通常会解释不同理论的具体含义。在选择了理论之后，接下来就要决定是否依据理论对理论模型中的构念进行分组。理论分组用于说明某些理论是如何帮助不同构念建造联系的，以及理论和构念是如何重叠的。在下一步中，我们将详细展示如何在理论模型中对构念进行理论分组。

4. 绘制理论模型图

我们需要把之前提到的内容通过理论模型图呈现出来。

（1）放置构念。将每一个构念分别放在一个椭圆形状中，这里需要强调的是应该把构念放置在椭圆形状中而不是放在矩形中，因为在后面的步骤里矩形会有其他用途。本例中，我们分别将服务质量、顾客忠诚度与信任看成构念1、构念2和构念3（见图 5-6）。

需要注意的是，大多数构念的名称都比较短，如服务质量、顾客忠诚度和信任等，但也有构念的名称较长，如对服务提供者的信任、顾客对信任的倾向等。应尽可能地保持构念名称的简洁和准确，而将冗长的操作性定义放在文献回顾部分。

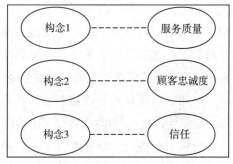

图 5-6 构念明晰

（2）以假设为基础连接构念。连接不同的构念时有以下几点规则：

第一，用带箭头的实线而不是带箭头的虚线来表示构念之间的关系。

第二，在每两个构念间的关系旁边加上对应的假设序号。用大写的英文字母"H"来表示假设，用数字 1，2，3……来表示假设的序号，如 H1，H2。有时一个假设中含有多个部分，那么就可在数字后面继续添加小写的英文字母 a，b，c……来表示次序，如 H1a，H1b 等。

第三，在标明了假设后，我们还需要指出假设的方向性，即一个构念与另一个构念之间存在着正相关关系还是负相关关系。如果是正相关关系，则在假设的右边插入符号"（+）"；若是负相关关系，则插入符号"（-）"，如 H1a（+）。

在上述例子中，我们已经说明了服务质量和信任之间存在正相关关系，即随着服务质量的提高，信任度增加；员工流动率和服务质量之间存在负相关关系，即随着员工流动率的上升，企业的服务质量下降；信任和顾客忠诚度之间的关系尚不明确，即信任和顾客忠诚度之间存在关系，但这种关系具体是正相关关系还是负相关关系，目前尚不能得出定论。构念框架如图 5-7 所示。

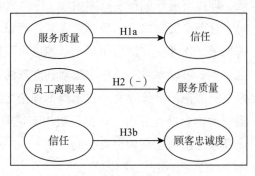

图 5-7 构念框架

5.2.2 定性研究中构建概念框架的方法

在定性研究中，我们常常使用扎根理论（Glaser&Strauss，1987）来构建理论。扎根理论是指研究者从实际观察入手，从经验资料中归纳出经验概括，并在此基础上建立理论。与以往研究方法不同，研究者在展开研究之前没有形成具体的理论假设，而是遵循"深入情境—发现问题—寻找案例—获得数据—初构理论—比较文献—构建理论"的研究逻辑，深入到情境中发现研究问题，在实践中自然而然地提出理论。

具体步骤如下：

第一，从资料中产生概念，对资料进行逐级登录。与其他理论不同的是，运用扎根理论的研究者没有在研究初提出假设并进行推演，而是强调从资料中自然而然地提出概念。通过自下而上不断地归纳和浓缩已有资料，对资料进行逐级登录，得出概念和理论，这样的概念和理论才具有生命力和实际用途，才能指导实际研究。

其中，对资料进行逐级登录是扎根理论最重要的步骤，包括三个层次：开放式登录（开放性译码）、关联式登录（主轴译码）和核心式登录（选择性译码）。开放式登录是打散已有的资料，对其进行定义并用新的方式重新组合起来。关联式登录是通过找出并建立不同类概念之间的关联来表现已有资料中不同部分间的联系。核心式登录对概念类属进行分析并找出一个"核心类属"，并不断地集中到与核心类属有关的编码上。

第二，对比资料和概念，思考与概念有关的生成性理论问题。对比是扎根理论的主要分析方法，通过在不同的资料和概念之间进行比较并对资源和概念间的关系进行分析，找出与它们的关系有关的类属和属性。

第三，发展理论性概念，建立不同概念之间的关系。这一过程包括四个步骤：将编码过的资料按照概念类属进行对比，赋予每一个概念属性；整合概念类属及其属性，比较不同的概念类属，并将它们之间的关系联系起来；提出初步的理论雏形，确定理论的内涵和外延，利用原始资料验证理论以使其不断优化、更加精确；描述已有的资料、概念、类属、属性及类间的关系，并陈述理论。

第四，理论性抽样，系统地对资料进行编码。在进行理论抽样时，可以将上一步骤中建立的初步理论当成抽样的标准以指导接下来的资料收集，以及设码、编码等资料分析工作。已建立的初步理论可以指导研究者下一步骤的方向，所以资料分析环节中最重要的就是对资料进行系统的编码。

第五，构建理论，努力获取概念的密度、变异度和高度的整合性。将前述步骤中初步建立的理论进一步精确和优化，构建最终的理论，充分发展理论中的概念，扩充并整合概念密度、变异度和高度。

以李志刚 2016 年发表在《管理学报》上的文章《基于扎根理论方法的孵化型裂变创业探索性研究：以海尔集团孵化雷神公司为例》为例，李志刚根据上述扎根理论的方法分步骤探索了雷神公司的创业模式，最终提出了关于孵化型裂变创业的理论模型，如图 5-8 所示。

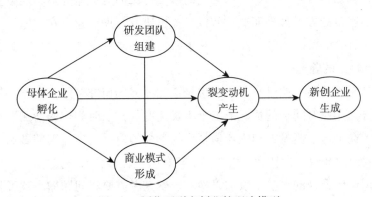

图 5-8　孵化型裂变创业的理论模型

5.3　假设提出的常见方法

假设是对自然界的某种模式的描述，或对一些可以通过观察和实验来验证的现实世界现象的解释。假设是科学方法的重要组成部分，是根据有限证据提出的想法或提议，这个想法或提议必须通过事实、直接测试和证据来证明。在科学研究中，假设常常被看成一种试探性的、可测试的和可证伪的陈述，用来解释一些在自然界中观察到的现象。许多学术领域，从物理科学到生命科学再到社会科学，都使用假设检验作为检验思想的一种手段，以了解世界，增进科学知识。无论是资深学者还是初学科学的学生，了解假设是什么并能够自己提出和预测假设都是非常重要的。

5.3.1　研究假设的特征

研究假设一般具有五个特征：假定性、科学性、可验证性、逻辑性和多样性。

1. 假定性

研究假设是针对所要研究的问题做出的尝试性的理论解答，是对调查对象的特征以及有关现象之间的相互关系所做的推测性判断或设想，这种设想目前还没有得到充分的证据支持。它的基本思想和主要论点是根据不够完善的科学知识和不够充分的事实材料推想出来的，还不是对研究对象的确切可靠的认识。所有假设都具有猜测性，它的结果不必然会发生，有待于进一步通过科学研究来检验或证实，因此研究的任务就是检验假设是否成立。

2. 科学性

虽然假设带有假定的性质，但是它也不是凭空产生的。研究假设既不是毫无事实根据的猜想或传说，也不是缺乏科学论据的冥想或臆测，而是人们根据已经认识并掌握了的有关科学知识或经验知识，以一定的确实可靠的有关研究对象的事实材料为基础，按照科学逻辑的方法推理而成。所以，提出研究假设要建立在理论依据或实践经验的基础上（如根据以往的实践经验、基于研究的初步观察或通过整理理论文献等），并进行一系列科学的验证。

例如，针对"不同光照时长下玉米生长速度差异的研究"这一问题，研究人员应该提出的假设是光照时间长的情况下玉米生长速度与光照时间短的情况下玉米生长速度存在差异。提出这一假设的理论依据是生物学中的研究发现光周期影响植物的生长速度。又如我们想知道"为什么北大西洋的鳕鱼数量在减少"，这只是一个宽泛的研究问题，不能用任何合理的科学手段加以检验。研究者需要将问题缩小到可测试和可证伪的程度。比如根据实践经验，研究者可能会推测鱼类资源的减少是因为长期的过度捕捞。于是可以提出假设："如果过度捕捞导致鳕鱼数量下降，减少拖网渔船的数量将增加鳕鱼的存量。"研究者必须在理论依据或实践经验的基础上提出假设。

3. 可验证性

Pollock（2015）认为，假设是对衡量原因的自变量和衡量结果的因变量之间的可检验关系的陈述。根据这一定义，可以得知可验证性是假设的一个重要属性，即假设必须是可测试的，而且必须综合考虑研究者当前所具备的知识和有效技术，换言之，研究人员能否设计一个实验来检验或推翻假设中建立的变量之间的关系，并且这个实验目前从各个角度来看都是可以实施的。如果研究者没有足够的资金预算，那么就没有必要提出超出自己研究能力范围之外的复杂假设。研究者必须通过统计和分析手段来验证或证伪一个假设。若一个假设不能被检验，那么这不是一个科学的假设。例如，"一个学生吃的核桃越多，他的考试成绩越高"这一假设可以通过一系列实验来检测，而"一个人吃的核桃越多，他的通灵能力越强"这一假设至少现在在科学界还无法被检验，所以它不是一个科学的假设。

4. 逻辑性

假设不是经验事实的简单堆砌，而是由概念、判断、推理构成的逻辑体系。根据

Pollock（2015）对假设的定义，我们可以看出假设的另一个重要特征——变量的逻辑性。研究假设不仅要给出自变量和因变量，还要将两者联系起来，阐明它们之间的关系。只含有一个变量的假设并不是研究假设，例如"核桃可以食用"，这句话只含有一个变量即"核桃"，而可以食用是核桃的一种属性，不是变量。再比如"吃很多核桃，考试成绩高"这句话里有两个变量，即"吃核桃的数量"和"考试成绩"，但这两个变量并没有被联系在一起，也没有指明二者哪一个是自变量，哪一个是因变量。对此，一个科学的假设是"一个学生吃的核桃越多，那么他的考试成绩越高"，假设既给出了两个变量，又阐明了两者之间的正相关关系，符合逻辑性的要求。

5. 多样性

在不同的时期，根据不同的研究视角，针对同一个现象我们可以提出多个不同的假设，即假设具有一定的多样性和可变性。例如，对于"为什么北大西洋的鳕鱼数量在减少"这一问题，既可以提出"如果过度捕捞导致鳕鱼数量下降，减少拖网渔船的数量将增加鳕鱼的存量"，也可以提出"如果全球气候变暖导致鳕鱼数量下降，那么在气温较低的年份，鳕鱼的数量将有所上升"。

5.3.2 假设的来源

研究假设的来源主要包括三个方面：一是理论依据，二是实践经验，三是共同价值观或民间智慧。

1. 理论依据

由于理论研究有了新的进展，研究者可以用新的理论解释已有的问题，或预测未知的问题，在这一研究过程中就产生了假设。例如，高阶理论认为由于内外环境的复杂性，管理者对事物的认知是有限的，且在有限的视野范围内管理者的既有认知结构和价值观决定了他们对事物进行的选择性观察，对相关事物的解释、预测以及企业的战略选择。我们可以提出假设："高管的任期越长，企业越容易产生创新行为。"

2. 实践经验

人们在实践中发现一种全新的现象，但是以往的理论无法解释这一现象，由此研究者针对这一现象提出新的假设。有时假设也会建立在先前的研究基础上。例如，先前的研究表明，压力会影响免疫系统。因此，研究人员可能会提出一个具体的假设："与压力小的人相比，压力大的人在接触病毒后更容易患普通感冒。"

3. 共同价值观或民间智慧

在一些情况下，研究人员可能会研究人们普遍持有的价值观或民间智慧。例如

"物以类聚，人以群分"是我们熟知的民间智慧，心理学家可能会对此进行研究，并提出一个具体的假设："人们倾向于选择在兴趣和教育水平上与自己相似的伴侣。"

5.3.3 提出假设的方法

1. 利用类比法提出假设

对于理论依据，我们可以采用类比法来提出研究假设，如性质类比、关系类比和条件类比。但需要注意的是，在对已有理论进行类比时，要考虑两者的前提条件是否相似，若条件差别较大，则不能由已有的研究结论推出研究者要提出的假设。例如在亚洲地区得出的研究结论不一定适合欧美地区，教育领域的管理理论不一定适合医疗领域，集体主义文化的观点也不一定适合个人主义文化。

2. 通过中介关系提出假设

另一种提出假设的有效方法是通过叙述中介状态或中介过程来研究假设中的关系是如何发挥作用的。例如，Seibert、Kraimer和Liden（2001）提出了一个模型，该模型融合了社会资本对职业利益的两种观点，并对理论中相关的中介角色（获取信息、获取资源和职业赞助）进行了详细的解释，重点叙述了社会资本如何带来职业利益。

3. 通过实践提出假设

通过实践提出假设，主要是通过对观察到的结果和以往的实践经验进行归纳和总结来提出研究假设。这比较考验研究者对实践经验的归纳和概括能力。例如，一个渔场的工人注意到他的虹鳟鱼在夏天水位低的时候有更多的鱼虱，根据经验他认为氧气的含量是主要原因——低氧气压力下的鱼更容易生病和感染寄生虫。于是，他对自身经验进行归纳总结后提出假设："虹鳟鱼在低水位条件下会有更多的虱子，因为水中的氧气更少。"

4. 结合多个理论提出假设

结合多个不同的理论可以为研究问题提供新颖的见解，这些理论可能来自同一领域（如企业资源观与交易成本经济学）或不同的基础学科（如社会心理学和经济学）。这种方法的难点在于解释清楚为什么解决研究问题需要使用这些理论，以及这些理论将以什么方式结合起来。

- 利用一个概念框架将这两种理论观点结合起来，并阐明它们之间的相关差异。例如，Agarwal、Echambadi、Franco和Sarkar（2004）在分析磁盘驱动器行业的衍生产品的创建和性能时，就有效地将相关理论结合起来。
- 一些论文也会解释如何将不同的理论适用于相关的研究问题，并将它们结合起来解决一个特定的现象。例如，一种理论可以解释什么时候某种实践是有效的，而另一种理论可以解释哪些公司最有可能采用这种实践（如 Sherer & Lee，2002）。
- 在两种理论之间寻求更多的整合，即阐明这两个观点是如何互补的。例如，Silverman（1999）在一项关于企业多元化的研究中，综合了交易成本的经济学要素和资源基础观两种理论。

5.3.4 撰写假设的步骤

1. 确定变量

广义假设描述了两个变量之间可能存在的关系模式：一个自变量和一个因变量。如果实验证实了该模式，可以找出该模式存在的原因或形成该模式的机制。这些原因或机制就是一个解释性假设。

自变量是导致某种差异或某种影响发生的变量。若研究生物性别与一个人受咖啡因影响的方式的关系或肥料类型对玉米生长速度的影响，则自变量是生物性别（即一个人是男性还是女性）和肥料类型（即肥料是有机的还是无机的）。因变量是受自变量影响的变量（即"取决于"自变量）。在上面的例子中，因变量是受咖啡因影响的方式或化肥的可测量影响。另外，假设只能说明一种关系。最重要的是，它应该只有一个自变量。如果有不止一个自变量，就不能确定哪个自变量是可能观察到的效应的真正影响因素。

2. 生成一个简单的假设

在深刻地思考研究问题和变量后，把最初关于变量之间关系的想法写成一个简单的陈述。不要担心陈述是否不够精确或详细。如在上述例子中，一个假设陈述了一个人的生理性别是否会影响他受咖啡因影响的方式，假设可能只是："咖啡因如何影响一个人的心率与其生理性别有关。"另一个假设是关于植物生长和肥料的一般性陈述，如简单解释假设可能是："施与不同类型肥料的植物大小不同，因为它们的生长速度不同。"

3. 确定方向

假设可以是定向的，也可以是非定向的。无方向性假设只是说一个变量以某种方式影响另一个变量，但没有具体说明是什么方式。方向性假设提供给读者关于关系的性质（或"方向"）的更多信息，具体说明一个变量如何影响另一个变量。以上面的例子为例，非方向性假设是"一个人的生理性别与咖啡因对其心率的影响之间存在关系"，以及"肥料类型与植物生长速度之间存在关系"。假设的方向性预测是："在摄入咖啡因后，女性的心率将比男性更高"，以及"非有机肥料施肥的植物将比有机肥料施肥的植物生长得更快"。事实上，这些预测和假设的陈述是非常不同的。提出假设的方向性预测最好有文献作为基础，因为它提供了更多的信息。

4. 具体化

有了一个初步的想法后，需要将它进行细化。假设应该尽可能具体，这样就能清楚地知道要检验的是什么想法，使检验变得具体和可测量，这样它们就能提供支持变量之间关系的证据。

有必要的话，指定假设的目标对象（人或事物）。例如，如果研究者只对咖啡因对老年人的影响感兴趣，假设可能会是："65岁以上的女性比同龄男性的心率增加得更快。"如果研究者只对肥料如何影响番茄植株感兴趣，假设可能是："前三个月，施与非有机肥料的番茄植株的生长速度快于施与有机肥料的番茄植株。"

5. 可测试化

假设必须表明两个变量之间的关系，或者两个变量有相关关系的原因，这两个变量可以在真实的和可观察的世界中观察和测量。

例如，我们通常不会提出这样的假设："红色是最漂亮的颜色。"这是一种意见，不能用实验来检验。然而，提出"红色是最流行的颜色"的一般性假设是可以通过简单的随机调查来验证的。如果确定红色是最流行的颜色，那么下一步可能是问：为什么红色是最流行的颜色？提出的答案便是解释性假设。

6. 撰写研究假设

通常，假设是以"如果……那么……"语句的形式陈述的。但是，"如果给孩子喝咖啡，那么他们的心率就会加快"这个陈述不是一个假设。这种陈述是对一种实验方法的简单描述和一种预测。撰写假设的一个简单方法是问自己为什么给孩子喝咖啡心率会增加。在这种情况下，解释假设可能是咖啡因是一种兴奋剂。针对这个问题，一些学者提出了一个研究假设和陈述，一个包含假设、实验和预测的陈述。例如，如果咖啡因是一种兴奋剂，一些孩子喝了含咖啡因的饮料，而另一些孩子喝了不含咖啡因的饮料，那么这些喝了含咖啡因饮料的孩子的心率会比喝不含咖啡因饮料的孩子的心率快得多。

7. 说明假设

这听起来可能很奇怪，但研究人员很少能证明一个假设是对的还是错的。相反，他们会寻找证据，证明与他们假设相反的情况可能并不正确。如果相反的假设（咖啡因不是刺激物）是不正确的，那么假设（咖啡因是刺激物）可能是正确的。根据上面的例子，如果要测试咖啡因对儿童心率的影响，假设不成立的证据（有时被称为零假设）就是两组儿童的心率没有差异，即饮用含咖啡因饮料的儿童和饮用不含咖啡因饮料的儿童（即对照组）的心率发生相同幅度的变化，包括相同幅度的降低或升高。如果情况并非如此，那么假设就是正确的。值得注意的是，当研究人员用统计学检验他们的结果的显著性时，零假设实际上变得更加有用。当研究人员用统计学检验他们的结果时，研究人员是在检验零统计假设的概念。例如，两个变量之间没有关系，或者两个实验组之间没有区别。

8. 检验假设

进行观察或实验，检验假设。有用的证据可以拒绝零假设，从而支持实验假设。然而，如果证据不允许拒绝零假设，这也没有问题。任何结果都是重要的，不断地从头开始重复这一过程，逐渐提炼想法，这才是真正的科学！

5.3.5 注意事项

在查阅文献时，寻找与想要做的研究相似的研究，并尝试将自己的研究建立在其他研究人员的发现的基础之上。但也要找出可疑的结论，并亲自检验那些结论。

提出的假设要具体，但不要具体到假设不能适用于特定实验之外的任何研究。虽然需要确定研究对象，但不要过于具体，比如"我的三个室友都能做不同数量的俯卧撑"，除了研究者的室友外，可能没有人会对这样的研究感兴趣。

不要使用感受和观点型的语句，如"我相信……""我认为……""我感觉……"或"我的观点是……"

请记住，科学并不一定是一个线性过程，可以用多种方式进行研究。

5.4 概念框架和假设撰写示例与技巧

通过前面三节，相信读者已经清楚了什么是概念框架和假设以及构建概念框架和提出假设的具体步骤。本节将以 Song Y 等（2018）发表在 *AMJ* 上的文章 *A Social Mindfulness Approach to Understanding Experienced Customer Mistreatment: A Within-person Field Experimen* 为例，具体分析概念框架和假设的撰写技巧。

5.4.1 概念框架示例

第一步，确定构念

为了确定构念，我们首先需要明确研究问题。

"……我们认识到，回忆亲社会行为和换位思考都会激发人们在社交互动中注意的动机……"

根据文章，可以看出作者首先发现回忆亲社会行为和换位思考会激发人们在社交互动中注意的动机，于是根据这一发现提出了研究问题：回忆亲社会行为和换位思考是否会影响客户服务员工的客户虐待经历，回忆亲社会行为和观察视角是否可能缓冲员工日常遭遇的顾客虐待和他们在工作日结束时的消极情绪之间的关系以及这些干预措施对顾客日常虐待经历和下午消极情绪的影响，能否减少晚上的功能障碍应对反应（即员工沉思和不适应购物）。

在本研究中，关键构念就是回忆亲社会行为、换位思考、日常感知的客户虐待（客户服务员工的客户虐待经历）、消极情绪和功能障碍应对反应（包括员工沉思和不适应购物）。根据研究问题，我们进一步确定这些构念所扮演的角色：自变量为回忆亲社会行为、日常感知的客户虐待和换位思考，调节变量包括回忆亲社会行为、换位思考、消极情绪，因变量为日常感知的客户虐待、消极情绪、员工沉思和不适应购物，如表 5-3 所示。

表 5-3 构念及角色

构念名称	自变量	调节变量	因变量
回忆亲社会行为	√	√	
换位思考	√	√	
日常感知的客户虐待	√		√
消极情绪		√	√
员工沉思			√
不适应购物			√

第二步，确定构念之间的关系

本文中，作者使用了社会正念理论，即社会正念理论假定动机和社会正念能力使个人能够在社会交往中关注他人的需求和兴趣。据此，提出以下假设。

假设 1：当员工在早晨接受回忆亲社会行为的干预时，与不接受任何干预时相比，他们每天感受到的客户虐待会更少。

假设 2：回忆亲社会行为的干预会调节日常感知的客户虐待与下午消极情绪之间的正向关系，因此，与没有干预的日子相比，当员工在早晨收到回忆亲社会行为的干预时，这种关系会更弱。

假设 3：与不接受任何干预的员工相比，当员工在早晨接受换位思考的干预时，他们每天感受到的客户虐待会更少。

假设 4：换位思考的干预会调节日常感知到的客户虐待与下午消极情绪之间的正向关系，当员工在早上接受换位思考的干预的时候，这种关系会比没有干预的时候弱。

假设 5：消极情绪会调节（a）日常感知的客户虐待与员工沉思的正向关

系，(b)日常感知的客户虐待与员工不适应购物的正向关系。

假设 6：与对照组相比，(a)回忆亲社会行为和(b)换位思考会通过对日常感知的客户虐待和下午消极情绪的影响，减少员工晚上的沉思。

假设 7：与对照组相比，(a)回忆亲社会行为和(b)换位思考会通过对日常感知的客户虐待和下午消极情绪的影响，减少晚上的不适应购物。

根据研究假设，我们可以得知：

(1) 回忆亲社会行为与日常感知的客户虐待之间存在负相关关系。

(2) 日常感知的客户虐待与下午消极情绪之间存在正向关系，而回忆亲社会行为的干预负向调节这种关系。

(3) 换位思考与日常感知的客户虐待之间有负相关关系。

(4) 日常感知的客户虐待与下午消极情绪之间存在正向关系，而换位思考的干预负向调节这种关系。

(5) 日常感知的客户虐待与员工沉思有正向关系。

(6) 日常感知的客户虐待与员工不适应购物有正向关系。

(7) 消极情绪会调节(5)(6)的关系。

(8) 回忆亲社会行为和换位思考与员工沉思有负向关系。

(9) 回忆亲社会行为和换位思考与员工不适应购物有负向关系。

我们可以把上述关系放置在一个表格中以便更清晰地了解各个构念之间的关系（见表 5-4）。

表 5-4　假设、假设中所包含的构念以及假设的方向性

假设	构念 1	构念 2	构念 3	构念 4	假设的方向性
H1	回忆亲社会行为	日常感知的客户虐待	无	无	(−)
H2	日常感知的客户虐待	消极情绪	回忆亲社会行为	无	(+) 调节 (−)
H3	换位思考	日常感知的客户虐待	无	无	(−)
H4	日常感知的客户虐待	消极情绪	换位思考	无	(+) 调节 (−)
H5a	日常感知的客户虐待	员工沉思	消极情绪	无	(+)
H5b	日常感知的客户虐待	不适应购物	消极情绪	无	(+)
H6a	回忆亲社会行为	员工沉思	日常感知的客户虐待	消极情绪	(−)
H6b	换位思考	员工沉思	日常感知的客户虐待	消极情绪	(−)
H7a	回忆亲社会行为	不适应购物	日常感知的客户虐待	消极情绪	(−)
H7b	换位思考	不适应购物	日常感知的客户虐待	消极情绪	(−)

第三步，绘制理论模型

因在本例中不存在构念分组和理论分组的情况，故直接绘制理论模型即可。根据假设 1～7，我们可以绘制出理论模型，如图 5-9 所示。

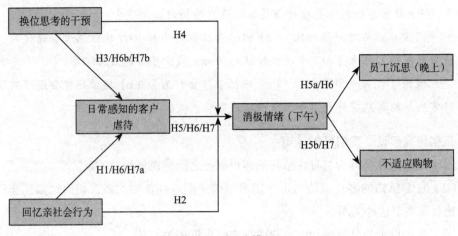

图 5-9 理论模型

5.4.2 提出研究假设示例

本部分以 Boone C 等 2019 年发表于 *SMJ* 的文章 *Top Management Team Nationality Diversity, Corporate Entrepreneurship, and Innovation in Multinational Firms* 为例，详细分析提出假设的方法。

第一步，选择主题

"……特别是总部的人员配置方式和高层管理团队（TMT）成员的背景特征可能对战略领导、企业创业（CE）计划以及随后的跨国公司创新绩效产生重要影响……"

通过阅读例文，可以得知作者选择的研究主题是 TMT 的背景特征与企业创业积极性以及跨国公司的创新绩效的关系。

"……学者们强调了企业总部在推动和塑造现代跨国公司的创业和创新方面的关键作用，旨在避免这种惩罚。公司总部负责提供必要的战略领导，以利用跨地区和部门的公司资源，充分利用多市场公司的创新能力。特别是总部的人员配备方式和 TMT 成员的背景特征可能对战略领导、企业创业（企业创业）积极性以及随后的跨国公司创新绩效产生重要影响。

这很好地呼应了高阶理论文献中的说法，即组织是高层管理者的反映。传统研究表明，TMT 的不同背景和专业知识有助于企业应对与环境不确定性和频繁的技术变化相关的业务挑战。跨国公司认识到有必要有一个全球化的视野，因此，他们委任持有不同国籍的成员加入 TMT。由于高管们被打上了特定于他们出生和成长的国家的默认规范和惯例的烙印，人们认为，TMT 的国籍多样性大大提高了 TMT 的人力和社会资本，而人力和社会资本反过来又会影响 TMT 动力、企业创业积极性和创新，并最终确定财务业绩。例如，西联汇款（Western Union）的首席执行官希克迈特·埃尔塞克（Hikmet Ersek）认为，其高管团队的国际多元化构成，使他们能够与多样化的客户群保持联系，从而对不断变化的全球需求做出充分反应。然而，令人惊讶的是，在以往的研究中，跨国公司的国籍多样性只受到了有限的关注，我们对其影响跨国公司创新绩效的原因和时间知之甚少。"

在确定了研究主题后，作者广泛收集了与所选主题相关的信息，阅读大量研究并对现有文献进行分析，了解到该领域学者的不同看法，找出了现有研究的空缺之处，即"在以往的研究中，跨国公司的国籍多样性只受到了有限的关注，我们对其影响跨国公司创新绩效的原因和时间知之甚少"，以此作为研究的突破点。

第二步，生成研究问题

"本文通过整合高阶理论和跨国公司创新理论的观点，探讨了'为什么'的问题，并建立了一个概念模型，表明TMT的国籍性多样性可以促进跨国公司创新，从而促进全球外部知识资源的创新。我们认为，TMT的国籍多样性为跨国公司提供了实施和促进全球企业创业积极性所必需的人力资本和全球取向的态度。因此，我们假设TMT的国籍多样性将增强企业创业——由并购活动的地域和技术多样性、技术联盟和企业创业活动所代表的——从而使跨国公司获得日益分散的全球知识库、新兴技术和专业知识，最终增强跨国公司的创新。

为了解决'何时'的问题，我们认为，当TMT缺乏社会分类和功能失调的政治过程时，TMT的国籍多样性只会激发外部知识获取的主动性。在这些条件下，国籍多样性将激发以地理为中心的领导力，从而推动全球外部知识资源的开发。如果跨国公司拥有分散的结构和流程，允许跨国公司之间的协作和知识交流，并支持当地的创新活动，这些举措将提高跨国公司的创新绩效。我们认为，TMT将在多大程度上发挥真正的团队作用，以及跨国公司是否有可能建立这种分散的结构和过程，关键取决于不平等的两个重要来源的缺失：TMT层面的社会分层和跨国公司母国层面的国家权力距离（NPD）。"

在这一部分，作者整合相关理论提出了要研究的问题：TMT中的国籍多样性何时以及为何影响企业创业——如全球知识来源的多样性——以及跨国公司的创新绩效，并针对"为什么"和"何时"两个问题做出了具体的解释，提出初步的假定性推测。

第三步，确定变量

根据研究问题"TMT中的国籍多样性何时以及为何影响企业创业——如全球知识来源的多样性——以及跨国公司的创新绩效"及解释，可以得知自变量为TMT国籍多样性和企业创业，因变量为企业创业和企业创新绩效，调节变量为 TMT 层面的社会阶层和跨国公司母国层面的国家权力距离（NPD），具体如表 5-5 所示。

表 5-5　研究中的变量及分类

变量名称	自变量	因变量	调节变量
TMT 国籍多样性	√		
企业创业	√	√	
企业创新绩效		√	
TMT 层面的社会阶层			√
跨国公司母国层面的国家权力距离			√

第四步，提出研究假设

确定研究问题和变量后，就可以提出研究假设了，例文中提出的研究假设如下。

假设 1a：TMT 国籍多样性与企业创业正相关，如外部知识采购策略的地理和技术多样性。

假设 1b：企业创业，以外部知识采购战略的地理和技术多样性为例，与跨国公司的创新正相关。

假设 2a：对 TMT 社会分层程度较低的跨国公司而言，TMT 国籍多样性与企业创业之间的正相关性强于 TMT 社会分层程度较高的跨国公司。

假设 2b：低权力距离国家的跨国公司与高权力距离国家的跨国公司相比，TMT 国籍多样性与企业创业之间的正相关更强。

假设 3a：对具有低社会阶层 TMT 的跨国公司而言，具有高社会阶层 TMT 的跨国公司，企业创业与创新之间的正相关性更强。

假设 3b：低权力距离国家的跨国公司与高权力距离国家的跨国公司相比，企业创业与跨国公司创新之间的正相关更强。

整理后如表 5-6 所示。

表 5-6　假设、假设中所包含的变量以及假设的方向性

假设	自变量	因变量	调节变量	假设的方向性
H1a	TMT 国籍多样性	企业创业	无	（+）
H1b	企业创业	企业创新绩效	无	（+）
H2a	TMT 国籍多样性	企业创业	TMT 社会分层程度	（−）
H2b	TMT 国籍多样性	企业创业	国家权力距离	（−）
H3a	企业创业	企业创新绩效	TMT 社会分层程度	（−）
H3b	企业创业	企业创新绩效	国家权力距离	（−）

例文主要采用基于理论的方法提出假设。理论包括：高阶理论，比如"在现代跨国公司中，TMT 在感知和抓住全球范围内的机遇、不同技术领域和地理区域的知识采

购和重组，以及跨区域和部门利用企业资源方面具有发起和指导作用……我们认为，具有更高国籍多样性的 TMT 领导的跨国公司在利用全球分布的知识资源方面处于更有利的地位"；社会分类理论，比如"多样性实际上可能阻碍不同的团队成员（跨国籍）的交流和沟通，因为人们更认同相似的团队成员（同一国籍）"；社会等级和不平等作用的理论，如"根据最近关于社会等级和不平等的作用的理论（Bunderson et al.，2016；Harrison & Klein，2007），我们认为，当 TMT 的社会分层程度较高时，TMT 国籍多样性的负面影响更有可能出现。"

重要术语

理论模型　研究假设　因果关系　流程关系　等级关系　坐标图　对立关系　相似性关系　扎根理论

复习思考题

1. 理论的作用具体体现在哪里？
2. 理论模型的内涵及作用是什么？
3. 常见的理论模型有哪些？能否举例具体解释一下？
4. 不同类型的理论模型基本上是从哪些方面加强了研究？
5. 在论文撰写的过程中，为什么需要构建一个理论模型？
6. 构建概念框架和提出假设的具体步骤分别是什么？
7. 理论模型的构建包括哪几种形式？
8. 研究假设的特征有哪些？研究假设的来源主要包括哪些方面？
9. 提出假设的方法有哪些？简单概括一下各个方法有什么特点。
10. 撰写假设的步骤有哪些？
11. 简单概括一下概念框架和假设的撰写技巧有哪些。

参考文献

[1] 贾旭东，衡量. 基于"扎根精神"的中国本土管理理论构建范式初探[J]. 管理学报，2016，13（3）：336-346.

[2] 李志刚，许晨鹤，乐国林. 基于扎根理论方法的孵化型裂变创业探索性研究：以海尔集团孵化雷神公司为例[J]. 管理学报，2016，13（7）：972-979.

[3] Agarwal R，Echambadi R，Franco A M，et al. Knowledge Transfer through Inheritance：Spin-out Generation，Development，and Survival[J]. Academy of Management Journal，2004，47（4）：501-522.

[4] Boone C，Lokshin B，Guenter H，et al. Top Management Team Nationality

Diversity, Corporate Entrepreneurship, and Innovation in Multinational Firms[J]. Strategic Management Journal, 2019, 40（2）: 277-302.

[5] Ecklund E H, Scheitle C P. Religion among Academic Scientists: Distinctions, Disciplines, and Demographics[J]. Social Problems, 2007, 54（2）: 289-307.

[6] Seibert S E, Kraimer M L, Liden R C. A Social Capital Theory of Career Success[J]. Academy of Management Journal, 2001, 44（2）: 219-237.

[7] Sherer P D, Lee K. Institutional Change in Large Law Firms: A Resource Dependency and Institutional Perspective[J]. Academy of Management Journal, 2002, 45（1）: 102-119.

[8] Silverman B S. Technological Resources and the Direction of Corporate Diversification: Toward an Integration of the Resource-based View and Transaction Cost Economics[J]. Management Science, 1999, 45（8）: 1109-1124.

[9] Song Y, Liu Y, Wang M, et al. A Social Mindfulness Approach to Understanding Experienced Customer Mistreatment: A Within-person Field Experiment[J]. Academy of Management Journal, 2018, 61（3）: 994-1020.

第 6 章

如何选择研究方法：设计研究过程

本章主要分为科学的研究方法、管理学研究的常见方法、案例研究法、实验研究法、问卷调查法、二手数据法、文本分析法以及基于研究方法的撰写示例与技巧等内容模块。本章首先从科学的研究方法说起，向读者阐明了什么是科学，什么是科学的研究方法以及什么是科学的研究过程。在此基础上，将科学研究和思辨研究进行了对比介绍，找到了管理学研究在科学研究和思辨研究中所处的地位。同时指出，管理学研究中有很大一部分研究问题和领域都可以用科学的研究方法进行探索，对初入门的管理学研究者而言，应该先学习管理学领域科学的研究方法，渐进式地提升自身研究能力。因为科学研究方法的重点在于总结规律，探讨如何开展科学研究能够让研究者遵循经验、少走弯路。本书详细介绍了案例研究法、实验研究法、问卷调查法、二手数据法、文本分析法这五种管理研究常用的科学研究方法，并在此基础上，通过示例文章的讲解以让读者更直观形象地理解管理学研究方法的实际操作。

6.1 科学的研究方法

近年来，物联网、区块链、大数据、云计算等都是人们口中热议的名词，承载着这些新名词的新事物或新理念不断渗透进人们的日常生活当中，人们的生活发生着肉眼可见的变化，人们不禁感叹："一个新的时代已经来临！"当我们谈论科学时，出于实用主义的思想，人们对于科学的认知可能会存在如下几个误区：

- 科学就是能够推动社会进步，提高人们生活幸福水平的实用技术。
- 科学就是能够转化为技术应用的自然科学。
- 科学就是分门别类地进行研究以便在各个领域取得突破。

综上，如果仅从实用性的角度去解读科学，不仅不能正确理解科学的真正内涵，还会陷入狭隘思维的桎梏。那么，究竟什么才是科学呢？为了对科学的内涵做出准确、清晰和完善的解释，本文试图从静态和动态两个方面对科学的内涵做出界定。从静态的角度看，科学可以被简单地理解为关于自然、社会和人的事实与理论，而这些事实与理论也正是崇尚科学的人所致力去寻找和追求的包含证据与逻辑的真理；从动态的角度看，人们所追求的这些真理，所试图解释和预测的关于自然、社会与人的现象是动态发展的。科学可以被动态地理解成是对原有经过严格检验的、客观、系统的知识进行否定与发展。因为从发展的角度看，人们所创造的这些知识可能在过去某段时间内被奉为真理，但是在历史的长河中，以辨证的思维来看，当人们觉得这些"事实"或"理论"不够用或不可信时，它们是可以被否定的，人们通过科学的研究方法可以发现新的事实和理论，可以批判地继承创造性知识，因而在这个"肯定—否定—肯定"的过程中，人们所创造的知识是在不断发展中螺旋式上升的。这就是科学进步的基础，也是科学动态性的良好体现。

在搞清楚了"科学"的界定之后，我们不禁想问，什么是科学的研究方法呢？我们认为，科学的研究方法始于正确的科学伦理和科学价值观，这是进行科学研究的命脉，是一切价值的根基。虽然科学研究者可以自由地选择感兴趣的研究领域和具备潜在价值的研究课题，但是负责任的自由是戴着镣铐的舞蹈：科学研究者必须为自己的研究选题、过程和成果负责，必须遵守与科学研究相关的伦理准则和行为准则。首先，科学伦理的"高压线"是不容触碰的。科学发展到今天，已经成为认识世界和改造世界的重要力量，然而它是一把"双刃剑"，既可以造福人类，也可以摧毁人类的生存与社会秩序，而科学只有向"善"的方向发展，才能够具备意义与价值。例如，2018年11月27日，基因编辑婴儿的出生震惊了全球科学界，遭到了众多科学家的联名谴责。该项基因编辑技术并不是什么新鲜技术，始终没有用于人体实验的重要原因就是人类胚胎基因编辑面临着巨大的风险与科学伦理问题，因而出于安全与道德考量，一直没有跨越伦理的门槛进入人体试验阶段。该项基因编辑婴儿的相关研究触碰了科学研究伦理准则的"高压线"，犹如在高速向前行驶的车流中突然掉头逆行的车辆，破坏了正常的社会秩序，自己终将会粉身碎骨。其次，中国管理研究国际学会（IACMR）在制定的行为准则中提出，科学研究者应该保持学术正直，有责任对自己的研究课题进行严谨的设计、执行、分析、报告和展现自己的结果，保证探究过程、行为和结果的真实可靠。在研究成果的汇报和展示方面，应当遵循实事求是的原则，在排除了研究设计、执行、分析过程中的缺陷和错误的基础上，如实汇报研究的优缺点，若存在任何重要的变通假设和解释，都应该及时、如实指出，与原有研究假设相悖之处也应当得到承认。有关科研成果的著作权与声誉也应当按照贡献在相关各方之间进行合理分配。

然而，遵守与科学研究相关的伦理准则和行为准则是远远不够的，科学的价值和终极目标在于追求和探索真理，为了准确有效地理解、解释和预测自然、社会与人类，我们还需要掌握科学研究的方法，按照一定的步骤进行科学研究才能保证知识创造的有效性和可靠性。有效性表示能否准确、客观、规范地描绘出关于自然、社会与人的事实和理论（是否打在了靶子上）；可靠性表示关于自然、社会与人的事实和理论是否符合逻辑且是否能经重复性验证（多次打靶的结果是否一致）。按照论证方法来分，科学研究可以分为理论研究和实证研究。前者注重理论上的推导，强调主观性所发挥的作用，着眼于通过直觉判断与洞察力来理解、解释和预测自然、社会与人类活动，旨在通过逻辑推理、主题或概念的提炼以及分类的方式来解释现象和发展理论；而后者推导与实际数据分析、假设检验兼顾，强调客观性所发挥的作用。实证研究拥有一定的规范与步骤：

- 定义研究问题，构建理论框架。
- 提出研究假设。
- 相关概念的操作化定义。
- 数据收集、统计与分析。
- 理论解释。
- 改进与意义，旨在通过数据的收集，运用定量分析技术和软件以处理数据，并通过公式和模型进行表达。

从以上论述中可以发现，无论是理论研究还是实证研究，都离不开相关理论的建构。因为科学研究的重要目的就是发展已有理论和建立新理论并对之进行检验。鉴于科学的研究过程是对与自然、社会、人相关的现象所做出的客观的、实证的、规范的和概括性的调查与表述，这个过程既可以始于理论，也可以终于理论。其中，始于理论的研究是通过假设演绎以应用理论，而终于理论的研究是通过理论归纳以构建理论。二者的作用过程如图6-1所示。

如图6-1所示，假设演绎以应用理论的过程首先从理论出发，通过逻辑演绎使理论转化为假设，在研究假设的指导下进行研究设计，确认所需数据资料和样本来源，将假设转化为观察；通过测量、抽样总结、参数估计等实证研究方法将观察转化为实证概括，进而检验假设和实证结果的一致性，决定推翻还是接纳原假设；最后才能对理论进行证实、修改或拒绝。理论归纳以构建理论的过程首先从观察出发，当现有理论无法满足研究者对自然、社会、人相关的现象做出合理解释时，构建理论的研究便从观察开始，在资料收集的基础上通过质化分析技术进行实证概括，进而通过形成概念、命题或命题组合，以转化成理论。总之，理论、观察、实证概括与假设这四个要素相互作用，上下左右无法分离，理论逻辑方法与实证研究方法及归纳与演绎的互动，形成了科学研究的良性循环。

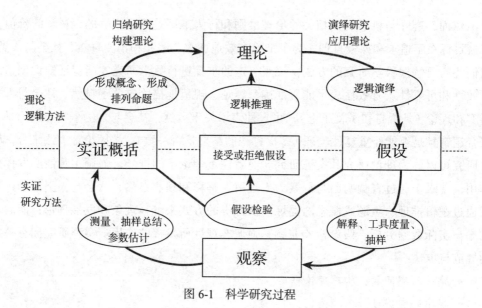

图 6-1　科学研究过程

资料来源：Wallace W. The Logic of Science in Sociology[M]. Routledge，2017.

通过对假设演绎和理论归纳这两个过程进行简要的分析和了解之后可以看出，虽然这两个过程乍看非常类似，但是在假设演绎的过程中，数据分析主要是采用可量化的统计方法，而在理论归纳的过程中，数据分析主要是采用质化的分析方法。因此，我们进一步提出，假设演绎过程中数据收集的方法包括实验法、问卷调查法和二手数据法等，而理论归纳过程中数据收集的方法包括访谈法、文本分析法、参与式观察法和非参与式观察法等。

6.2　管理学研究的常见方法

上一节中，我们针对什么是科学、科学研究方法的内涵与要求以及科学研究过程做了详细的梳理。然而，德鲁克曾说过："管理学不是而且永远也不可能是纯科学"，但是，这并不意味着管理学向科学的方向发展是错误的，因为庞大的管理学知识体系必须建立在科学化基础之上。应用严谨的科学研究方法有利于源源不断为管理学创造新知识，但是这个知识创造的过程还需要受到一定程度的限制。因而，我们不禁想问，科学研究方法在管理研究中具有多大的适用性？接下来，在回答这一问题的基础上，总结了适用于管理学研究的常见方法。

首先，在对什么是科学研究有了初步认知的基础上，我们提出科学研究的对立面——思辨研究，二者对比如表 6-1 所示。简单来说，科学研究是以事实为依据，依赖于对现实世界所进行的直接观测或由实践而来的真知，并通过标准、规范的结构化过程以概括事物的普遍规律；而思辨研究是带有个人价值观和主观偏好的个人意志，正所谓"以我观物，故物皆著我之色彩"，难以通过他人进行重复性的检验。另外，思辨研究主要依靠强大的感官和意识的力量，无须建立在直接观测的结果上便能对现象进行高度的概括，且思辨研究大多都依赖于灵感与顿悟，结果存在于潜意识或下意识之中而无须经历抽象的逻辑的过程。

表 6-1　科学研究与思辨研究

	科学研究	思辨研究
特性	客观性、实证性、规范性、概括性	主观性、思辨性、直觉性
思维方式	逻辑思维	非逻辑思维
工具	观测、试验、数据分析	图像、形状或形象
过程	归纳、演绎等抽象思维	直觉、感悟等形象思维

在厘清了科学研究与思辨研究的区别之后，我们想问，既然管理学不属于纯科学，那么管理研究在科学研究和思辨研究之间，身处什么样的地位呢？想要回答这个问题，就必须从管理学中人的特性说起。管理学假定人具备有限理性，每个人都具备不同的情感、偏好和价值观，因而在管理的过程和活动中遵循的是满意原则。因此，与管理相关的行为或活动既不是完全的理性，也不是完全的非理性。这就意味着，虽然科学的方法能够适用于管理学研究，管理学研究领域也可以建立起科学的规律、理论和原则，用科学的思想指导实践，但是管理学研究不尽于使用科学的方法，当把科学研究的方法运用于管理学研究时也会面临一定的局限性，因为管理研究者和研究对象皆为有限理性的主体，因而当我们试图用完全理性的方式控制、排除一切非理性因素时，管理学研究也就失去了意义与价值。因此，管理学研究既需要客观数据、定量分析、程序、规则和惯例等规范化的知识，也需要情感认知、感悟、直觉、判断等创造性知识。我们可以说，管理学研究既是一门科学，也是一门艺术。

如上所述，虽然管理学研究处于科学研究与思辨研究之间的地位，但是，管理学研究中有很大一部分的研究问题和领域都可以用科学的研究方法进行探索，因而应当被尽量地纳入科学的研究轨道中去。再者，对初入门的管理学研究者而言，若一开始便从事有关管理学的思辨性研究，因缺乏非一般的洞察力、敏锐度和直觉判断，研究就会如同缺乏地基而悬于半空中的楼房亭阁，脱离实际且失去价值。而科学研究是提升初入门的管理学研究者科学研究能力的重要方式，虽难以创造突破性的研究成果，却能够为管理学研究创造良好的研究开端。相较于思辨研究，科学研究方法更类似于"盲人摸象"，即我们只需要在确定研究问题的基础上，寻找相关理论支撑假设，舍弃部分特征因素，简化研究问题和情境，得到可质疑的片面的研究结果，因而更利于初入门的管理学研究者所掌握。鉴于研究方法的掌握能够为人们认识世界和改造世界提供与思考、行为、表述相关的途径、程序、方式和手段，以便系统地发现新知识，因此，学会灵活地使用管理学研究方法就如同配备了"盾牌与利剑"，有助于我们更好地探索管理对象的特征及其演变规律，以及探讨不同情境和条件下高效达成目标的方法。由于研究方法的总结重点在于总结规律，探讨如何开展科学研究以便能够让研究者遵循经验、少走弯路，因此，本书将侧重于讲述管理学研究中有关科学研究的方法类知识。

按照资料收集的方式来分，可以将管理研究分为定性研究和定量研究，而与之相对应的两个流派分别是解释主义流派（interpretism）和实证主义流派（empiricism）。解释主义着力于对客观事物及其现象做出解释和认识，而实证主义着力于探索客观事物及其现象的客观规律，即二者对于认识事物的本质持有不同的观点（本体论不同）。此外，定性研究和定量研究所遵循的认识世界的方法是不同的（即认知论不同），前者的直观表现就是用文本性质的描述性资料来揭示事物的本质，其逻辑本质更接近于归纳，目的是对事物的内涵、特点、意义、隐喻等进行描述和解释，有利于对复杂具体的问题、事件、情境、现象进行深入剖析和全方位的观察与描述，以开辟新领域，创造新知识；而后者的直观表现就是使用数据以研究事物的量，其逻辑本质更接近于演绎，目的是将问题、事件、情境、现象赋予数值内涵，通过数量化对其进行测量、计算，以便用数据验证理论和所提出的假设关系，有利于验证事物之间的相关和因果关系，并将结果从样本推广到更大范围的研究总体，提出行动建议和指南。鉴于管理活动本身就兼具"质"与"量"的特性，因而定性研究和定量研究必须"两手抓"才能更好地回答管理学研究中所面临的不同问题。通常，有关管理学的定性研究采用的研究方法为：案例研究法、文本分析法、扎根理论法、访谈法等，定量研究常采用的研究方法为：问卷调查法、实验研究法、二手数据法等。这些不同的研究方法拥有不同的基本特点、适用条件、使用规则、注意事项以及优点与局限。

6.3　案例研究法

案例研究是难度最高的科学研究方法之一（Yin，1989），然而，作为一种科学的研究方法，案例研究却被认为不像其他科学研究方法那样"令人满意"。究其原因有两个方面：一是由于人们的理解偏差所导致的误解（比如，混淆教学案例和研究案例的不同，认为案例仅适用于研究活动探索阶段等）；二是基于案例研究自身特点产生的偏见和疑虑（比如，需要投入太多时间、精力；对于过程的严密性和结果的客观性，人们难以达成共识等）。

在对"什么是案例研究"做出界定和讲述之前，我们先从人们的几个典型误解入手，说明"什么不是案例研究"。

误解一：案例研究就是写教学案例。本节所述的案例研究指的是研究案例而非教学案例。教学案例，顾名思义，就是在管理学教学中使用的案例材料。教学案例着重于"如何把故事讲好",因而教学案例在编写过程中,材料经过了精心的处理,使之具备可读性与启发性,从而能够"像读故事一样"激发读者阅读兴趣,引发教学中积极的思考与讨论,以受到启发。这对研究案例而言,是严格禁止的。每一个从事案例研究的学者都应该严守案例研究步骤,真实、客观、严谨、扎实地记录观察到的资料,呈现研究证据。

误解二:案例研究仅适用于研究活动探索阶段。该误解实则是一种对于各种研究方法和思路持有的等级性的观念,认为案例研究只是一种较为初级的研究方法,无法用于描述性研究或解释性研究。同种性质的误解还有:"调查法只适用于描述阶段""想要探索因果关系就只能采用实验法"等(Shavelson & Townes, 2002)。然而,事实上,我们应该以一种多元化的包容态度去看待案例研究,因为不仅仅有探索性案例研究,还有描述性案例研究和解释性案例研究(Allison & Zelikow, 1999;Yan & Gray, 1994)。各类研究方法并不具备等级性,更不应该依据等级性的观点来决定选用何种研究方法,研究方法的选取应当根据研究问题的类型,结合研究方法的使用条件来选择。

经过上述对于典型误解的剖析,我们对案例研究不是什么有了一个基本的认识,下面我们将讨论基于案例研究自身特点产生的误解和疑虑。

误解三:相较于其他科学研究方法,需要投入过多时间与精力,因为很多案例研究呈现的形式多为烦琐冗长的文字、纷繁复杂的图表,令人难以捉摸。这种"畏难情绪"也是众多初入门的管理学研究者对案例研究望而却步的重要原因,其实这种"畏难情绪"产生的原因就在于这些初入门的管理学研究者没有弄明白案例研究所遵循的结构和范式。实际上,研究案例的书写遵循着一定的结构与流程,如线性分析式结构(遵循研究问题或项目的顺序)、比较式结构(以不同视角对同一案例进行阐释)、时间顺序结构(依照事件发生的时间顺序进行阐释)、理论建构式结构(按照理论构建逻辑进行阐释)、悬念式结构(与线性分析式结构相反,在文章开头陈述结果)和混合式结构(不注重章节的顺序,但注重整体的完整性)。另外,案例研究的推进并不是随心所欲地进行,还需要遵循科学的流程。例如,Eisenhardt(1989)将通过案例研究以构建理论的流程分为了八个步骤,具体内容如表 6-2 所示。

表 6-2 案例研究的流程

步骤	活动	原因
1. 启动	确定研究问题 找出可能的前期构念	努力聚焦于研究问题 为构念测量打下更好的基础
2. 案例选择	进行研究设计,但不局限于理论与假设 聚焦于特定的群体 理论抽样而非随机抽样	保持理论弹性 约束外部的变异,提升外部适用性和推广度 聚焦于具有理论意义的案例(如选择那些能够增补理论类别的案例以对理论进行复制或延伸)

(续)

步骤	活动	原因
3. 选择研究工具和研究方法	采用多种方式收集数据 定性与定量数据相结合 配备多名研究人员	通过三角验证的方式强化研究基础 形成关于证据的综合性观点 产生多样化的观点与见解
4. 进入现场	反复进行数据收集与分析（包括现场笔记） 采用灵活多样、随机应变的数据收集方式	实时分析并及时对数据收集进行调整 允许研究人员更好地利用浮现的研究主题和独特的案例特点
5. 证据分析	进行案例内分析 利用多种技术寻求跨案例的共同模式	熟悉数据并进行初期理论建构 促使研究人员排除初始印象的干扰，通过多重视角寻找证据
6. 形成假设	针对每一个构念所得证据进行复核 横跨各案例进行逻辑复现，而非仅针对样本 寻求各个变量之间关系背后的原因	精炼相关构念的定义、信度和测量 证实、延伸、精炼理论，建立内部效度
7. 文献对话	与矛盾文献进行对比 与相似文献进行对比	构建内部效度，提升理论层次，精炼构念定义 提升类推和普遍性，改善构念定义，提升理论层次
8. 结束研究	尽可能地达到理论的饱和	当边际效用的提升空间越来越小时，选择结束研究进程

资料来源：Eisenhardt K M. Building Theories from Case Study Research[J]. Academy of Management Review, 1989, 14（4）: 532-550.

误解四：人们对于案例研究结果的客观性和过程的严密性难以达成共识。实际上，前述误解的深层次解读就是对于案例研究的科学性和案例研究的质量提出的疑虑。首先，就案例研究的科学性而言，我们提出，案例研究是一种科学的研究方法，或许人们会提出这样的质疑："你怎么能简简单单地通过单一案例就归纳出这个结论呢？"其实，人们对于其他科学研究方法也会提出相似的质疑，比如，人们会问，"你怎么能简简单单地通过一个实验就得出这个结论呢？"实际上，我们极少简简单单通过一个实验就有所科学发现，通常都是在不同情境和条件下实施一系列的实验才得出结论。那么，对案例研究而言，也可以依据同样的"原理"进行多案例的研究来使得众多案例之间取得相互的验证。实际上，案例研究的目标并非是统计学意义上的通过个数的列举来进行统计，而是通过归纳分析以归纳出具备理论色彩的结论，并非仅局限于某一个样本。再者，就案例研究的质量而言，遵循科学法则的案例研究依旧严守科学研究中所要求的有效性与可靠性。具体而言：

- 对构念效度来说，可以在资料收集阶段采用多元的证据来源，形成证据链，在报告撰写阶段要求证据的主要提供者审查、核实案例研究报告草案，以确保案例研究中的构念得到准确测量。
- 对内部效度来说，可以在证据分析阶段进行模式匹配，尝试进行解释建立，分析与之相对立的竞争性解释和使用逻辑模型等方式，以确保因变量的变化确实是由自变量的变化所引起的。
- 对外部效度来说，可以在研究设计阶段用理论来指导单案例的研究，并通过重复、复制的方法进行多案例的研究，以确保本案例研究结果对于其他类型案例的实用性以及结果和理论的类推能力与范围。
- 对信度而言，可以在资料收集阶段采用案例研究草案、建立案例研究数据库等方式来确保案例研究过程的可靠性和可重复性。

通过上面的学习，大家可以对"什么是案例研究"和"什么不是案例研究"有一个全面的认识和了解。表 6-3 针对案例研究的定义、特点、适用情境以及优缺点进行了简要的概括。

表 6-3　针对案例研究的简要概括

定义	案例研究是一种研究设计的逻辑，必须考虑情境与研究问题的契合性（Platt, 1992） 案例研究不仅是一种研究设计，也不仅是一种数据收集或数据分析方法；实际上，案例研究既是一种研究设计方法，也意味着独特的数据收集和分析技术（Yin, 1989）
特点	案例研究能够在原汁原味保留现实生活原貌、保持有意义特征的情况下，帮助全面了解复杂的社会现象
适用情境	当被研究现象发生在现实生活场景中，现象难以从背景中抽离时
优点	1. 与实验法相比，案例研究不试图控制变量，也不从仔细挑选的样本中收集数据，而是针对一个案例深入挖掘 2. 与调查法相比，案例研究能够对发生在这个案例周围的特定交互关系进行详细描述，从而更有助于背景的探索，加深了解程度 3. 有利于摆脱现有研究和过去经验的束缚，更有助于构建新的理论框架，能够更好地应用于全新的管理学研究领域
缺点	1. 相较于问卷调查法等使用统计抽样技术的研究方法，案例研究结论的推广性容易受到质疑 2. 案例研究的现象存在于整体的大环境中，研究范围的界定实属不易

6.4　实验研究法

说到实验研究，很多同学或是初入门的研究者可能会望文生义，心想："做实验不是很多自然科学学科的研究者才会做的事情吗？进行管理学研究为何需要每天像他们一样待在实验室里面做实验呢？"其实，对初入门的研究者而言，有这样的想法很正常。虽然近代科学的蓬勃发展很大程度上需要归功于实验研究法的发展，然而，如前所述，由于管理学自身并不是纯科学，其兼具科学与艺术的特性，因而在管理学领域实验研究法的运用不如其他科学研究方法（如问卷调查法、案例研究法、二手数据法等）普遍。

为了便于读者对实验研究法有个清晰的认识，本节先给出实验研究法的定义：实验研究是特意设计某些特殊的系统和流程，通过控制和观察操作变量之间的因果关系以得到具有明确意义的结论。因此，我们可以利用实验研究的方法进行审慎设计和有控制的实验来检验与操作变量和事物状态相联系的概念模型，可以定量地检验理论、假设和模型。实验必须经过审慎设计的原因在于，从实验中得出的结果和结论在很大程度上取决于实验设计中收集数据的方式。实验研究法的过程内涵图如图6-2所示。

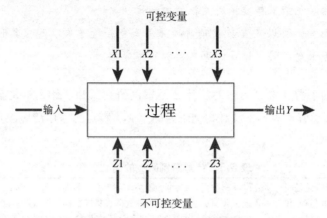

图6-2　实验研究法的过程内涵图

资料来源：Montgomery D C. Design and Analysis of Experiments [M]. John Wiley & Sons，2017.

我们可以将图6-2中的流程可视化为一系列操作、设备、人员、方法和其他资源的组合。在这个系统和流程的作用下，可以将一些输入变量转化、输出为一个或多个可观测到的响应变量。在这个过程中，还存在另外的一些过程变量，如X_1、X_2等，它们是可控的；还有一些过程变量，如Z_1、Z_2等，它们是不可控的（尽管对于本次实验而言，它们可能是可控的）。我们进行本次实验的目的就在于：

- 测定哪些变量对于输出的响应变量Y影响最大。
- 测定在何处设置影响变量能够使得响应变量Y几乎总是在期望的标准值附近。
- 测定在何处设置影响变量能够使得响应变量Y的变异性很小。
- 测定在何处设置影响变量能够使得不可控变量Z_1、Z_2等的影响最小。

在理解实验研究法的概念及原理之后，想要利用实验研究法做出一个好的研究还需依据特定研究需求和条件判断运用何种类型的实验研究法才能获得更好的实验结果。管理学研究领域常用的实验研究法大体上可以分为两种：现场研究（field experiment）和实验室研究（lab experiment）。具体来说，现场研究是指在自然环境下进行的有控制的实验。实验者需要在自然环境下操纵自变量以检验自变量的变化对因变量造成的影响，从而能够探究自变量与因变量之间的因果关系，但现场研究容易受到很多外部因素的干扰。例如，Gielnik等（2017）通过在肯尼亚某大学进行为期32个月的现场研究，证明了创业培训会在短期内激发创业激情进而促进个人创业，然而，想要长期性地保持创业培训之后的创业激情，需要创业者的自我效能发挥中介作用。该研究面临的一个潜在局限是研究的背景，即该研究是在肯尼亚的一所大学中进行的，而肯尼亚是一个低收入国家，人均国民总收入仅为 930 美元（相比之下，根据世界银行官方数据，2013 年美国的人均国民总收入为 53 670 美元），因此，在类似肯尼亚国家的这种情况下，民众创业率普遍偏高。通常，有超过 30% 的成年人口在类似肯尼亚这样的国家从事创业活动。从而，该项现场研究的研究背景可能会对创业激情的测量产生影响。与现场研究不同的是，实验室研究是在一个人造的环境中进行实验，实验室不仅仅是一种简单的研究环境，更是一种可以构造多种研究环境的媒体。实验室的独特之处就在于它的灵活性，即研究人员可以在实验室中控制外部因素，能够将外部因素对研究的影响降到最低，从而不仅便于进行变量的设置，而且便于研究人员根据不同的研究课题或目标采用不同的方法来设置合适的研究环境。表 6-4 针对实验室研究和现场研究的主要优势和劣势进行了对比。

表 6-4 实验研究和现场研究的主要优劣势对比

	实验室研究	现场研究
被试是否易察觉参与了实验	是	否
接近现实的程度	低	高
不相干因素干扰	少	多
检验因果关系的能力	好	低
实验花费	低	高
内部效度	高	低
外部效度	低	高

资料来源：陈晓萍，等. IACMR 组织与管理研究方法 [M]. 北京：北京大学出版社，2012.

表 6-4 通过对实验室研究和现场研究的对比分析，总结出了两种研究各自的优缺点。对实验室研究而言，其优势在于：因为研究人员可以对实验过程和因素进行有效的控制，因而受到不相干因素干扰较小，内部效度较高，检验因果关系的能力较强。对现场研究而言，其优势在于：因为现场研究发生于自然的状态之下，更接近现实的情境，被试不容易察觉到自己参与了实验，且现场研究测试的样本相对而言比较完备，因而具有较高的外部效度。

在理解了现场研究和实验室研究的区别和优劣势对比之后，我们知道了两种方法可谓是各有千秋，但是我们何时应该采取实验室研究，何时又该采用现场研究呢？本节给出了以下几种适合/不适合采用实验室研究的研究主题和研究目标。

（1）当一般性的或理论的研究目标是检验假设变量之间的因果关系，即研究的重点在于测定总体的抽象概念之间的因果关系时，适合采用实验室研究。因为该研究目标所追求的重点在于验证假设，证明变量之间的因果关系。若一种理论表明，在具备 X、Y、Z 的条件下，可以观察到 A 结果，那么我们能够通过实验室研究很好地建立起验证理论所需要的条件和证实预期的结果，至于这些条件是否也在实验室以外的"自然"条件下发生，对于测试和验证理论预期的有效性并不重要，因而更适合采用实验室研究。

（2）当研究需要了解在某种特定环境（不论这种环境是否在"自然"状态下存在）中可能发生的现象，需要去除很多在自然环境中存在和发生的可能会干扰预期现象结果的干扰因素，以测定产生某种预期现象结果的最低条件时，适合采用实验室研究。因为基于上述研究主题和目标，需要创造出一种理论假设所设定的环境，这些环境可能并不真实地存在于自然条件下，因而只能通过实验室研究来有目的和针对性地创建符合研究主题和目标的实验环境。

（3）当研究具有特定的目标，研究成果要应用于特定的具体的环境、人群和时间段时，不适合采用实验室研究。这种情况下，我们研究的关注点并不是一个一般性的理论，研究问题是针对特定的目标环境和人群的实质性细节，而在实验室中构造的环境很难与实验室之外的现实环境完全符合。

（4）当对因果关系进行检验时，某些类型的自变量受到现实制约和伦理限制无法在实验室中建立和控制，因而很难在实验室中进行研究，则不适合采用实验室研究。

（5）若研究主题需要设计社会关系的重要现象，且发生往往要持续几周、几月或是几年，则不适合采用实验室研究。

总的来说，当自变量可以控制、研究周期较短、研究环境对于研究所要检验的因果关系假设至关重要时，适合采用实验室研究。当研究结论用于特定目标的人群、自变量不可控制、自变量的变化需要较长的时间段时，适合采用现场研究。另外，为兼顾实验研究结论的内部效度和外部效度，克服真实管理决策情境与实验情境的差异，增强研究结论的可靠性，有学者在进行管理研究的过程中采用了实验室研究与现场研究相结合的方式，通过这种结合的方式可以先在实验室里对假设进行检验，以明确自变量和因变量的因果关系，然后在自然环境中用现场研究的方法再次进行实验，以检测这个假设的外部有效性。也有学者采取了实验室研究与访谈法、问卷调查法等非实验室研究方式相结合的方式，对比和验证多项研究结论，从而使得研究结论的有效性得到大幅提升，研究结论得以推广。

实验研究是研究人员通过操控自变量并控制外生变量，比较实验组和对照组的差异来获得研究结果的研究方法（Cook et al., 2002）。那么，进行一项**实验研究包含哪些主要的环节呢**？

一是研究环境的设置：在实验开始之前研究者需要给参与者提供一个有关实验背景的一般性介绍，目的是向参与者解释各种活动的总体框架以及实验的任务需求，提高参与者的热情和兴趣，同时避免参与者因不理解实验任务而按照自己的猜测解释实验过程。

二是变量的操控：变量是一个抽象的概念，需要将其转化为具体的可操作或观察的形式，只有将变量赋予了可操作定义才能保障实验研究的可复制性。另外，实验研究要尽量避免把实验参与者按照某种条件进行分组，要保证参与者被分配到各个实验组的机会是均等的、随机的。保证实验的可复制性和随机性是实验研究的基石。

三是操作控制的检查：操作控制检查是为了评价操作控制是否对参与者产生了预期的影响。若没有操作控制检查，在因变量未出现预期反应时，研究人员无法辨别是操作控制未能对研究对象产生影响，还是操作控制有效但自变量不能对因变量产生影响。

四是因变量的测度：实验研究中因变量变化的测度可以采取自我报告式和非自我报告式。前者可以通过问卷或访谈让实验参与者自己报告他们的判断和评价，后者不依赖于参与者的自我描述，而是通过观察他们完成各种任务时的表现来衡量其心理状态。

五是实验结束后的谈话：通过实验结束之后与参与者的谈话可以了解参与者是否真正理解了要他们做的事情，是否严格准确地按照要求进行等。对于某些采用了"欺骗手段"的实验，实验结束后应向参与者做出必要的解释。

最后，本节对实验研究法的优缺点进行总结（见表 6-5）。

表 6-5　实验研究法的优缺点

优点	1. 便于寻求因果关系：因为实验研究可以通过对其他条件的控制使自变量发挥的作用独立出来，以判断自变量与因变量之间有多大程度的因果关系 2. 可控性强：为了验证变量之间的因果关系，实验研究需要对其他因素进行严格的控制，以确保实验在一种"纯化"的条件下进行 3. 相对容易复制且费用较低
缺点	1. 受实验人员的影响较大：参加实验本身就是一项社会活动，这一活动本身就影响了被试，使得他们与平时的行为表现有差异 2. 现实性不强：因为实验是在"纯化"的状态下进行的，现实生活中各因素相互影响、错综复杂，因而实验控制越严苛，现实性就越弱 3. 伦理和法律的限制：只要实验对象是人，便要受到伦理道德的约束。社会学家孔德就主张间接实验，而不主张直接实验

6.5　问卷调查法

问卷调查法是在管理研究领域中使用最为普遍的一种定量研究方法，此法源自心理学研究，后逐渐应用于社会学、管理学以及医学研究等领域。首先，我们需要给出问卷调查法的**定义**，以便读者对于此法有个初步的认识和掌握。

问卷调查法就是运用标准化、结构化的问卷向选取的某社会群体的对象样本提出问询，并通过对所获得的资料进行统计分析，进而辨析和认识总体状况以及规律的研究方法。

由定义可知，使用问卷调查的**一般程序**如下：

- 明确问题。
- 问卷设计。
- 抽样设计。
- 调研实施。
- 回收和审查问卷。
- 调查结果统计分析。
- 撰写报告。

问卷调查法是实地研究中最为经济的收集数据的方法，具有较大的成本优势，若运用得当，能够快速且高效地帮助进行数据的收集。实地研究中的问卷调查法遵循**三个基本假设**：大多数问卷调查的参与者能够认真仔细阅读问卷内容；大多数问卷调查的参与者有能力理解问卷内容；大多数问卷调查的参与者会真实坦诚地填写问卷内容。

下面将着重介绍问卷调查实施程序中的关键的问卷设计阶段，因为一份好的调查问卷是问卷调查质量的重要保证，而问卷设计的关键就在于量表的选择或开发。

首要的是量表的选择。管理学及相关学科心理学、社会学等研究领域可谓是硕果累累，无数研究者致力于实证研究，使得资源库不断拓宽并加深，因而，有大量的成熟量表可以供研究者参考、选择和借鉴。那么，怎么判断我们所搜寻到的量表是可供选择的成熟量表呢？再者是量表的开发。当现有量表不能满足现有研究的需要，或是当研究的目的在于测试某一源自西方的概念的跨文化应用性，又或是研究的目的在于开发新的概念或量表（以设计量表为研究目的）时，都需要我们尝试着进行量表的开发。那么，如何判断我们自己开发出来的量表具备科学性呢？下面给出了两条**判断量表是否具备有效性和可靠性的参考标准**。

1. 选择具有较高信度和效度的量表

信度和效度对于研究结果具有重要意义，信度反映了研究结果的稳定性问题，效度反映了研究结果的准确性问题。当一份量表不断重复地被不同国籍的研究人员运用于不同研究情境中的不同研究对象时，有利于增加该量表的成熟性。这样，该量表的反复运用便代表了能够准确地反映其所测度构念的内涵，也证实了该量表能够稳定地反映所测构念的内涵。那么，究竟有哪些指标能够更加直观地用于衡量量表的好坏呢？用于衡量量表效度的证据主要有：内容效度（content/face validity）、内部结构效度（internal structure validity）、区分效度（discriminant validity）和收敛效度（convergent validity）；用于衡量量表信度的证据主要有：内部一致性信度（internal consistency reliability）、重测信度（test-retest reliability）。具体如表6-6所示。

表 6-6　衡量量表效度和信度的证据

效度和信度	含义	检验方法	具体操作
内容效度	1. 反映了测量内容能否充分且准确地表达所需测量的构念 2. 反映了所有测量题项中的内容分配比例能否准确反映所需测量的构念之中各个成分的重要性 3. 问卷的遣词造句是否合适，是否符合被调查者的语言习惯和文化背景	逻辑分析法、专家判断	邀请同领域的专家学者对量表的每一项测量指标进行主观判断，针对有争议的地方进行进一步讨论并最终达成一致
内部结构效度	用测量工具得到的数据结构（即构念的维度是一维还是多维，构念的每个维度下包含哪些指标等）是否符合我们预期的构念结构	因子分析	当我们不清楚构念背后具备哪些结构时，用探索性因子分析 当我们想要检验一下构念背后的结构是否符合我们的预期时，用验证性因子分析
区分效度	一个测量不会与代表其他构念的测量强相关	多质多法矩阵	具有不同特质的构念测得数值之间的相关系数比较小
收敛效度	一个测量会与代表同样构念的测量强相关	多质多法矩阵	用不同方法（如问卷或观察、自评或他评）测量具有同一特质的构念测得数值之间的相关系数比较大
内部一致性信度	用于评价量表内部各个指标之间一致性的程度	Cronbach α（α 系数）	Cronbach $\alpha > 0.7$
重测信度	用于考察同一个量表在不同时间的稳定性		同一份问卷，同一批人，时间不同，测两次，如果构念的数值在这个事件内没有发生改变，则两次测量的不同就只是随机误差所导致的

2. 使用高质量的国际权威期刊上的量表

国际权威期刊相较于普通期刊而言，具有更大的影响力，对论文质量要求更严格且发表难度更大，对于研究人员的科研水平和科研能力也要求更高。因此，想要在管理学顶级期刊（如 *Journal of Management, Academy of Management Journal, Strategic Management Journal, Administrative Science Quarterly* 等）上发表论文就必须具备详尽扎实的实地研究基础，必须利用具备可靠性和可信性的量表。反过来，鉴于高质量的国际权威期刊具备较高的影响因子（impact factor），相较于普通期刊而言具有更高的权威性，这也无形之中增加了发表于国际权威期刊上的文章所用量表的权威性，因而更容易被同行认可。

如前所述，调查问卷中量表的来源主要有两个，一是沿用现有量表，二是自行开发量表。鉴于沿用现有量表需要面临文化差异性的影响、语言表达差异性的影响以及时代背景差异性的影响，因此学会自行开发量表就显得尤为重要。**量表开发流程**如图 6-3 所示。

（1）构念说明。鉴于管理科学实际上就是用抽象的构念把管理现象理论化，而构念就是为了研究管理现象而发展出来的抽象概念，因此，构念说明就是为了阐明研究现象的核心特征，明确理论的边界。想要说明所测构念，应当关注四个方面的特征：

- 所测构念与相近构念的差异。
- 确认理论构念层次（个体层次、团队/群体层次、公司层次）。
- 确认构念的内部成分（单维度 vs. 多维度）。
- 说明构念主要的前因、相关与后果。

（2）产生测量指标。初始测量指标来源可分为两个渠道：一是通过焦点小组或深度访谈，从各个层面汲取题项以产生一手的测量指标；二是在现有研究中甄选相近或者类似的题项以产生二手的测量指标。无论是采用何种方式设计初始测量指标，都建议这些初始测量指标具备广泛的内容、宽泛的范围，不遵循一定的主线以及要求研究者勤于归纳总结。

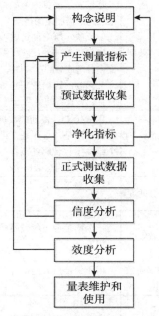

图 6-3 量表开发流程

资料来源：Churchill Jr G A. A Paradigm for Developing Better Measures of Marketing Constructs[J]. Journal of Marketing Research，1979.

（3）预试数据收集。预试数据多使用判断性抽样或者便利性抽样，建立一个小型样本，这样做的目的是删除不良题项，建立正式量表。其中，判断抽样（judgement sampling）是指根据研究人员的需要或方便，依其主观的判断有意抽取研究所需样本；便利性抽样（convenience sampling）是指根据方便性原则抽取所需样本。预试数据收集阶段，样本的数量以问卷中包含最多题项分量表的题项数的 3～5 倍为原则。

（4）净化指标（项目分析）。可以采用两种方式进行指标的净化：一是定性的方法，即采用内容效度检验，邀请同领域的教授和博士生或业界经理朋友参与，力求语义简洁和无歧义。二是定量的方法，如经校正的题总相关净化（CITC 净化）、量表信度净化、探索性因子分析（EFA）等方法。

（5）正式测试数据收集。经过预测试，调整初步编写的题项内容及删除不良的题项之后，正式量表得以确定，研究者选取具有代表性的样本，进行正式测试。正式测试的目的在于进行信效度的评估，决定一个测验量表的整体可用程度，并测试该量表和其他构念之间的关系。

（6）信度分析。信度和效度的关系：没有信度就没有效度，有信度也不一定有效度。信度是效度的前提，效度是信度的保证。

（7）效度分析。进行内容（content）效度、效标（criterion-related）效度、收敛效度、区分效度等分析。

（8）量表维护和使用。这是测验发展的最后一个步骤，进行量表的持续研究与维护工作，以提高量表的实用性。除了编制各种参考手册，正式出版之外，研究者还需将研究结果发表在学术会议或学术期刊上，与其他研究者进行讨论。

在对量表的选择和量表的开发有了一个完整的了解之后，我们还需明白，一份完整的、严谨的、结构性的调查问卷仅仅拥有量表是远远不够的，还需要对一整份**问卷的结构安排和主要内容**有一个充分的了解。<u>一份完整的问卷通常包括封面信、指导语、问题和答案、编码等</u>。

封面信又称卷首语，主要包含调查者的自我介绍、情况说明、调研目的、调研价值、不会带来利益损失和隐私泄露的声明、祝福语、署名、联系方式等。图 6-4 为一份调查问卷的封面信示例。

> 尊敬的企业高管：
>   您好！我们是××大学管理学院的研究人员，本次调查主要针对创业导向与双元创新之间的关系进行深入细致的调研。感谢您在百忙之中惠赐宝贵意见，以完成这份重要的问卷。
>
>   学术研究应当以实践为基础，源于实践关指导实践，这样才能发现其应用价值！本次调研的最终成果将与企业共享，争取使企业受益。我们对您的真诚合作致以衷心的感谢。**我们郑重承诺，您所填写的所有内容均只用于纯粹的学术研究，并严格保密，绝不对外公开，若违反，我们愿承担法律责任**。请您仔细阅读问题及说明后做出选择。
>
>   敬祝
>   商祺
>
>   ××大学课题研究小组
>   联系电话：×××××××
>   E-mail：×××××

图 6-4　调查问卷的封面信示例

指导语的作用在于指导问卷填答者正确填答问卷，解释问卷中复杂难懂的问题或概念并做出填答的规范示例。

问题和答案是问卷的主体部分。问题可以分为开放式问题和封闭式问题。开放式问题是没有标准答案的问题，比如，"您认为是什么因素导致了企业实施创业导向？"封闭式问题是具有若干答案可供选择的问题，比如，"您所在企业员工人数是多少？a.50 人以下；b.51～100 人；c.100 人以上。"在答案中，为了更好地测量研究问题和构念，常常需要包含量表。

编码就是对于问卷设计的问题和答案用代码表示，从而有助于研究者更方便地对问卷答案进行统计录入和分析。

最后，本节将针对问卷调查法的定义、一般程序、特点、优点和缺点进行总结（见

表 6-7）。

表 6-7　针对问卷调查法的简要概括

定义	问卷调查法就是运用标准化、结构化的问卷向选取的某社会群体的对象样本提出问询，并通过对所获得的资料进行统计分析，进而辨析和认识总体状况以及规律的研究方法
一般程序	明确问题，问卷设计，抽样设计，调研实施，回收和审查问卷，调查结果统计分析，撰写报告
特点	1. 采用问询方法获得资料（书面、自填或口头、代填） 2. 采用特定工具，标准化、结构化的问题 3. 一般需抽样，尽量随机化，数量较大 4. 所得资料需做量化处理，常借助计算机软件
优点	1. 较高效、低成本地描述大样本特征 2. 较好的匿名性，能够获得较客观真实的资料 3. 标准化，能够尽量避免人为偏误 4. 信息编码、分析及解释相对简单
缺点	1. 回复率和质量有时难以保证，因为问卷填答者有时候会不合作、无法回答、不愿回答或草草作答 2. 对调查设计尤其是问卷设计的要求高 3. 对情境因素和深层次心理因素的揭示能力有限 4. 缺乏弹性，标准化、结构化导致削足适履（肤浅），不能灵活调整

6.6　二手数据法

密歇根大学的谢宇教授在"漫谈定量与定性研究方法"的座谈会上指出，美国的数据是公开的，各大学的所有学生不是自己搞调查，而是用以前人家做好的调查，再做一些细化的东西。然而，这些数据在中国还没有成体系，所以学生自己收集数据经常是不可能的事情。这里就引出了有关一手数据和二手数据的问题。在我们管理学研究的实践中，可以清楚地感知到：越是宏观的管理研究，就越难通过问卷调查等方式收集数据。一方面，当这类研究需要涉及企业战略、决策、行为以及高层领导团队等方面的问题，问卷填答者需要是企业中高层管理团队以上级别的人员，只有他们才能对我们的研究问题做出清晰明确的回复，而企业基层或中层员工对于企业战略、决策等较为宏观的因素知晓能力有限。但是我们作为学生，通过自己有限的社会网络关系很难与这些企业高层人员取得联系。另一方面，即使通过政府部门或相关人员的关系与企业取得联系，大多数中国企业对于学术研究的配合度较低，积极性也不高，很难保证问卷的及时回复，纵使收到了回复的问卷，其填答质量也不高。因此，高质量的一手问卷数据对学生而言获取不易。如前所述，虽然国内二手数据来源渠道和质量与国外相比具有一定的差距，但仍不乏许多珍贵丰富的二手数据正等待着管理研究人员去挖掘与开采，对某些研究而言，二手数据拥有着比一手数据更大的使用价值和优越性。本节首先对一手数据和二手数据进行一个简要的对比（见表 6-8），以帮助读者更清楚地理解二手数据的内涵与特点。

表 6-8　一手数据与二手数据的对比

	一手数据	二手数据
内涵	研究者为解决当前研究问题这一特定的目的而获取的原始资料	他人或机构为了别的目的在先前收集整理的资料（如统计报告、行业市场报告、账目等）
特点	1. 获取成本较高 2. 收集时间较长 3. 数据收集的过程中通常需要与研究对象发生直接接触 4. 数据所有权归研究者所用	1. 获取成本较低 2. 收集时间较短 3. 数据收集的过程中通常不需要与研究对象发生直接调研接触 4. 数据来自于公共或公开渠道

在组织和管理研究领域，二手数据的使用可以说是非常普遍，二手数据对学术研究也有重要贡献。因此，有必要对二手数据的来源和分类等问题有一个完整的了解。

6.6.1　二手数据的来源和分类

按来源分类，二手数据分为内部二手数据和外部二手数据。其中，内部二手数据是在所研究的组织内部产生或已经存在的资料，在此基础上我们又可以将其分为直接可用的内部二手数据（如制度文件、调研报告、销售报告、财务报告、会计账目等）和需要整理的内部二手数据（如采购、销售、财务初始凭证等）。内部二手数据具备可获得性和低成本性两个最为突出的优点。

外部二手数据可以分为公开发行类数据和有偿信息服务类数据。其中公开发行类数据指的是那些可以从政府部门及其他实体（如贸易协会等）处获得的公开出版的数据。在此基础上，公开发行类数据又可以分为政府数据和普通商业数据。其中，政府数据包含普查数据（如人口普查、经济普查、工业普查、农业普查等）和其他政府数据（如统计数据和统计年鉴数据等）。有偿信息服务类数据是指除了政府提供的大量二手数据之外的普通商业用途数据（如数据库、研究报告等）。

6.6.2　二手数据质量评价标准

如表 6-9 所示，二手数据质量的评价可以从研究目的、研究内容、研究方法、数据来源和研究时间这五个方面进行。

表 6-9　二手数据质量评价标准

评价标准	考察要点	具体说明
1. 研究目的	为什么要收集这些数据	数据收集的目的要与研究目的相关
2. 研究内容	研究问题、关键变量、研究单位	数据收集与手头研究问题的需求和覆盖范围一致
3. 研究方法	数据收集方法、抽样方法	数据的收集和处理的规范性与可靠性能够保证研究结论的有效性
4. 数据来源	数据收集者的专业水平、数据发布者的专业资质	能够保障数据来源的可靠性
5. 研究时间	数据是否陈旧过时	数据越新，时效性越强

6.6.3 组织管理研究中二手数据的使用形式

组织管理研究中二手数据的使用形式可以分为两种：一是作为研究中主要的数据来源，比如，案例研究方法中将二手数据作为研究数据的主要来源，在实证研究中利用较大规模的二手数据进行理论与假设的验证。二是作为研究中辅助的数据来源，比如，帮助理解研究问题及其现实背景，作为问卷数据的补充性信息，决定抽样计划的依据，提供形成假设和寻找答案的思路等。

6.6.4 二手数据的优缺点评价

二手数据的优缺点评价如表 6-10 所示。

表 6-10 二手数据的优缺点评价

优点	1. 可充分利用现成资料，快捷、便利、成本低 2. 尤其适合纵向研究和比较研究 3. 通常具备较高的客观性 4. 具有高估的可复制性
缺点	1. 二手资料和调查目的往往不太吻合，因而可能不完全适用 2. 资料可能陈旧过时 3. 对调查人员理论知识、专业技能要求高 4. 质量参差不齐，难以核实资料准确度

6.7 文本分析法

文本分析是一种定性和定量相结合的内容分析方法，最初应用于情报学和信息科学，后来逐渐发展成为现代社会科学领域的重要研究方法。在中国，文本分析方法也在管理学科得到广泛应用，例如在企业管理领域，其通常作为重要工具用来分析企业文件以获得管理者的知觉重点（Morris，1994）。

通常意义上，文本是指具有完整、系统含义的一个句子或多个句子的组合。一个文本可以是一个句子、一个段落或者一个篇章。而**文本分析是指**对客观文本信息的检索、诠释、挖掘、归纳、分类、量化、特征抽取等一系列研究活动。可以将**文本分析法分类**为质性文本分析法和量化文本分析法两种。其中，质性文本分析法包括诠释性文本研究、阐释学、扎根理论等方法。量化文本分析法是将文字转化为数字，包括字数统计、词频和词语组合的统计分析等。

首先，我们介绍质性文本分析法。**质性文本分析法的方法论基础**是阐释学与扎根理论。阐释学是诠释的艺术，是解释和理解书面文本的方法哲学。阐释学是一种以理解与诠释为依据的截然不同的方法论基础，要理解文本，研究者必须有一些先前的假设和理解，在阅读文本过程中要保持开放的态度，多次循环地阅读整个或部分文本。扎根理论最初是一种归纳法，扎根理论在发展和改进过程中，逐渐形成了构建类目和编码过程两大核心。在社会科学领域，类目指的是进行分类的结果；编码指的是将文本数据中的具体现象归类到符码中。编码的类型主要有三大类：开放式编码、轴向编码和选择性编码。开放式编码就是从研究、比较、概念化到给数据编类目的过程，研究者要仔细地分析数据，形成初步的概念及相应的概念维度；轴向编码关注具体的类目以及它与其他类目之间的联系，分析类目的联系可以从现象、因果条件、情境、干预条件、行为策略、结果等模式入手。在轴向编码中，研究者每一次只对一个类目进行深度分析，围绕着这一个类目寻找相关联系，因此称之为"轴向"；选择性编码是选择核心类目，系统化地将所有其他类目与该核心类目建立联系，并实证这些联系，补充那些需要进一步发展和修订的类目的过程，该阶段的编码过程整合了之前所有的分析工作。

质性文本分析法的一般过程如图6-5所示。在开始分析文本之前，需要回顾自己经验研究的目的，需要明白自己究竟想发现什么，关注点是什么，想研究什么关联性，就这些关联性自己有哪些初步的设想。质性文本分析法的第一步大多是阐释性的，需要仔细阅读文本，努力去解读文本，识别文本的结构，关注文本总体进展方式。对文本中出现的任何特殊情况或阅读中出现的任何想法，要记录在备忘录中。在建构类目时，使用的主要方法有归纳式类目建构、演绎式类目建构和混合方法类目建构。在建构类目后，需要对研究的文本进行编码、分析，并对最终研究结果进行呈现。

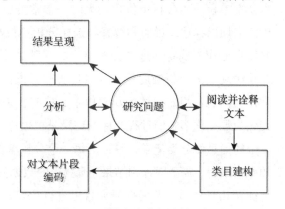

图6-5 质性文本分析法的一般过程

20世纪80年代以来，定性分析过程的数字化和计算机化已经成为一个不可逆转的大趋势（Dohan et al.，1998）。QDA（qualitative data analysis）计算机程序已经被相当标准化地运用到质性研究中。在过去20多年里，计算机辅助质性数据分析已经成为社会科学方法论发展中最具创造性的一个领域。与传统的使用纸和笔的人工方法相比，使用**计算机辅助质性数据分析进行文本分析的优势在于**：研究者既与原始数据保持了联系，又不用浏览几百页的文本来搜索某个文本段，可以轻松地对符码、概念和类目出现在文本中的频率进行概览，也可以编码和检索文本，为质性数据创建主题类目或可视化图表。例如，在文本主题分析时，可以使用QDA软件的高亮文本段，并加以编码、自动搜索词语、写备忘录和评论、建立链接等功能初步分析文本和构建主题类目。**常用的计算机辅助质性数据分析软件**有：MaxQDA、Nvivo、Atlas.ti、Kwalitan、Antconc等。

如上所述，质性文本分析法着重于研究文本信息的相关意义，而量化文本分析法则侧重于计算文本信息特殊变量出现的频率与结构，通常会有系统地使用数字来代表信息的意义，并引用统计来分析测量过程所收集到的文本信息数据，然后来描述与推论管理学行为。**量化文本分析法的一般步骤为：**

- 确定研究目标和问题。
- 决定研究总体、样本和分析单位。
- 设计分析维度及体系。
- 抽样和量化处理。
- 进行评判记录。
- 统计处理分析和结论。

具体来说，分析单位是指在内容分析法中描述或解释研究对象时，所使用的最小、最基本单位。当分析单位比较大时，常常需要选择一些与其有关的中、小层次的分析单位来加以描述、说明和解释。选择分析单位与具体的研究目标、研究总体密切相关，并以它们作为确定和选择分析单位的基础。设计分析维度、类别有两种基本方法：一是采用现成的分析维度系统；二是研究者根据研究目标自行设计。抽样工作包括两个方面的内容：界定总体；从总体中抽取有代表性的样本。量化处理是把样本从形式上转化为数据化形式的过程。评判记录是根据已确定的分析维度（类目）和分析单位对样本中的信息做分类记录，登记下每一个分析单位中分析维度（类目）是否存在和出现的频率。最后，需要对评判结果（所获得的数据）进行统计处理。描述各分析维度（类目）特征及相互关系，并根据研究目标进行比较，得出关于研究对象的趋势或特征或异同点等方面的结论。

对比其他管理研究方法，**文本分析法的优缺点**如表 6-11 所示。

表 6-11　文本分析法的优缺点

优点	解释
1. 结构化研究	文本分析法目标明确，对分析过程高度控制，所有的参与者按照事先安排的方法、程序操作执行，结构化的最大优点是结果便于量化与统计分析，便于用计算机模拟与处理相关数据
2. 非接触研究	文本分析不以人为对象而以事物为对象，研究者与被研究事物之间没有任何互动，被研究的事物也不会对研究者做出反应，研究者主观态度不易干扰研究对象，这种非接触研究较接触研究的效度高
3. 定性与定量结合	这是文本分析法最根本的优点，它以定性研究为前提，找出能反映文献内容的一定本质的量的特征，并将它转化为定量的数据。但定量数据只不过把定性分析已经确定的关系性质转化成数学语言，不管数据多么完美无缺，仅是对事物现象方面的认识，不能取代定性研究。因此这种优点能够达到对文献内容所反映"质"的更深刻、更精确、更全面的认识，得出科学、完整、符合事实的结论，获得一般从定性分析中难以找到的联系和规律

(续)

优点	解释
4. 揭示文献的隐形内容	文本分析法可以揭示文献内容的本质，查明几年来某专题的客观事实和变化趋势，追溯学术发展的轨迹，描述学术发展的历程，依据标准鉴别文献内容的优劣
缺点	解释
1. 对研究人员要求高	研究人员需要经过专业的培训，且需要两个以上的研究人员同时进行工作以确保译码的有效性。且有时统计量较大，对研究人员的时间和精力提出了较高的要求
2. 无法摆脱主观性的干扰	计量的字数和篇幅会受到研究人员的主观因素影响；在类目建构中也可能受到一些主观因素的影响，有可能使类目不够准确、客观和公正，由此导致研究成果的不精准

6.8 基于研究方法的撰写示例与技巧

本节以《高科技 R&D 项目中的知识创造管理：一个多方法研究》为例，介绍基于研究方法的论文撰写及技巧。

6.8.1 第一阶段：案例研究法

1. 研究问题

高科技组织的 R&D 项目汇集了多种知识领域，以快速开发新产品和新工艺。高科技组织所处的快节奏环境使创造新知识和解决复杂问题变得具有挑战性。因此，该研究需要探索为实现 R&D 项目的目标所需要创建的知识机制和类型。第一阶段研究方法采用的是案例研究法，所研究的问题是：在高科技组织的 R&D 项目中创建了哪些类型的知识？这些企业的 R&D 项目中的知识创造机制是什么？

2. 案例选择

当现有的理论未能很好地阐述、难以进行假设检验时，案例研究可被用于进行理论完善。因此，该研究的第一阶段使用从四个高科技业务单元收集到的案例数据来了解非常规高科技 R&D 组织中的知识创造。该研究的分析在案例数据和现存文献之间进行迭代，以帮助理解在高科技组织 R&D 项目中进行知识创造所需的知识类型和机制。该研究选择了两个高科技组织（企业 A 和 B）中的四个业务单元（个人计算机、医疗设备、电子器件和政府网络）。所有这些业务单元都能在快节奏的环境中工作，其特点是减少了产品、工艺的生命周期和激烈的竞争。快节奏的环境设置为 R&D 项目提供了独特的环境。这些组织需要快速汇集各种各样的知识来解决复杂的问题。因此，它们是能够回答研究者问题的合适对象。

3. 资料搜集

该研究从四个业务单元中的 R&D 区域抽样出了六个 R&D 项目，包括个人计算机（R&D1, R&D2）、医疗设备（R&D3）、电子器件（R&D4, R&D5）和政府网络

（R&D6）。数据收集从 2007 年 11 月开始（对个人计算机），于 2009 年 2 月结束，并对所有四个业务单元进行反馈。抽样的六个项目涉及开发新产品、新工艺或新技术。它们在项目绩效上也有所不同（如时间延迟、预算问题、成功程度等）。四个研究现场的数据包括半结构型访谈、项目团队会议期间的观察、项目报告、阶段性文件、内部审查委员会报告、创新宴会/庆祝视频以及其他档案材料。总体而言，研究人员与项目团队成员（58 个受访者）和项目负责人（6 名受访者）进行了 16 次半结构型访谈。所有访谈持续 1～2 个小时，访谈包含开放式问题。对项目负责人和项目组成员使用了单独访谈。访谈内容包括：知识创造、团队特征、项目活动、环境、项目背景和项目成果等开放式问题。除六个 R&D 项目外，还分三个阶段与高层管理人员进行了 20 次战略层面的访谈，其中包括首席执行官、首席技术官、首席质量官、副总裁和董事。这些访谈侧重于理解这些单元内部更广泛的组织背景（如奖励、资深管理层等）。

4. 资料分析

该研究进行了结构化的定性数据分析以理解案例数据中出现的主题。例如，首先研究小组举行多轮会议来讨论实地考察的结果。这些描述被用来为编码过程提供最初的主题。三名研究人员和两名助理使用 NVIVO 8 对数据进行了编码。参与编码的评定者一致性系数平均值为 0.92。与定性数据分析一致，该研究进行了案例内分析以确定数据中的独特模式。接下来进行了跨案例比较，研究人员检查了各业务单元的项目数据，对各单元的相似性和差异性进行了分类。

5. 信度和效度

在该研究中，无论是数据的搜集还是数据的编码与分析，研究者都依赖三角验证来提升资料的准确度和分析的严谨度。数据源包括访谈数据与档案文件，而编码与分析则透过信息提供人与研究者的符合，确保一致性与准确度。

6. 研究结果

跨案例分析得出的共同点为：项目领导和项目团队成员重视从项目中产生的外显或客观知识，也重视项目期间使用的直观知识。跨案例分析进一步表明，R&D 项目团队的团队多样性以及心理安全环境有助于产生客观和直观的知识。如图 6-6 所示，该研究从实地观察、现有理论和定性数据分析三个方面得出了理论框架。研

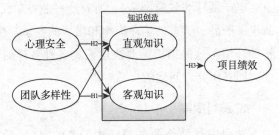

图 6-6　研究框架

究发现，高科技组织的 R&D 项目得益于产生客观和直观的知识。一般来说，团队多样性通过汇集不同的知识来鼓励差异化，心理安全的团队环境支持这些知识领域的整合。虽然案例研究发现了项目团队多样性和心理安全感是创造知识的关键机制，但是下一步仍需要通过大规模的数据收集来验证这个框架。

6.8.2 第二阶段：问卷调查法

1. 研究方法选择与研究问题的匹配

鉴于需要通过大规模的数据收集来测试第一阶段提出的框架，这里采用问卷调查法，目的是基于对 R&D 项目中创建的知识类型和知识创造的机制形成概念性理解以及现有知识管理文献的理论框架，测试和完善案例研究法所开发的框架。上一阶段提出的三条假设如下。

- H1：R&D 项目团队多样性水平越高，知识创造（"客观"和"直观"知识）水平也就越高。
- H2：R&D 项目团队中，心理安全感水平越高，知识创造（"客观"和"直观"知识）水平也就越高。
- H3：R&D 项目团队中，知识创造（"客观"和"直观"知识）水平越高，项目绩效也就越高。

2. 样本与数据收集

该研究提出的三个假设是通过 34 个高科技业务单元收集的 110 个 R&D 项目的主要调查数据检验的。研究人员将数据收集限制在快速变动更新行业的业务单元中，在这样的单元中，R&D 项目需要快速创造新的知识以解决复杂问题。每个研发项目至少有两个合作者：一个项目领导和至少一个项目团队成员。数据收集工作是在 2008 年 1 月至 2009 年 3 月之间进行的，其中，大多数数据是在 2008 年 3 月到 2008 年 8 月之间收集的。

3. 变量内涵度量

（1）因变量。

项目绩效：项目绩效评估，由项目领导利用李克特七级量表来评估项目对进度、预算、质量、技术性能和总体满意度的遵守情况（1=非常糟糕，7=非常好）。

（2）中介变量。

客观知识：这个量表测度在项目工作中收获客观知识的程度。这个量表是在 Chilton 和 HealthGoad（2008）量表基础上改编得来的。

直观知识：这个量表测度在项目工作中使用或获取经验或直觉的程度。

（3）自变量。

心理安全感：这个量表测度项目团队成员公开讨论问题和议题、承担风险和创造性的能力。它来自于 Edmondson（1999）。

团队多样性：这个量表测度项目团队成员在公司任期、教育、年龄和职能背景方面的多样性程度。这个量表的题项是根据 Jehn 等（1999）的量表改编而来的。

（4）控制变量。

先前的研究已确定了可能影响知识创造和项目绩效的因素，因而在分析中将控制这些变量效应。

团队自治：研究发现，具有较高自主决策水平的团队拥有更高的绩效。项目团队成员使用李克特五级量表回答团队自治问题。

项目领导风格：先前研究强调变革型项目领导对创新的重要性。变革型领导的特征体现在通过马上做、挑战现有假设及创造一种环境等促进项目团队成员的创造性思维。使用改编后的 Vera 和 Crossan（2004）的李克特五级量表测度团队成员对项目领导风格的回应。

项目激励：项目领导使用的激励措施会影响 R&D 项目的绩效。

项目目标：项目目标也会影响知识创造和 R&D 项目的绩效，该量表借鉴 He 和 Wang（2004）的研究。

团队规模：团队规模以项目领导报告的项目中全职团队工作成员的数量来测度。

项目工期：项目工期是指项目领导报告的以月为单位的项目长度。越长的项目需要的时间、精力和资源越多。这个变量是一个有序的分类变量（1= 少于 1 年，2=1～5 年，3= 大于 5 年）。

团队稳定性：研究发现，R&D 项目中团队成员的稳定性会影响知识创造和项目绩效。可以使用改编自 Narayanan 等（2011）研究的两个题项的量表来测量团队稳定性。

项目复杂性：一般的团队项目和特殊的 R&D 项目的绩效会受到项目复杂性的影响。

4. 信效度检验

文章通过实施验证性因子分析（CFA），发现具备良好的收敛效度和区分效度，并且所有构念的组合信度均高于标准值。分析结果表明，用于测量理论结构的量表是可靠且有效的。

5. 实证分析及结果

首先给出研究变量的汇总统计和成对相关性结果。所有估计模型的方差膨胀因子均低于可接受的极限值 3。另外，该研究使用了 Huber-White Sandwich Estimator 以减少潜在的共线性问题。接着，层次回归结果表明，团队多样性只与客观知识积极相关，以及心理安全感只与直观知识正相关，客观知识和直观知识均与项目绩效显著正相关。该研究还发现团队多样性与直观知识之间存在显著的负相关关系。

6. 事后分析

该研究拟通过事后分析进一步探究团队多样性与直观知识之间的关系。其将团队多样性的量表进行了维度拆分，分为了职能多样性（团队成员之间以知识为基础的个体差异）和控制源多样性（团队成员之间与年龄和职位等级相关的差异）。团队多样性的两个测度重复分析结果表明，职能多样性与客观知识显著正相关，与直观知识无关；控制源多样性与直观知识显著负相关，与客观知识无关。

7. 稳健性检验

为确保结果的可靠性，该研究又进行了额外的检验，确保研究结果的稳健性。

8. 结论与讨论

总的来说，该研究表明项目团队多样性和心理安全感有利于知识创造。研究的第一阶段确定了知识对于R&D项目和促进知识创造机制的重要性的两个认识论维度。这些结果与以往常规活动中知识创造研究结论相反。在案例分析中，案例合作者强调直观和客观知识对项目成功都重要。第一阶段还发现项目团队多样性和心理安全感是创造知识的关键机制。研究的第二阶段表明，心理安全感与直观知识具有正相关关系，团队多样性积极影响客观知识，但负向影响直观知识。尽管在高科技R&D环境中多样性十分重要，但它对知识创造存在一些潜在和有趣的负面效应。事后分析进一步探究了多样性对R&D项目中知识创造的影响。研究考察了多样性的两个方面：职能多样性和控制源多样性。职能多样性考虑团队中基于知识的差异，而控制源多样性考虑年龄和职位等级差异。结果表明，职能多样性不会对直观知识产生负面影响，但控制源多样性会负向影响直观知识。同样，控制源多样性与客观知识不存在关系，而职能多样性与客观知识显著正相关。这些结果提供了有关多样性的子要素及其如何影响R&D环境中知识创造的初步见解。更重要的是，这些结果有助于更好地理解如何跨越职能边界管理创新。

🗨 重要术语

理论研究　实证研究　定性研究　定量研究　解释主义　实证主义　案例研究法　实验研究法　现场研究　实验室研究　问卷调查法　内容效度　内部结构效度　区分效度　收敛效度　判断抽样　便利性抽样　二手数据　文本分析　阐释学　扎根理论

复习思考题

1. 科学的内涵是什么？
2. 科学研究方法的内涵与要求是什么？
3. 简要分析概括下假设演绎和理论归纳这两个过程。
4. 科学研究与思辨研究的区别有哪些？
5. 定性研究与定量研究常采用的研究工具、方法有哪些？
6. 现场研究与实验室研究这两种研究各自的优缺点是什么？
7. 实验室研究包含哪些主要的环节？
8. 实地研究中的问卷调查法所遵循的三个基本假设是什么？
9. 请对一手数据与二手数据进行一个简要的对比。
10. 二手数据质量评价标准是什么？
11. 比较分析二手数据的优缺点。
12. 扎根理论中编码的类型主要有哪些？简要介绍一下这几种编码类型的特点。
13. 使用计算机辅助质性数据分析进行文本分析的优势有哪些？常用的计算机辅助质性数据分析软件有哪些？
14. 文本分析的一般步骤有哪些？
15. 文本分析法的优缺点是什么？

参考文献

[1] 陈晓萍，等．IACMR 组织与管理研究方法[M]．北京：北京大学出版社，2012．

[2] Allison G T, Zelikow P. Essence of Decision：Explaining the Cuban Missile Crisis[M]. Boston：Little Brown，1971.

[3] Chandrasekaran A，Linderman K. Managing Knowledge Creation in High - Tech R&D Projects：A Multimethod Study[J]. Decision Sciences，2015，46(2)：267-300.

[4] Churchill Jr G A. A Paradigm for Developing Better Measures of Marketing Constructs[J]. Journal of Marketing Research，1979，16(1)：64-73.

[5] Cook T D，Campbell D T，Shadish W. Experimental and Quasi-experimental Designs for Generalized Causal Inference[M]. Boston：Houghton Mifflin，2002.

[6] Eisenhardt K M. Building Theories from Case Study Research[J]. Academy of Management Review，1989，14(4)：532-550.

[7] Gielnik M M，Uy M A，Funken R，et al. Boosting and Sustaining Passion：A

Long-term Perspective on the Effects of Entrepreneurship Training[J]. Journal of Business Venturing, 2017, 32（3）: 334-353.

[8] Keppel G. Design and Analysis: A Researcher's Handbook[M]. Prentice-Hall, Inc, 1991.

[9] Morris R. Computerized Content Analysis in Management Research: A Demonstration of Advantages & Limitations[J]. Journal of Management, 1994, 20（4）: 903-931.

[10] Towne L, Shavelson R J. Scientific Research in Education[J]. Washington: National Research Council, 2002.

[11] Wallace W. The Logic of Science in Sociology[M]. Routledge, 2017.

[12] Yan A, Gray B. Bargaining Power, Management Control, and Performance in United States–China Joint Ventures: A Comparative Case Study[J]. Academy of Management Journal, 1994, 37（6）: 1478-1517.

[13] Yin R K. Case Study Research and Applications: Design and Methods[M]. Sage Publications, 2017.

第7章

如何收集和清洗数据：
研究素材获取注意事项与技巧

本章主要讨论的是管理学研究的数据收集和清洗工作。常言道，"巧妇难为无米之炊"，没有数据，再好的理论构想也难以形成一篇完整的论文。在研究过程中，数据作为一个重要的组成部分，根据不同的研究内容和形式，所需要的类型和获取的方式也截然不同。首先，我们介绍了案例研究数据、实验研究数据和问卷调查研究数据的收集和清洗过程。案例研究数据以质性数据为主，量化数据为辅，一手数据和二手数据均可成为案例研究数据；实验研究数据和问卷调查数据则更倾向于量化数据，并且数据来源通常都是一手数据。这三种研究数据均是针对在研究中采取的研究方式而言的，但对一篇实证文章来说，依附于理论构想的研究可能不只有一种方式。因此，在一篇文章中，既可能只出现这三种研究之一，也可能出现两种，甚至三种同时出现。

其次，我们对二手数据和文本分析数据的收集过程及注意事项做了较为完整的概述。二手数据简单分为两类：上市公司数据之类的结构化数据，方便使用；像报纸文献等以文本形式存在的非结构化数据，需要研究者进一步加工整理和提炼才能使用。在二手数据收集过程中，我们主要阐述的是结构化数据的收集，而二手数据中非结构化数据的收集，主要在文本分析数据的收集中进行阐明。需要注意的是，文本分析数据不仅包含二手数据中的非结构化数据，如学术文献、报纸杂志、会议记录等，还包含一手数据中的文本数据，如质性研究中的访谈记录等。无论是一手数据还是二手数据，文本分析数据在使用中均需要对质性数据进行量化处理。

最后，本章对数据的收集整理进行了举例说明。我们选取了 *Journal of Applied Psychology* 中的一篇实证文章。在该文中，作者为了验证其假设，进行了四项研究。我们对该研究中所需数据的收集过程进行讲解和剖析，为读者还原一个完整真实的数据收集案例。对不同的研究而言，所需的数据应根据研究的需求不同而进行相应的改变，切不可直接按照其他研究者的数据要求对数据进行收集。

7.1 案例研究数据收集过程与注意事项

案例数据是案例研究的基础，其收集是支撑案例研究科学性发展的重要环节。如果一项案例研究缺乏数据的支撑，那么它就失去了可靠性和科学性。通常，案例研究采用多元方法来收集案例数据，这些方法通常包括文献（literature）、档案记录（archives）、访谈（interview）、直接观察（observation）、参与性观察（participant observation）和实物证据（physical evidence）（Yin，2003）。在这些研究方法中，利用访谈、直接观察和档案记录的方式搜集数据较为普遍（Eisenhardt，1989）。所以，我们主要讨论如何利用这三种方法收集数据。

这三种方法并无好坏之分，它们各有优缺点（见表7-1）。在案例研究中，经常使用访谈法来收集数据。研究者围绕研究主题进行访谈，进入被访谈者的内心，了解他们真正的想法和心理活动，为研究提供更多富有深度的解释。但是使用访谈法也会引起诸多问题，比如，当被访谈者知道研究者的研究目的时，可能选择故意迎合研究者，说出与自己的真实想法不符的话。除了访谈法，直接观察法也是一个收集数据的主要方法。研究者可以通过直接观察弄清楚事件的发生、发展及变化过程。但是如果研究者不能放开心态，不能充分地接纳与研究相关的各种现象，片面性地观察会导致研究结果失去真实性。另外，档案记录也可以提供丰富的数据资料。它的主要优点之一就是能够反复查看，但缺点是可能因为触及研究对象的隐私而被拒绝查看档案记录。由于篇幅限制，无法一一阐述这三种方法的优缺点，请读者自行查看表7-1。

表 7-1 三种数据收集方法的优缺点

研究方法	优点	缺点
访谈	・目的明确，紧扣研究案例的主题 ・提供了富有深度的解释	・由差的问题引起的偏见 ・选择性的偏颇 ・被访谈者不完整的回忆导致偏误 ・被访谈者故意迎合访谈者
直接观察	・真实地看到了实时的事件 ・了解事件发生的来龙去脉	・耗费时间和成本 ・选择性地观察可能导致失去真相 ・观察者的介入可能对观察结果产生影响
档案记录	・可以反复查看 ・不介入案例研究 ・资料陈述准确 ・范围广泛，延长了时间跨度 ・具有精确的定量数据	・可追溯性比较差 ・片面的选择 ・反映原作者的偏见 ・使用权可能受限，如触及隐私，可能限制使用权

资料来源：Yin R. Case Study Research：Design and Methods[M]. Thousand Oaks：Sage Publishing，1994.

研究者可以综合使用多种方法来收集数据，使各种来源的数据能够取长补短，相辅相成。例如，在进行实地访谈时，研究者可以进行分工，一些研究者负责访谈，一些研究者对被访谈者进行观察，大家相互协作可以有效避免个人偏见，保证访谈数据的可靠性。

7.1.1 访谈法数据收集过程与注意事项

访谈法是获取案例数据最重要的方法之一（Tellis，1997）。那么，什么是访谈？访谈的类型又有哪些呢？访谈与日常谈话不同，是一种带有目的性的研究性交谈，是研究者想要通过谈话的方式从受访者那里获取一手数据的研究方法。访谈可以分为三种类型：非结构型访谈、半结构型访谈、结构型访谈。非结构型访谈是指研究者没有准备固定的访谈问题，而是邀请受访者畅所欲言，研究者需要根据具体情况随机应变。半结构型访谈是指研究者利用一份粗略的访谈提纲对受访者进行提问来收集数据，根据访谈的具体情况灵活地调整提纲的内容，研究者在整个访谈过程中起到了一定的控制作用。结构型访谈是指研究者事先准备好一份固定统一的调查问卷，对所有的受访者都按照相同的程序问相同的问题，据以搜集数据资料，研究者在整个访谈过程中起到了主导作用。

通常，研究者如果要进行定量研究，一般会采取结构型访谈的方法来收集量化数据；研究者如果要进行质性研究，一开始会采用非结构型访谈的方法，试图了解受访者认为重要的问题，逐渐界定出案例研究的范围，随后会慢慢转向半结构型访谈，重点针对之前访谈中出现的重要问题和尚存的疑问对受访者展开提问，据以收集质性数据。

在正式访谈前需要进行哪些准备工作呢？在确定了访谈对象的情况下，我们还需要确定访谈的时间和地点，与受访者协商相关事宜，拟定访谈提纲等。在选择访谈的时间和地点时，我们应该尽量以受访者的方便为主，这样既会让受访者感到尊重，又会使受访者在自己选择的时间和地点里感到舒服自在，尽情地表达自己的观点。在一开始，研究者就需要和受访者对访谈的次数和时长进行沟通。一般来说，如果想收集比较充分的访谈资料，必须进行一次以上的访谈。每次访谈的时间最好是 1~2 个小时，访谈时间过短会导致收集访谈资料过少，访谈时间过长会使受访者对访谈感到厌倦，甚至可能对研究者产生不满，这显然不利于研究者以后继续和受访者进行合作。

在正式访谈开始之前，我们还需要与受访者对下列事宜进行协商：

- 研究课题。研究者应该向受访者介绍自己和自己的研究课题，告诉他们是如何被选作研究对象的，我们又想从他们那里知道什么。
- 自愿原则。研究者应该向受访者承诺，受访者有权随时退出此项研究并且不用承担任何责任。

- 保密原则。研究者应该向受访者承诺不会泄露受访者提供的信息，对撰写研究报告中出现的人名和地名匿名，必要时受访者也要保证对研究者的信息绝对保密。
- 录音。研究者应询问受访者是否可以进行录音，如果受访者同意，最好对访谈的过程进行录音，这样有利于研究者以后完善资料和撰写报告。当然，受访者也有权利拒绝录音。

研究者为了防止遗漏重要的议题，在正式访谈之前会设计一份简略的访谈提纲。一般来说，研究者在设计提纲时，并不知道什么问题比较适合受访者的情况，需要根据自己的经验进行猜测。因此，研究者无论在设计访谈提纲时还是在正式访谈时都一定要开放、灵活，可以自如地应付受访者的各种反应，然后按照对方的思路继续询问下去，必要时可以随时根据访谈的具体情况修改提纲。Stake（2013）认为研究者需要仔细查看提纲中的问题，思考它们是否符合研究目的，在设计访谈提纲时需要问自己下面几个问题：

- 受访者了解你所需要的信息吗？你希望通过整合大量受访者的回答来产生一种新的理论知识吗？
- 你是想研究一个特殊的案例还是多个案例？
- 你了解受访者目前的情况吗？
- 受访者应该知道你主要的研究问题是什么吗？
- 你是否做了相关的工作来调整受访者的时间？
- 你正在寻找受访者知道的一种因果关系吗？

研究者在做好准备工作后，就可以正式开展访谈工作了。一般来说，访谈应该从非结构型访谈逐步过渡到半结构型访谈，逐渐对问题进行聚焦。研究者可以先问一些容易理解的问题，把受访者的话匣子打开，随着访谈的逐渐深入，再去询问一些对受访者来说比较敏感的话题，如个人隐私等。研究者不要僵硬地按照访谈提纲把问题一个一个地丢给受访者，而要根据对方之前访谈的内容引出下一个问题，问题之间的过渡要自然流畅。有时候，受访者可能会出于某种原因"跑题"了，研究者可以通过一个过渡问题把话题引回来。例如，当一位员工正在谈论他平时的兴趣爱好时，研究者希望把话题转到工作效率上，可以这样问："您的兴趣爱好对您的工作有什么帮助吗？"如果受访者偏离的话题和研究主题很难联系在一起，研究者要在转移话题前做好铺垫，让对方做好心理准备。例如，"您说的这些我特别能够理解，不过因为时间的关系，我想再问您一个问题，您介意吗？"这样会让受访者有被尊重的感觉，不会因为自己的离题而感到尴尬。在谈论研究问题的过程中，研究者需要注意受访者认为有意思、比较重要的问题有哪些,然后对这些问题继续深入探讨。有时,受访者谈论的问题往往是研究者没想到的,却与研究问题密切相关,这就需要研究者与对方就该问题继续进行讨论。

什么时候应该结束访谈呢?如果访谈的时间已经超过事先约定的时间,受访者表现出疲惫不适,访谈的进度变得十分缓慢,访谈应该立即结束。那么研究者应该以什么样的方式结束访谈呢?一般建议研究者以一种轻松、自然的方式结束,可以这样问:"您对今天的访谈还有什么要补充的吗?""您今天有什么安排吗?"此外,研究者还可以收起录音笔,暗示对方今天的访谈结束了。在访谈结束时还需要做一件重要的事情,就是向受访者再一次许诺自愿原则和保密原则,来打消受访者的疑虑。如果有必要的话,研究者也可以趁着访谈结束之际和受访者约好下次访谈的时间和地点,并对受访者表示由衷的感谢,感谢他们为此研究投入的宝贵时间和精力。

值得注意的是,访谈者进行访谈的时间应尽量控制在 1～2 小时,提出问题的数量要控制在 2～8 个。在整个访谈过程中,访谈者要注意自己的语气、动作和提问方式,避免对受访者具有导向性,以收集真实的数据。访谈者的数量应该为 3～5 人,多个访谈者可以有效避免个人偏见的出现,减少数据判断的误差(苏敬勤,2011)。访谈者需要具有较强的人际沟通能力,以便与受访者顺畅地交流,从而更加顺利地获取资料。同时,研究者需要有大量的理论知识储备,这有助于发现现象背后的理论含义。

7.1.2　观察法数据收集过程与注意事项

除访谈法之外,观察法对于数据收集也是十分重要的。观察可以分为参与型观察和非参与型观察两种类型。参与型观察是指研究者会进入到被观察者的活动场所,观察他的所作所为,双方有可能会进行互动。非参与型观察是指研究者通常以不介入的方式进行观察,通过扮演"旁观者"的角色来了解事情的发展动态。在参与型观察中,研究者与被观察者一起工作,两者之间的亲密接触使研究者更加了解被观察者的言行,而且研究者可以随时向对方进行提问,根据研究的具体情况灵活地调整观察目标、内容和范围。在非参与型观察中,研究者通常不直接参与被观察者的日常活动,与被观察者有一定的距离感,可以进行比较客观的观察。在经过允许的情况下,研究者可以对现场进行录像,有利于今后的研究。

在利用直接观察法进行数据收集时,要注意现场笔记(field note)的重要性。现场笔记能够记录现场发生的各种事情和细节,而不是记录一些经研究者筛选后被认为是重要的事,因为研究者很难判断某个细节在将来是否有用。研究者可以根据现场笔记进行深刻的思考,例如,今天发生了什么令人印象深刻的事?它为什么会发生?这件事与上一件事有什么不同?我可以学到什么?研究者可能会透过这些问题逐渐发现与研究主题相关的新问题,进而调整数据收集的方向和内容(Eisenhardt,1989)。因此,我们要意识到现场笔记的重要性，它可以为案例研究提供极大的帮助。

7.1.3 档案记录数据收集过程与注意事项

档案记录是一种支持案例研究的重要补充数据。档案记录是指研究者收集有关案例研究的各类文件，包括信件、议会、会议记录、备忘录、公文、企划书及媒体报道等。在被研究者允许的情况下，研究者还可以阅读其私人信件和日记来收集数据（陈晓萍，2008）。私人信件可以帮助研究者了解研究对象的精神状态、个人想法以及与他人的交往方式。日记可以帮助研究者了解研究对象的真实内心和过去一段时间内发生过的某事的来龙去脉。然而，由于私人信件和日记涉及研究对象的个人隐私，因此研究对象一般不会愿意把它们提供给研究者。

档案记录中的数据是由前人收集的历史数据，这些数据可以是定性数据或定量数据（或两者兼而有之）。前人通过应用统计的方法将已经掌握的信息以更简单的方式描述出来，最终形成档案记录。例如，在档案记录中，企业大量的客户信息可以转化为具有代表性的统计信息，如平均年龄、平均收入、性别和种族等。具有时间跨度的档案记录能够为纵向案例研究提供较为丰富的数据。值得注意的是，在使用档案记录之前，研究者必须要确定记录的来源，并仔细评估记录的准确性，因为即使是定量的档案数据也可能存在不准确的情况。

7.2 实验研究数据收集过程与注意事项

根据实验地点的不同，实验研究可以分为实验室研究和现场研究。顾名思义，实验室研究是在实验室进行的实验研究，而现场研究是在实际环境中进行的有控制的实验，研究者把实验室研究的实施准则应用到实际现场中来的研究，便是现场研究。以上两种实验方法都要求研究者必须对受试者进行随机分配（random assignment），即每一位受试者被分配到各个实验组的机会是相同的、随机的，以此来提高实验的内部效度（internal validity）。但是，在组织管理的研究中，研究者一般在公司和企业内部的实际环境中进行现场研究，如果他把公司的研究对象随机分配到实验组（experiment / treatment group）和控制组（control group），就会破坏公司的正常运营和环境，进而导致实验结果不能够真实地把员工和公司机构的运作状态和因果关系反映出来。因此，在公司里进行现场研究是不切实际的。那么，我们应该用什么方法来代替现场研究呢？答案就是准实验（quasi-experiment）。准实验是研究者不能直接控制自变量、不能对受试者在各个实验组之间进行随机分配的一种实验。所以，从定义可以看出，准实验与现场研究的差别在于是否对研究对象进行随机分配，前者解决了实际上的操作困难，相较于后者来说更加适合在公司内使用。

首先，我们应该弄清楚实验室研究的数据是什么。实验室研究用以假设检验的数据是对实验现象观察得到的。在实验室研究中，数据收集就是研究者实施实验并记录实验室内的实验情况；在准实验中，数据收集就是研究者实施实验并记录现实生活中的种种实验现象。总之，数据收集就是研究者在进行实验的过程中把发生的实验情况记录下来。例如，我们想知道奖金和工作效率之间的关系，首先要找到一批研究对象，之后发给他们不同数额的奖金，观察他们的工作效率如何。这样，我们就可以得到一组数据，即获得不同奖金的研究对象所对应的不同的工作效率。在明白什么是实验研究数据后，我们分别对实验室研究和准实验的数据收集过程和注意事项加以说明。

7.2.1 实验室研究数据收集过程

实验室研究数据收集过程可以分为以下三个步骤：

第一步，确定研究问题并提出假设。研究者对现实经济生活中的种种现象进行观察和思考，寻找一个自己感兴趣的方向，确定研究问题。之后，研究者需要围绕此研究问题展开文献回顾以储备理论知识，根据理论进行合乎逻辑的推测，提出能够解释某种现象的假设。

第二步，实验设计。在提出假设后，就要设计一个实验来检验假设是否正确。实验设计可以分为组间设计（between-subjects design）、组内设计（within-subjects design）和因子设计（factorial design）。如果假设中只有一个自变量（independent variable），那么设计就是简单的组间设计或组内设计；如果假设中有两个或两个以上的自变量，那么实验的设计就是因子设计。接下来，我们分别对这三种实验设计进行说明。

（1）组间设计。在组间设计中，每个研究对象只参加一次实验，在随机分配的情况下，研究者通过对比不同实验条件下的小组表现来合理估计因果关系（Charness et al., 2012）。下面举一个组间设计的例子。研究者想要测试三种不同的改进对教育的影响。研究者把一群同一所学校的相同年龄段的学生随机分配到四个小组，其中三个小组作为实验组各自接受三种不同的教育计划的培养，剩余一组作为对照组坚持原来的学校教育计划。然后我们检验各组学生的教育水平，并对比哪一种计划对教育的改进最大。从上面的例子可以看出，每个人只能参加一次实验，这样的设计就属于组间设计。组间设计既可以减少参与者经过一系列测试的无聊感，也可以降低通过实践经验获得成功的可能性。组间设计的主要缺点是需要大量的参与者参加实验以获得有用的数据，因为每个参与者只能随机分配到一个小组并被测量一次数据，而实验却可能需要多个实验组和控制组。

（2）组内设计。在组内设计中，每个研究对象会参加所有的实验组，研究对象之间的个体差异都发生在实验组内，不用考虑随机分配。组内设计的一个常用的例子就是医学测试。研究者想要确定对某种病情来说，药物和安慰剂哪个更有效。研究者先给所有参与者一次安慰剂并检测实验结果。一段时间后，研究者给所有参与者进行药物治疗并检测实验结果。然后通过比较两种条件下研究者的身体状况，来确定药物和安慰剂哪个更加有效。每个参与者都进行了两次实验（药物治疗和安慰剂治疗），这样的设计就是组内设计。测试前—测试后设计（pretest-posttest design）是一种常用的组内设计。比如你的假设是某种药物可以缓解病人的病情。我们可以先记录一下所有参与者未接受药物治疗前的身体状况，然后让这些人吃药，一段时间后检测一下这些人的身体状况。从这个例子可以看出，所有参与者进行了两次实验，一次是维持原状（给药前），另一次是给予某种条件之后（给药后），这样的设计就是测试前—测试后设计。

（3）因子设计。因子设计是指在一次实验中同时控制两个及两个以上的自变量的实验设计。例如，研究者想要确定学生在课上和课下时，学习时间是如何影响考试成绩的。在这项研究中，学习时间（1h[⊖]和4h）和学习环境（课上、课下）是自变量，考试成绩是因变量，这种设计就是一个2×2的因子设计。本实验的假设为：在学习1h的情况下，在课下学习更能提高成绩；在学习4h的情况下，在课上学习更能提高成绩。我们把所有的学生随机分为四组，分别让他们课下学习1h、课下学习4h、课上学习1h和课上学习4h，之后给予他们同一份试卷，记录学生的考试成绩。假设我们的实验结果如表7-2所示。

表 7-2 实验结果

		学习时间		
		1h	4h	边际平均值
学习环境	课下	70	40	55
	课上	50	80	65
	边际平均值	60	60	/

表7-2中的边际平均值（marginal average）是指仅对因变量在一个自变量的某个可能取值下求得的平均值，却忽略了另一个自变量。下面根据表7-2画出图7-1和图7-2。

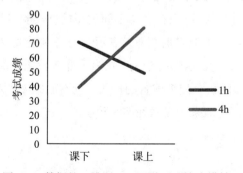

图 7-1 数据的二维图——以学习环境为横轴

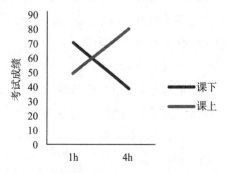

图 7-2 数据的二维图——以学习时间为横轴

⊖ h，即小时（hour）。

此研究综合考虑了两个自变量的组合对因变量的影响，这种分析产生的效应叫作交互效应（interaction effect）。通常，若表内的两条线是平行的，则实验结果没有交互效应；若明显不平行，则实验结果存在交互效应。所以，本次实验结果存在交互效应。从图 7-1 可以看出，当学生学习 1h 时，选择在课下学习更能提高成绩；当学生学习 4h 时，选择在课上学习更能提高成绩。从图 7-2 可以看出，当学生选择在课下学习时，学习时间在 1h 更能提高成绩；当学生选择在课上学习时，学习时间在 4h 更能提高成绩。图表以哪个自变量为横轴取决于你的假设。在实验假设中，首先固定了学习时间，改变了学习环境这个自变量，所以我们在图 7-1 中就以学习环境作为横轴。这个例子是典型的组间因子设计（between-subjects factorial design）。

我们假设少许的练习效应（practice effect）对实验不产生影响，稍微改动上面的例子来说明什么是组间组内混合的因子设计。我们把所有学生随机分配到两个小组，一个小组的学生在课下学习 1h 的新知识后，测试他们的成绩。一个月后（这段时间禁止他们接触新知识内容，这足以让这些学生忘记绝大部分新知识，减少练习效应），让他们重新在课下学习 4h 的知识，之后检测他们的成绩。另一组人也进行两次实验，只不过把课下换成课上。这就是一个组间组内混合的因子设计。其中，学习环境是一个组间变量，学习时间是一个组内变量。

如果让所有的学生参与到所有的实验组之中，那就是一个完全的组内因子设计。

第三步，在实施实验设计的过程中收集实验数据。

7.2.2 准实验数据收集过程

实验室研究数据收集过程可以分为以下三个步骤。

第一步，确定研究问题并提出假设。这一步在实验室研究数据收集过程中已经进行了解释，这里不重复说明。

第二步，实验设计。Campbell 和 Stanley（1963）提出了一个简单的符号系统来描述各种准实验设计，我们先对这些符号进行说明，以便在介绍不同类型的准实验设计中使用。O 表示观察或测量，O_1 和 O_2 表示特定的测量时机；X 表示参与者接受实验；不同的小组在不同行，如果有两组就有两行；R 表示随机分配，N 表示非等价组，NR 代表两个组别（实验组和控制组）都是经过非随机分配来配置的；从左到右的维度表示时间顺序。说明了这些符号的意义之后，我们下面来介绍六种准实验设计。

（1）单组——只有后测的设计（one-group posttest-only design）。

$X \quad O$

这是最简单的准实验设计，只有一个实验组，没有前测，只在参与者接受实验后进行后测。假如，X 代表接受药物治疗，我们想要研究某种药物能否改善病情。在这个设计中，研究者直接对病人进行药物治疗，一段时间后观察病人的身体状况。这种设计的缺点显而易见,如果没有进行前测,我们怎么判断病人的病情是否有好转?而且,如果没有控制组,我们无法知道没有接受药物治疗的病人其身体状况如何。

(2)单组——前测和后测的设计(one-group pretest-posttest design)。

$O_1 \quad X \quad O_2$

第二种设计相对于第一种设计而言,增加了前测观察。用例子来说明,研究者先观察病人的身体状况,之后对病人进行药物治疗,一段时间后再次观察病人的身体状况。加入前测后,我们更容易发现病人在接受药物治疗前后身体状况的差异。但是,我们仍然不知道是药物治疗还是其他因素导致了变化,因为我们不知道没有药物治疗,病情是否会改变。

(3)加入控制组——只有后测的设计(posttest-only design with control group)。

$$\frac{NR \quad X \quad O_1}{NR \quad \quad O_2}$$

这种设计加入了一个控制组和一个只有后测的设计。按时间顺序来看,这个控制组应该建立在实验之前(准实验是非随机分配的),而且要求尽量与实验组相近。这种设计间接地增加了前测设计,降低了参与者的敏感度,从而避免了对因变量的影响。所以,在研究者试图降低参与者的敏感度时,这种设计比较受青睐。该设计也通常应用于事后进行的实验,例如医生希望观察病人服用药物后的效果。

(4)加入控制组——前测和后测的设计(pretest-posttest design with control group)。

$$\frac{NR \quad O_1 \quad X \quad O_2}{NR \quad O_1 \quad \quad O_2}$$

我们在第三种设计的基础上加入了前测,可以收集到实验组与控制组的前测和后测的数据。这种设计既有前测后测,又加入了控制组进行对比。这显然有利于研究者发现影响效度的威胁因素。当我们对实验组和控制组在不同的时间进行相同的前测时,如果发现两个组别的前测结果存在明显差异,那么很可能是因为两组的研究对象之间差异较大,应该重新选择与实验组尽可能相近的研究对象作为控制组。

(5)加入控制组——双前测和后测设计(double pretest and posttest design with control group)。

$$\frac{NR \quad O_1 \quad O_2 \quad X \quad O_3}{NR \quad O_1 \quad O_2 \quad \quad O_3}$$

我们对实验组和控制组在不同的时间进行相同的前测,两个组别都延迟相同的时间后,再次进行前测和后测。这种设计的优点是有利于发现实验过程中可能存在的偏差。如果在 O_1 到 O_2 的分析中已经出现了偏差,类似的偏差可以在 O_2 到 O_3 的分析中出现。我们可以假设 O_1 到 O_2 的偏差比例和 O_2 到 O_3 的偏差比例是相同的,进而通过双前测来评估所选择的受访者。

（6）加入控制组互换角色——前测和后测的设计（pretest and posttest design with control group with switching replications）。

$$\begin{array}{llll} \underline{NR \quad O_1 \quad X \quad O_2 \quad O_3} \\ NR \quad O_1 \quad O_2 \quad X \quad O_3 \end{array}$$

在这个设计中实验组和控制组是相互切换的。后一组别在一开始是作为控制组出现的，但在后来引入了实验变成了实验组。这种准实验设计虽然十分复杂，但却更加具有说服力。两个组别在不同阶段相互切换角色，得出的结果能够相互解释。

前三种准实验设计较为简单，缺乏说服力，后三种设计更为严谨，所以建议读者采用后三种设计实施准实验。

第三步，在实施准实验设计的过程中收集实验数据。

7.2.3 注意事项

在实验数据收集的过程中要注意以下几点：

（1）效度威胁因素（threats to validity）。效度威胁因素是指影响内部效度和外部效度（external validity）的事件或实验方式。简单来说，内部效度是指因变量的变化在多大程度上是由自变量的变化引起的，外部效度是指研究结果在多大程度上适用于外部环境或他人。其中，混淆变量（confounding variable）是影响效度的最主要因素，是指那些在研究中无法控制的无关变量，这些变量会对测量结果产生影响，导致我们无法判断因变量的变化是否应该归因于自变量的变化。在实验研究中，排除混淆变量的影响是收集可靠数据的重要前提。当然，常见的效度威胁因素还有很多，如被试选择偏差（selection bias）、实验者偏差（experimenter bias）、需求特性（demand characteristics）和成熟程度（maturation）等。我们也需要尽量消除这些效度威胁因素。

（2）传递效应（carryover effect）。在组内设计中，比较容易出现传递效应。比如，我们要研究课上学习1h和课下学习1h哪个更能提高学习成绩。如果采用组内设计，学生先在课上学习1h，然后测量他们的学习成绩；之后在课下学习1h，再用相同的测量方法测试成绩。如果第二次测量的成绩有所提高，不一定说明课下学习1h比课上学习1h更有助于提高成绩，可能是因为学生把第一次的测试的经验用于第二次测试之中，进而提高了成绩。这种传递效应叫作练习效应（practice effect）。但是如果因为学生经历过一次测试而感到无聊，之后没有认真对待第二次测试，会导致成绩下降。这种传递效应叫作疲劳效应（fatigue effect）。在实验中我们要尽量减少练习效应和疲劳效应。我们可以让学生不要做两次相同的测试，可以换成两次类似的测试，以减少学生的疲劳效应。我们如何减少上述研究中的疲劳效应呢？我们可以采用抵消平衡法。比如，将学生随机分配到两个小组，有一组学生先在课上学习1h，后在课下学习1h；另一组学生先在课下学习1h，后在课上学习1h。这样可以减少传递效应。

在组间设计中，我们要注意把所有受试者随机分配到各个小组，有利于平衡抵消不同小组的受试者之间的个体差异。

7.3 问卷调查数据收集过程与注意事项

问卷调查法是一种能够快速有效地进行数据收集的方法，其目的是通过收集和分析样本数据得出研究结论，在误差允许的范围内，将结论推广到总体。研究者要先通过预调研收集部分数据来检验初始问卷的效度，对不良题目进行修改或删除，形成最终的调查问卷。然后，研究者需要利用这份调查问卷对抽取的调查样本进行正式调研，进而获得研究所需的数据。我们接下来对这两个阶段（预调研和正式调研）的数据收集过程分别加以说明。

7.3.1 预调研数据收集过程

一般来说，绝大部分的初始问卷都存在着一些问题，研究者需要在正式调研之前对小范围的人进行预调研。那么我们该如何进行预调研呢？首先，研究者邀请被调查者回答初始问卷，在问卷填写完毕后与他们进行交谈，了解他们在回答问卷的过程中遇到了哪些问题、产生过哪些想法，并鼓励他们提出问卷的修改意见。然后，研究者需要根据已填写的问卷和交谈内容来思考以下几个问题：

- 参与者能够理解问卷中的问题吗（问卷的题目是否表述清晰、用词确切）？
- 所有的参与者对于问卷中每一道题的理解相同吗（问卷的题目是否有歧义）？
- 问卷能否提供你想要的数据（是否需要增加、修改或删除问题）？
- 多长时间能够完成问卷（问卷的题目是否过多）？
- 参与者对问卷的整体印象如何（问卷是否简洁准确，语言沟通是否良好，问题顺序是否符合逻辑等）？

最后，研究者通过对上述问题的思考发现初始问卷的问题，结合被调查者的意见反馈进一步修改完善初始问卷，形成最终调查问卷。值得注意的是，预调研中的被调查者要尽可能与正式调研中所抽取的样本相近，以保证通过预调研发现的问题能够真正地代表正式调研可能发生的问题，这样的预调研才是有意义的。

7.3.2 正式调研数据收集过程

1. 确定调查对象、调查单位和填答人

我们需要根据调查目的来确定调查对象、调查单位和填答人。调查对象是根据研究目的确定的研究总体。确定调查对象可以明确该总体的空间范围和时间界限。在确定了调查对象之后，需要进一步确定调查单位。调查单位是通过抽样选取的进行数据收集的具体单位，可以是个人、群体、部门或组织等。调查单位确定以后，就要选择合适的填答人来填写调查问卷。填答人可以是企业家、领导、高管、经理人和员工等。选择哪一种填答人取决于你的研究目的。董保宝（2011）在研究动态能力在企业的资源整合过程和竞争优势的关系中起到的中介作用时，选取了高科技企业和传统企业作为研究对象，在此基础上选择了长春、吉林、沈阳、大连和哈尔滨5市的企业以及吉林大学MBA和EMBA学员作为调查单位。问卷填答人主要是企业的CEO、总经理、高层管理核心人员，以及吉林大学MBA和EMBA学员。

2. 样本容量的确定

样本容量是指一个样本中所包含的单位数，一般用 n 表示。在上面的例子中，作者随机抽取了5市的207家企业和吉林大学132名MBA和EMBA学员来进行调查，那么样本容量就是339。充足的样本容量可以提高估计的精度，但是我们不能一味地增大样本容量，否则不仅会消耗大量的人力、物力和财力，而且可能会降低研究结论的实用性。样本容量过小使得样本不能很好地反映总体的情况，导致调查结果很难令人信服。所以，在使用调查问卷收集数据时，确定样本容量至关重要。Cochran（1977）提出了一个确定最小样本量的公式：

$$n_0 = \frac{t^2 \times s^2}{d^2}$$

其中，n_0 表示最小样本量，t 表示 α 水平对应的 t 值，s 表示样本总体标准差的估计（s^2 表示样本总体方差的估计），d 表示可以接受的误差幅度的估计。在给定 α 水平和可接受的误差幅度的值的条件下，即可计算出最小样本量。那么，我们的样本容量要比最小样本量多多少才算合适呢？Salkind（1997）认为，合适的样本容量应该比最小样本量多40%～50%的样本。这样，我们便可以确定科学合理的样本容量了。

3. 样本数据收集过程

样本数据收集可以根据收集次数的不同分为一次数据收集（one-wave data）和多次数据收集（multi-wave data）。下面我们利用一个简单中介模型（见图7-3）来说明这两种数据收集方式的含义和优缺点。

图7-3 中介模型

该中介模型涉及三个变量——自变量 A、中介变量 B 和因变量 C。我们可以对该模型做出不同的研究设计，不同的研究设计又对应着不同的数据收集方式。在第一种研究设计中，研究者一次性收集 A、B、C 和控制变量的数据，这种数据收集的方式称为一次数据收集。它的优点是在经济条件有限的情况下，研究者能够以较低的成本收集所有的变量信息。缺点是研究只能证明 A、B、C 三个变量之间可能存在某种相关性关系，无法避免变量间的反向因果关系。另外，如果变量都由一个人填写，变量即使没有理论关系也会相关，这就叫作同源偏差（common variance）。一次数据收集会造成较为严重的同源偏差。

在第二种研究设计中，研究者分两次收集收据，第一次收集 A、B 和控制变量的数据，间隔一段时间（3 个月、5 个月、6 个月、1 年或 2 年）对 C 进行第二次的数据收集，这种收集数据的方式称为二次数据收集（two-wave data）。研究者可以根据不同的研究目的选择不同的研究时段去收集数据。在组织管理研究中，心理变量研究相较于管理研究和宏观研究来说，其间隔时间要短一些，间隔一周或两周收集一次数据。在企业变量的研究中，由于企业一般半年会做一次半年报，所以研究者可以以 6 个月为周期去分阶段收集数据。大部分研究者通常也会选择在间隔 6 个月之后再一次收集数据。二次数据收集相对一次数据收集来说，优点是能够较好地阐释 B 与 C 之间的因果关系，进而减少了 B 与 C 之间的同源偏差。缺点是两次的数据收集会耗费更多的成本和时间，同时也无法避免 A 和 B 两个变量之间的反向因果关系。

在第三种研究设计中，研究者分三次收集数据，第一次收集 A 和控制变量的数据，间隔一段时间后对 B 进行第二次数据收集，再间隔一段时间后对 C 进行第三次数据收集，这种数据收集的方式称为三次数据收集（multi-wave data）。选择时段的方法已经在第二种研究设计中进行了说明，这里不再赘述。一般来说，前面和后面间隔的时间是相同的。如果研究者前面选择间隔 6 个月的时间，同样地，后面也会选择间隔 6 个月再收集 C 的数据。三次数据收集对前两种数据收集的方式来说，优点是不仅能够更加清晰地说明 A 与 B、B 与 C 之间的因果关系，而且能够有效地减少同源偏差的问题。缺点是不仅会消耗更高的成本，而且由于研究者需要对相同的被调查者收集三次数据，消耗了他们较多的时间和精力，因此，可能会出现部分被调查者拒绝调查或对调查敷衍了事的情况，导致问卷的回收率较低，收集数据的质量也较差。

需要注意的是，研究者在进行多次（两次及两次以上）数据收集时，为了保证问卷具有较高的回收率和填写质量，应该与被调查者建立良好的人际交往关系，如果耗费他们较多的时间和精力，在必要时应该给予他们一定的经济补偿。另外，研究者也要综合考虑不同数据收集方式的优缺点，根据自己的研究目的选择合适的数据收集方式，既可以避免消耗较高的成本（例如，二次数据收集便能够达到研究目的，研究者却选择了三次数据收集），又可以避免反向因果关系（例如，三次数据收集才能够达到研究目的，研究者却选择了二次数据收集）。

4. 数据收集质量的评估

在进行问卷调查时，研究者不能因为重视数据收集的数量而忽略了质量。研究者可以用应答率（response rate）、问卷完成质量和答案多样性来衡量数据收集质量的高低。应答率是指回答调查问卷的被调查者的数量除以全部抽样群体的数量。较高的应答率可以增加调查结果的可信度（Rogelberg & Stanton，2007）。问卷完成质量在纸笔测验中可以用完成度来衡量，即问卷中完成题目的数量占问卷总题目数量的百分比。被调查者可能由于某种原因没能完成所有题目，导致完成度小于100%。在线调查问卷的完成质量可以用退出率来评价，退出率是中途退出问卷调查的人在所有参与调查的人中所占的比重。问卷完成质量较高意味着问卷应该具有较高的完成度和较低的退出率。在开放型问卷中，研究者可以根据被调查者提供答案的长短、答案中新想法的数量来衡量数据收集质量的高低。答案多样性是指被调查者的答案分布在较为广泛的区间，答案具有较高的区分度，它能够反映出被调查者是否用心完成调查问卷，并且是否真正地理解调查问卷的问题。因此，答案多样性也是衡量数据收集质量的重要指标之一。

5. 提高数据收集质量的方法

研究者想要提高数据收集的质量，就要尽量提高问卷的应答率、完成质量和答案多样性。首先，我们可以采取一些激励措施来提高被调查者的参与度，进而提高问卷的应答率。例如，送被调查者一份小礼物，在调查结束后无偿为企业提供一份报告等，以此来调动被调查者的积极性，进而提高应答率。当此次调查需要消耗被调查者大量的时间和精力时，应该给予他们适当的补偿。

其次，研究者可以采取预调研和面对面收集数据的方式来提高问卷的完成质量。研究者可以通过预调研修改完善初始问卷，最终得到一份好的问卷，好的问卷是被调查者高质量完成问卷的重要前提条件。如果研究者没有进行预调研，没有发现问卷填答时间较长的问题，那么被调查者在填写问卷的过程中就会逐渐失去耐心，可能选择故意漏题或中途退出，在封闭型问卷中，还可能对后面的所有问题都选择同样的答案，这就会导致问卷的完成质量和答案多样性都较低。因此，为了提高数据收集质量，研究者进行预调研工作是十分必要的。另外，研究者尽量以面对面的方式进行问卷调查。研究者既可以在被调查者无法理解题目时及时为其进行解释，又可以防止有人故意漏题并减少中途退出的情况，提高了问卷的完成质量。

最后，提高答案的多样性的根源在于提高被调查者回答问卷的认真程度。在开放型问卷中，研究者可以通过鼓励被调查者积极表达自己的观点和看法，提高答案的多样性。在封闭型问卷中，研究者可以先向被调查者阐明问卷调查的目的和意义，让他们充分意识到此次调查的重要性，并对他们能够贡献出自己的一份力量表示由衷的感谢。这样做会让被调查者更加用心完成问卷，提高了答案的多样性。

目前，很多人认为问卷调查法虽然能够快速地收集数据，但是由于很多学者都误用或滥用问卷调查法，导致不少人对数据的真实性表示怀疑。但事实上，问卷调查法需要进行高质量的问卷设计、数据收集和数据分析的工作，还需要经过各位专业人士的不断检验，好的问卷调查法是经得起时间推敲的。在此，希望读者可以通过学习本节的内容，充分了解问卷数据的收集过程，恰当地使用问卷调查法来收集高质量的数据，进而为后续的数据分析打下坚实的基础，得出有说服力的研究结论。

7.4 二手数据收集过程与注意事项

对一篇实证论文而言，缺乏优质且全面的数据，即使有再好的理论创新也难以成为一篇优秀的文章。在国外，企业对于学术研究价值的认同度较高，对学术调研很支持，因此数据的可获得性较高，数据质量也较好。但对国内而言，数据的获取范围和质量远远达不到这样的标准。尤其是对于一些宏观层面的研究，通常需要在企业层次采样，且通常需要企业的高管或领导者亲自填写问卷，这些要求大大限制了问卷数据的可获得性（陈晓萍，2008）。此时，二手数据在某些方面要优于一手数据，尤其是宏观层面的管理学研究中，二手数据被广泛使用。

二手数据通常指的是那些并非为正在进行的研究项目而是为了其他目的已经收集起来的数据，这些数据可以快速且低成本地获得。与原始数据相比，二手数据在收集目的、收集程序、收集成本和收集时间等方面都存在很大的区别。在本书第 2 章，我们已经对二手数据的概念、特征做了详尽的阐述，下面我们将对二手数据的收集范围、方式以及使用二手数据时的注意事项做进一步的讲解。

7.4.1 内部数据

按来源划分，二手数据分为两类：内部数据和外部数据。内部数据又分为直接可用的数据和需要再度整理分析的数据。它是指来自于我们正为之进行市场研究的企业或者组织内部的数据。如果数据是以其他一些目的而收集的，就是内部二手数据。内部二手数据包括会计账目、销售记录和其他各类报告等。内部二手数据的一个主要来源是那些包含着有关顾客、销售、供应商和其他公司想跟踪事项的数据库。它直接涉及有关企业有关顾客的资料、统计的资料、财务资料、生产技术的资料、档案的资料等。企业内部二手数据两个最突出的优点是可获得性强且成本较低。

7.4.2 外部数据

外部数据，分为政府统计资料、行业情报资料、图书馆信息资料、媒体信息资料以及其他资料。外部数据可以来自公开的出版数据以及数据库等。公开的出版数据，指的是那些可从图书馆或政府部门及其他实体（如贸易协会等）获得的公开出版的数据，一般分为政府数据和商业数据。

1. 公开的出版数据

（1）政府数据。政府数据一般分为普查数据以及发布或出版的统计数据。普查数据是政府数据最大的来源。它通常是由国家统计局负责组织和实施的，并最终形成公开出版的普查报告，主要普查报告包括人口普查、基本单位普查和经济普查。人口普查是政府提供的最具市场价值的二手数据，而基本单位普查的数据对市场营销研究来说同样是非常有价值的资料。除了这两种普查数据之外，非常重要的普查数据还有农业普查、工业普查、服务业（第三产业）普查及综合性经济普查等重要的数据。此类数据对于市场营销、企业战略、行业研究等方面均有很大的助益。此外，政府还发布或出版大量的统计数据，如工业增长值增长速度、消费者信心指数、宏观经济景气指数等月度报告的数据，以及一些重要的按季度、年度报告的数据。除了发布数据外，政府部门也出版了一些定期的刊物，其中比较有用的有《中国统计年鉴》《中国发展报告》《中国工业经济统计年鉴》等。

（2）商业数据。除了政府提供的二手数据外，现在商业数据也非常丰富。从形式上看，有书籍、期刊、报纸、专题报告和行业数据等大量公开出版数据，也有帮助研究者搜索有关数据的工具出版物，如指南、目录、索引和其他非官方统计数据。《经济研究》《国际贸易》《世界经济》《管理世界》《商业评论》等都是中国经济和管理方面较为权威的刊物。而指南是搜索二手数据的最重要的工具之一，它帮助我们确定其他重要的数据来源。索引是搜索特定主题文献最重要的工具。国内最知名的索引工具有《中文社会科学引文索引》（CSSCI）、《中国期刊目录名索引》和《全国报刊索引》等。

2. 公开的数据库

计算机数据库是指按照一定要求收集且具有内部相关性的数据的集合体。企业内部会根据自身的性质和需求建立合适的数据库，而外部数据库指的是公司外部的组织所提供的简单的数据库。它们可以作为二手数据的来源。其中，外部数据库中很大一部分都是公开的数据库。

随着大数据时代的到来，合理利用公开的数据库（见表7-3）不仅可以使数据收集更为便利，而且收集的数据更为及时且完整全面。例如，国家数据网站（http://data.stats.gov.cn/index.htm）的数据来源于中国国家统计局，包含了我国经济民生等多个方面的数据，并且在月度、季度、年度都有覆盖，较为全面和权威。中国统计信息网（http://www.tjcn.org/）为国家统计局的官方网站，汇集了海量的全国各级政府各年度的国民经济和社会发展统计信息。除了国内信息，CEIC 网站（http://www.ceicdata.com/zh-hans）也提供了大量的国外数据。这个网站拥有着最完整的一套超过 128 个国家的经济数据，能够精确查找 GDP、CPI、进口、出口、外资直接投资以及国际利率等深度数据，内容涵盖宏观经济数据、行业经济数据和地区经济数据。除此之外，还有一些商业数据网站也值得我们关注。Wind，即万得网站（http://www.wind.com.cn/），被誉为中国的 Bloomberg，在金融业有着全面的数据覆盖，金融数据的类目更新非常快，很受国内商业分析者和投资人的青睐。而亚马逊 aws 网站（http://t.cn/RQGHkM9）来自亚马逊的跨科学云数据平台，包含化学、生物、经济等多个领域的数据集。

表 7-3　常用国内外二手数据资源汇总

序号	中文全称	英文缩写	组织实施机构	数据申请网站	备注
1	中国家庭动态跟踪调查	CFPS	北京大学中国社会科学调查中心	http://www.isss.edu.cn/cfps/	公开申请
2	中国健康与养老追踪调查	CHARLS	北京大学国家发展研究院	http://charls.pku.edu.cn/zh-CN	公开申请
3	中国综合社会调查	CGSS	中国人民大学社会学系、香港科技大学社会科学部	http://www.chinagss.org/	公开申请
4	中国家庭收入调查	CHIPS	北京师范大学中国收入分配研究院	http://www.ciidbnu.org/index.asp	公开申请
5	中国健康与营养调查	CHNS	北卡罗来纳大学人口研究中心、中国疾病控制中心	http://www.cpc.unc.edu/projects/china/	公开申请
6	中国家庭金融调查	CHFS	西南财经大学中国家庭金融调查与研究中心	http://chfs.swufe.edu.cn/	公开申请
7	中国城镇住户调查	UHS	国家统计局城调总队		特殊申请
8	中国人口普查（抽样调查）	Census	国家统计局		特殊申请
9	中国劳动力动态调查	CLDS	中山大学社会科学调查中心	http://css.sysu.edu.cn/data/list	公开申请
10	中国教育追踪调查	CEPS	中国人民大学中国调查与数据中心	http://ceps.ruc.edu.cn/	公开申请
11	中国宗教调查	CRS	中国人民大学哲学院与中国人民大学中国调查与数据中心	http://crs.ruc.edu.cn	公开申请
12	全国流动人口动态监测调查数据		国家卫计委	http://www.chinaldrk.org.cn/data/	公开申请
13	全国农村固定观察点调查数据		中共中央政策研究室、国家农业部		特殊申请
14	中国人民大学中国调查与数据中心			http://www.cssod.org/index.php	
15	清华大学中国经济社会数据中心	CDC		http://www.chinadatacenter.tsinghua.edu.cn/	
16	数据服务社会学人类学中国网		北京大学中国社会与发展研究中心	http://www.sachina.edu.cn/Index/datacenter/index.html	
17	中国工业企业数据库		国家统计局	http://www.allmyinfo.com/data/zggyqysjk.asp	

(续)

序号	中文全称	英文缩写	组织实施机构	数据申请网站	备注
18	海关数据库		中国海关	http://new.ccerdata.cn/Home/Special	
19	中国私营企业调查	CPES	中国社会科学院私营企业主群体研究中心	http://finance.sina.com.cn/nz/pr/	
20	企业调查数据		世界银行	http://www.enterprisesurveys.org/data	VBBH
21	中国专利数据库		国家知识产权局和中国专利信息中心	http://new.ccerdata.cn/Home/Special#h3　http://202.107.204.54：8080/cnipr/main.do？method=gotoMain	
22	农村经济研究中心农村固定观察点数据		农业部农村经济研究中心	http://www.moa.gov.cn/sydw/ncjjzx/gcdgzdt/gzdtg/201302/t20130225_3225848.htm	
23	中国城乡流动数据库	RUMIC	澳大利亚国立大学、北京师范大学	https：//www.iza.org/organization/idsc？page＝27＆id＝58	
24	中国城镇住户调查数据	UHS	国家统计局		
25	中国老年健康影响因素跟踪调查	CLHLS	北京大学	http://web5.pku.edu.cn/ageing/html/datadownload.html	
26	中国家庭收入项目	CHIP	中国社会科学院经济研究所收入分配课题组	http://www.ciser.cornell.edu/ASPs/search_athena.asp？CODEBOOK＝ECON-111（1995）&ID-TITLE=2064CHIP	
27	美国综合社会调查	GSS	美国全国民意研究中心	http://www3.norc.org/gss+website/	
28	健康与退休研究	HRS	密歇根大学	http://hrsonline.isr.umich.edu/	
29	中国健康与营养调查	CHNS	北卡罗来纳大学教堂山分校卡罗来纳州人口中心与中国疾病预防控制中心营养与食品安全所国际合作项目	http://www.cpc.unc.edu/projects/china/	
30	美国当前人口调查	CPS	人口普查局	http://www.bls.gov/cps/	
31	美国家庭经济动态调查	PSID	密歇根大学	http://psidonline.isr.umich.edu/	
32	欧洲社会调查	ESS		http://www.europeansocialsurvey.org/	
33	英国选举追踪调查	BEPS		http://www.crest.ox.ac.uk/intro.htm	

（1）中国家庭动态跟踪调查（Chinese Family Panel Studies，CFPS）是北京大学中国社会科学调查中心（ISSS）实施的一项旨在通过跟踪搜集个体、家庭、社区三个层次的数据，反映中国社会、经济、人口、教育和健康的变迁，以为学术研究和政策决策提供数据为目标的重大社会科学项目。2008年在北京、上海、广东开展的探索性

调查，调查规模为 2400 户；2009 年在北京、上海、广东三地开展工具性测试跟踪调查，测试 CAPI 技术、调查进程实时管理技术、调查进程实时技术支持系统、数据质量实时监控技术的稳定性和可靠性。2010 年在全国（西藏、青海、新疆、宁夏、内蒙古、海南、香港、澳门、台湾不在其列）正式实施，调查规模为 16 000 户，每年一次跟踪调查。

（2）中国健康与养老追踪调查（China Health and Retirement Longitudinal Study，CHARLS）旨在收集一套代表中国 45 岁及以上中老年人家庭和个人的高质量微观数据，用以分析我国人口老龄化问题，推动老龄化问题的跨学科研究。CHARLS 全国基线调查于 2011 年开展，覆盖 150 个县级单位，450 个村级单位，约 1 万户家庭中的 1.7 万人。这些样本以后每两年追踪一次，调查结束一年后，数据将对学术界公开。

（3）中国综合社会调查（China General Social Survey，CGSS）是中国第一个全国性、综合性、连续性的大型社会调查项目。从 2003 年开始每年一次，该项目对全国 125 个县（区）、500 个街道（乡、镇）、1000 个居（村）委会、10 000 户家庭中的个人进行调查，通过定期、系统地收集中国人与中国社会各个方面的数据，总结社会变迁的长期趋势，探讨具有重大理论和现实意义的社会议题，推动国内社会科学研究的开放性与共享性，为国际比较研究提供数据资料。截至 2008 年，CGSS 一共进行了五次年度调查，完成了项目的第一期。2010 年，CGSS 开始了项目的第二期，计划从 2010 年开始到 2019 年为止，每两年进行一次调查，共进行五次调查。CGSS 调查数据及其他调查资料向全社会完全开放，其数据在国内外产生重大影响，被视作研究中国最重要的数据来源之一。

（4）中国家庭收入调查（CHIP）已经收集了 1988 年、1995 年、2002 年、2007 年和 2013 年的收支信息，以及其他家庭和个人信息。最新公开数据：CHIP2013。以 CHIP2013 为例，样本覆盖了东、中、西部的 15 个省份、126 个城市、234 个县区，分析单位与调查规模：家庭、个人，包含 3 个子数据库（城镇住户、农村住户、流动人口）。以 CHIP2013 为例，共抽选出 18 948 个住户样本和 64 777 个个体样本，其中包括 7175 户城镇住户样本、11 013 户农村住户样本和 760 户外来务工住户样本。主要研究教育回报、收入分配、储蓄消费、劳动力市场、性别歧视、户籍制度等。这是迄今中国收入分配与劳动力市场研究领域中最具权威性的基础性数据资料。

（5）中国健康与营养调查旨在检验健康、营养和计划生育政策的影响，研究中国社会经济的转变如何作用于整体人口健康和营养状况。1989～2011 年，每两年一次，进行连续跟踪调查，最终形成 9 年的面板数据。主要调查辽宁、黑龙江、江苏、山东、河南、湖北、湖南、广西、贵州、北京、上海、重庆等 12 省（直辖市、自治区）。主要调查个体层次变量：家庭成员的人口学特征、就业、教育、工资收入、饮食、营养、健康状况等详细信息。家庭层次变量：农业生产、农作物价值、家庭收入、消费、居住情况、交通工具、家庭财产等。社区层次变量：村人数、村户数、是否实行医疗保险、医院情况、消费结构、学校情况、计划生育情况、食品价格等。

（6）中国家庭金融调查（CHFS）研究中国家庭金融问题、劳动经济学的相关问题。2011年开始首轮调查，每两年进行一次追踪调查。目前可利用数据CHFS2011、CHFS2013、CHFS2015。以CFPS2013为例，除追访2011年访问的8438户家庭、29 000个个体外，样本进行首次扩展，最终共计调查来自全国29个省市、自治区（新疆、西藏除外），262个县区的28 241个家庭，93 000个个体。主要调查家庭收入储蓄、非金融资产、金融资产、家庭负债、财富、保险、社会保障、消费支出、教育、就业等。

（7）中国城镇住户调查（UHS）每年调查一次，文献中较早的数据可以追溯到20世纪80年代。所含经常性调查户每年轮换1/3，即每个家庭（个体）样本存续期为3年，从而形成连续面板数据。该调查调查全国范围内城市市区和县城关镇区的住户，一般会根据研究需要，选择部分地区的样本数据。主要调查代表性家庭（个人）的家庭结构、教育、就业、收入、支出以及消费的详细资料，以研究消费经济学、劳动经济学、教育经济学等相关问题为主。

（8）中国人口普查（抽样调查）（Census）以研究计划生育效果、劳动力迁移、人口老龄化、留守老人与儿童、房地产价格等为主。主要调查个人层次变量：人口学特征、就业、教育、迁移等。家庭层次变量：家庭特征、住房、生育、生活条件等。时间跨度是1990年、2000年全国人口普查数据，以及2005年全国1%人口抽样调查数据。

（9）中国劳动力动态调查（China Labor-force Dynamics Survey，CLDS）通过对中国城乡以村/居为追踪范围的家庭、劳动力个体开展每两年一次的动态追踪调查，系统地监测村/居社区的社会结构和家庭、劳动力个体的变化与相互影响，建立劳动力、家庭和社区三个层次上的追踪数据库，从而为进行实证导向的高质量的理论研究和政策研究提供基础数据。CLDS聚焦于中国劳动力的现状与变迁，内容涵盖教育、工作、迁移、健康、社会参与、经济活动、基层组织等众多研究议题，是一项跨学科的大型追踪调查。CLDS样本覆盖中国29个省市（除港澳台、西藏、海南外），调查对象为样本家庭户中的全部劳动力（年龄15～64岁的家庭成员）。在抽样方法上，采用多阶段、多层次与劳动力规模成比例的概率抽样方法（multistage cluster, stratified, PPS sampling）。CLDS于2011年在广东省开展了试调查，并于2012年正式铺开在全国的调查。

（10）中国教育追踪调查旨在揭示家庭、学校、社区以及宏观社会结构对于个人教育产出的影响，并进一步探究教育产出在个人生命历程中发生作用的过程。其从全国随机抽取28个县级单位（县、区、市）作为调查点，以初中一年级（7年级）和初中三年级（9年级）两个同期群为调查起点，以学校为基础，在入选的县级单位随机抽取了

112 所学校、438 个班级进行调查，被抽中班级的学生全体入样，基线调查共调查了约 2 万名学生，主要调查家庭教育、学校教育、学生认知能力等项目。

（11）中国宗教调查（CRS）旨在记录并解释中国宗教的现状与变迁，全面收集中国宗教不同层次的基础数据，综合反映中国社会转型时期的宗教发展状况。该调查于 2012 年启动，2013～2015 年在全国开展问卷调查，主要调查宗教活动、宗教信仰等项目。

（12）全国流动人口动态监测调查数据主要调查较为详细的流动人口的人口基本特征、教育、流动情况、职业、配偶，以及子女性别、年龄、特征等信息。该调查每年一次，最新公开数据为 2015 年数据，涉及全国 31 个省、市、自治区，主要调查对象是流动人口：在流入地居住一个月以上，非本区（县市）户口的 15～59 周岁流动人口。以 2014 年为例，样本容量为 200 937 个，主要研究人口流动、户籍制度、生育意愿、其他劳动经济学相关问题。

（13）全国农村固定观察点调查数据最早开始于 1984 年，2003 年开始对农村住户及其家庭成员进行两级调查，涉及全国 31 个省、市、自治区，每年调查约 2 万户农户。主要调查家庭基本情况、土地情况、固定资产、农业生产与经营、家庭收支与消费、居住情况等项目。它较为全面地反映了中国各地区农户及其家庭成员的生产、消费、就业、生活及其他各项活动，主要研究中国农村发展相关问题。

（14）中国人民大学中国调查与数据中心（National Survey Research Center at Renmin University of China，NSRC）成立于 2009 年 3 月，是直属中国人民大学的跨学科、跨院系的综合性科研机构。中心的宗旨为科学、系统、全面地采集、整理、存储与开发中国经济与社会调查数据，进行调查方法与相关技术的研究开发，实施具有重大科学与现实意义的大型科研项目，为科学研究和政府决策提供数据支持。

（15）清华大学中国经济社会数据中心（China Data Center，Tsinghua University，CDC）是清华大学跨院系的校级研究机构，是以社会经济调查数据和宏观截面数据为主体，全面关注中国社会经济变迁长期趋势的数据服务平台。数据中心将围绕以下几个方面开展工作：收集、整理和开发社会各界在长期的社会经济实践和科学研究过程中积累下来的有价值的研究数据；结合清华大学多学科交叉的学科优势和资源优势，就我国社会经济运行过程中面临的重大现实问题，开展有针对性的微观社会经济调查和政策发展研究；就重要领域的发展，如教育、劳动力市场等，建立专项长期追踪研究；依托中心的数据平台，强化校内外、国内外的学术交流与合作，集中研究力量就前沿性的重大社会理论和社会研究方法问题开展深入的学术研究。

（16）数据服务社会学人类学中国网是由北京大学中国社会与发展研究中心主办的综合性门户网站，旨在推动社会学、人类学研究在中国的发展，为人们提供最新、最全面、最丰富的社会学、人类学研究的各类资源，为广大研究者及学术爱好者提供一个学习、交流的平台以及资源共享的平台。社会学人类学中国网目前设置有社会现象、学科学界、文章争鸣、读书、文献服务、数据服务、互动交流、社会论坛、网上调查等主要栏目，主要提供论坛、博客、新闻、学术文章、学术刊物、研究文献、书籍、调查数据、学界动态、发表评论等多种服务。

（17）中国工业企业数据库根据国家统计局拟定的工业企业报表制度抽样，覆盖中国大陆地区（不含台湾地区）销售额500万元人民币以上的大中型制造企业，是全国最为详细、所用最为广泛的微观数据库，主要研究工业企业的相关问题。数据内容中的工业统计指标包括工业增加值、工业总产值、工业销售产值等主要技术经济指标，以及主要财务成本指标和从业人员、工资总额等。

（18）海关数据库主要是海关履行进出口贸易统计职能中产生的各项进出口统计数据，专注企业进出口情况，数据具体到各企业、各海关口岸的商品进出口情况。其采取企业主动上报汇总的抽样方式，覆盖全国各种类型进出口企业汇报。

（19）中国私营企业调查简称CPES，针对私营企业和私营企业主的综合状况进行调查，内容详细，关注和研究我国私营企业发展。本调查是目前国内关于私营企业的全国性调查中对于私营企业主个人特征，尤其是社会和政治特征的调查最为集中的一项，且运用全面、系统、翔实的调查数据，对私营经济与私营企业主阶层的成长过程做了记录。抽样方式：在全国范围内按一定比例（0.05%左右，每次的比例略有差别）进行多阶段抽样，针对中国大陆31个省、自治区、直辖市（除港澳台外）203万户私营企业和企业主。

（20）企业调查数据主要针对一些国家的非农企业进行抽样调查，调查样本根据企业注册域名，采用分层随机抽样的方法获取，主要关注一个国家的商业环境变化以及公司效率和性能特征。以2012年的数据为例，调查涉及企业位于大连、北京、石家庄、郑州、深圳、成都等25个城市，涵盖中国东、中、西三大区域；调查对象为企业总经理、人力资源经理、会计师或者其他职员。调查涉及食品制造业、纺织业、服装业、基本金属制造业、电子工业、交通设备制造业等20多个行业；调查内容包括企业基本信息、城市基础设施和公共服务、销售和供货、市场竞争程度、用地和行政许可、创新和技术、融资、政商关系、用工、商业环境及企业绩效等多个方面。

（21）中国专利数据库准确地反映了中国最新的专利发明，企业主动上报汇总，适用于全国各种类型企业专利申请。该系统收录了中国自1985年实施专利制度以来的全部中国专利数据，具有较高的权威性，网上数据每周更新一次，是国内最好的专利数据库检索系统之一。

（22）农村经济研究中心农村固定观察点数据，目前有调查农户23 000户，调查村有360个行政村，样本分布在全国除港澳台外的31个省（区、市）。目的主要是通过观察点对农村社会经济进行长期的连续调查，掌握生产力、生产关系和上层建筑领域的变化，了解不同村庄和农户的动态、要求，从而取得系统周密的资料。其主要工作：一是常规调查，每年年底按统一口径全面收集所有样本村、户数据；二是专题调查，根据上级领导的指示及有关部门的安排，针对农村发展、农业生产和农户生产生活中的焦点、重点问题，每年开展多项专题调查；三是动态反映，省、县两级调查机构及时反映当地农村中出现的新情况和新问题。

（23）中国城乡流动数据库，本项目主要在人口流出或流入的大省进行调查。其中，农村住户调查在以下9个省（直辖市）进行：安徽、重庆、广东、河北、河南、湖北、江苏、四川、浙江；城市流动人口调查在以下15个城市进行：蚌埠、成都、重庆、东莞、广州、合肥、杭州、洛阳、南京、宁波、上海、深圳、武汉、无锡、郑州。城镇住户调查在19个城市进行，包括城市流动人口调查的15个城市，以及如下4个城市：安阳、建德、乐山、绵阳。调查问卷涉及个人和家庭层面的信息，如家庭构成、成人教育、成人就业、家庭资产等。核心问题是人口流动的福利问题。

（24）中国城镇住户调查数据主要调查个人和家庭层次的变量，如与户主关系、性别、年龄、家庭总收入、家庭消费等。现在大家使用的是6个省（直辖市）的数据（北京、广东、浙江、辽宁、陕西、四川），每年有3500～4000户的数据，是现有的最全的全国范围的微观变量数据，主要研究教育回报率、收入不平等、家庭消费、家庭金融等问题。

（25）中国老年健康影响因素跟踪调查，本项目的研究目标是更好地理解影响人类健康长寿的社会、行为、环境与生物学因素，为科学研究、老龄工作与卫生健康政策信息依据填补空白。本项目主要搜集老人死亡年月、死因、死前健康与生活自理能力等信息。在2008年的调查中，本项目从大约14 000位年龄在40～110岁的自愿受访者中收集了唾液DNA样本，在2009年和2012年的8个健康长寿典型调研地区的调研中，采集了约4800位被访者的血液和尿样样本。另外，在1998年的基线调查中，搜集了4116名80岁以上高龄老人的指尖血样样本。CLHLS基线调查和跟踪调查涵盖了23个省（直辖市、自治区）。涵盖区域总人口在1998年基线调查时为9.85亿，在2010年时为11.56亿，大约占全国总人数的85%。

（26）中国家庭收入项目是中国社会科学院经济研究所收入分配课题组（李实、赵人伟老师主持，福特基金赞助）于1988年、1995年和2002年进行的项目。1995年的调查覆盖19个省（直辖市、自治区），调查了6931户城镇家庭和7998户农村家庭，分别涉及21 696位城镇居民和34 739位农村居民；2002年的调查覆盖22个省（直辖市、自治区），调查了6835户城镇家庭和9200户农村家庭，分别涉及20 632位城镇居民和37 969位农村居民。

（27）美国综合社会调查GSS包含人口统计、行为和态度问题的标准"核心"等。自1972年以来，许多核心问题保持不变，以促进时间趋势研究以及早期研究结果的复制。GSS 跟踪了过去几十年来美国人的意见。

（28）密歇根大学的健康与退休研究（HRS）是一项纵向小组研究，每两年调查一次 50 岁以上超过 26 000 名美国人的代表性样本。在国家老龄化研究所（NIA U01AG009740）和社会保障管理局的支持下，HRS 探讨了劳动力参与的变化以及个人在其工作生涯结束时以及随后几年中所经历的健康转变。

（29）中国健康与营养调查（CHNS）是北卡罗来纳大学教堂山分校卡罗来纳州人口中心与中国疾病预防控制中心营养与食品安全所国际合作项目，旨在研究国家和地方政府实施的健康、营养和计划生育政策和计划的效果，并了解中国社会和经济转型如何影响其人口的健康和营养状况。

（30）美国当前人口调查（CPS）是由人口普查局为劳工统计局进行的每月家庭调查。它提供了关于劳动力、就业、失业、非劳动力人口、工作时间、收入以及其他人口和劳动力特征的全面数据。

（31）美国家庭经济动态调查，该研究始于 1968 年，其中有一个全国代表性的样本，共有 18 000 多人生活在美国的 5000 个家庭中。该研究不断收集有关这些人及其后代的信息，包括有关就业、收入、财富、支出、健康、婚姻、生育、儿童发展、慈善事业、教育和许多其他主题的数据。

（32）欧洲社会调查（ESS）是一项学术驱动的跨国调查，自 2001 年以来每两年在欧洲进行一次。该调查测量了 30 多个国家不同人群的态度、信仰和行为模式。

（33）英国选举追踪调查。其工作旨在记录和解释政治与社会态度、身份和行为的变化模式。其负责 1983 年、1987 年、1992 年和 1997 年的英国选举调查，其成员密切参与英国社会态度调查。

3. 辛迪加数据

除了公开的数据库，还有一种外部数据，名为辛迪加数据，它指的是一种高度专业化、从一般数据库中所获得的外部次级资料。信息供应商把信息卖给多个信息需要者，这样使得每一个需要者获得信息的成本更为合理。辛迪加数据的一个优点就是可以分摊信息的成本，另一个优点就是信息需要者可以非常快地获得所需的信息，原因在于信息供应商总在不间断地收集有关的营销信息。它主要的应用在于：测量消费者态度以及进行民意调查，确定不同的细分市场，进行长期的市场跟踪。

4. 数据公司数据

对现在很多研究而言，研究者所做的数据收集和处理工作都是由某些专门的数据机构替代完成，而这也正是很多专业数据公司存在的原因。例如 Securities Date Company（SDC）公司，这是一家专门的数据公司，它的工作人员追踪全球范围内的并购、合资和战略联盟的公告信息，然后提取编码，最后整理成矩阵量化的定量形式的数据库。很多研究者都会使用 SDC 的数据或者类似的数据库，这为研究者进行不同的研究提供了更大的便利（陈晓萍，2008）。此外，它也有其不利的方面，主要表现在：数据不一定能保证全面性、系统性和客观性；数据公司所提供的变量指标不是专为某一研究设计的，变量可能缺乏针对性和适用性；数据收集时涉及的员工和机制过多，可能缺乏一定的一致性、准确性和可靠性。因此，在使用这些数据的时候，使用者应该在样本选取、筛选、验证和矫正方面均严格把关。

5. 上市公司数据与专利数据

与 SDC 此类数据公司的数据相比，上市公司和专利数据在数据的系统性、可靠性和干净程度上要更高一些。依照法规，上市公司必须如实公开关于企业的组织、战略、运营和财务方面的数据，所以上市公司的数据库更具有系统性和客观性。专利数据也属于公共数据资源。现在很多实证研究都采取美国专利数据，研究者可以去美国专利局的网站上获取专利数据。这里专利数据指的是美国国家专利局申请并获得授权的专利，该专利可能源于美国以外的其他国家或地区。美国是当今世界上的技术领先国家，也是很多技术和产品的最大市场，美国专利数据包含的信息丰富，数据结构整齐，且数据获得便利，结构易于使用，这些都是美国专利数据受到偏爱的原因。原始的专利数据实际上是无数的专利文本，已经有数据公司和专门的研究机构对此进行开发，提供已经矩阵结构化的定量形式的专利数据库。研究者也可以通过专利号在同一数据库中进行关联和有关技术的处理，以创建需要的变量。

7.4.3 二手数据的收集步骤及注意事项

对于二手数据的收集，第一步需要做的是确定主题的内容和需要的变量；第二步是列出关键术语和姓名；第三步是通过一些图书馆信息源或者数据库等进行搜寻；第四步是对已经找到的文献进行分析、编辑和评价，如果是文本类信息，可以对其进行矩阵结构化的量化处理。

这些二手数据的确有很多优越性，但它也存在一些不容忽视的缺点，我们在使用时尤其需要注意：一是变量指标的契合问题，在很多情况下，研究者找不到与自己理念完全契合的变量指标，而不得不做出妥协，采取有一定关联但并不具有很好契合度的指标作为代理指标。但过于局限的代理指标，数据的意义并不大，此时并不推荐使用。二是数据的准确性问题。在企业自报数据时可能存在主观或客观原因造成的误差，数据公司收集或处理数据时也可能造成偶然误差或系统误差，这些误差都会降低数据的准确性。在使用数据时，切不可一味贪图二手数据的便利或盲目陷入二手数据的挖掘，而忽视了对管理实践的关注，本末倒置，将严肃的学术研究变为"制作"论文。

7.5 文本分析数据收集过程与注意事项

我们如今所生活的"大数据时代",政府、企业、个人每天都在制造海量数据,"文本大数据"应运而生。当下"数据"的概念也发生了巨大的变化,不是只有电子表单上的数值型信息,才能被称为"数据",现在的数据可以是任何形式的非结构化信息。

7.5.1 文本数据的概念

数据主要分为两类:结构化数据,是可计算、可统计、可分析的数据,统计学、运筹学等学科都是在解决结构化数据的问题;非结构化数据,即以文本为核心的文字、图片、视频等,表现的特征是碎片式,不可统计、不可计算、不可直接分析,这些特点赋予文本数据巨大的价值。虽然对于数值型数据的分析能够覆盖绝大多数的维度,但更多的是描述事物的表层现象,主要在事物的"量"上进行描述,因此不能准确体现事物的动机或者现象的内在原因。此时,我们更需要对非结构化数据进行深入的挖掘和分析。

国际数据公司(IDC)的调查显示,企业中80%的数据都是非结构化数据,这些数据每年都按指数增长60%。而报道指出,这其中平均只有1%～5%的数据是结构化数据。作为一个尚未充分开发的"信息金矿",非结构化数据可以揭示诸多复杂且不断改变的因素变量之间潜在的相关关系或研究中隐藏的信息。

这里我们所提及的非结构化数据特指文本数据,包括所有格式的办公文档、文本、图片、访谈、观察、信件、电子邮件、各类报表、图像和音频、视频信息等。文本数据来源异常广泛且多样,很多时候需要搜索海量的网页。并且文本数据格式不一,标准也有所不同,在技术上文本信息比结构化信息更难标准化和理解。值得注意的是,文本分析数据不仅是二手数据中的非结构化数据,如学术文献、期刊、会议记录等,也包含了一手数据中的文本数据,如质性研究中的访谈记录等。

文本分析是文本挖掘、信息检索的一个基本问题,它的目的在于从根本上把所有的非结构化数据整合从而化为结构化数据,从之前难以量化的海量文本中抽取出大量有价值的、有意义的数据或信息。

7.5.2 文本数据收集程序:网络爬虫

网络爬虫,又被称为网络蜘蛛、网络追逐者,它是一种按照一定规则,自动抓取万维网信息的程序和脚本,并且已被广泛应用于互联网领域。爬虫可以抓取网页、文档甚至图片、音频、视频等资料,通过相应的索引技术组织这些信息,提供给搜索用户进行查询。在我们生活中,爬虫其实无处不在,例如百度、谷歌在抓取全网的数据,然后建立一个索引供我们搜索的时候,使用的也是爬虫。正因如此,网络爬虫在数据收集过程中所针对的对象为二手数据，不包括一手数据中的文本数据。

在进行大数据分析或数据挖掘时，我们可以去一些比较大型的官方站点下载数据源，但是这些数据源较为有限。那么此时，我们可以编写自己的爬虫程序。利用爬虫技术，自动从互联网中获取我们所需要的内容，作为我们的数据源，从而进行深层次的技术分析，并获得更多有价值的信息。在进行爬虫程序编写的过程中，Python作为最受欢迎的程序设计语言之一，由于其简洁性、易读性以及可扩展性，在爬虫编写中得到了广泛的使用。如果对于程序编写并不熟悉，我们也可以直接使用成熟的爬虫软件，例如八爪鱼采集器、GooSeeker、火车采集器以及ForeSpider等。在这四款爬虫软件中，八爪鱼采集器较为简单。对小任务而言，这是一个很好的选择，但是缺点是速度较慢。GooSeeker的操作较其他爬虫软件更为复杂，但其能够实现的功能较多，例如层级抓取、翻页、动态网页的抓取，以及同时支持爬虫群，即在同一时间执行多个爬虫，提高效率。火车采集器是四种软件中功能最为强大的一款，但也是最难上手的一款，使用时制定网址采集规则、内容采集规则，即要看网页源码，根据源码找爬取内容。ForeSpider没有前三种使用的频率高，但其实是操作较为容易的一款爬虫软件，仅次于八爪鱼，而且功能要比八爪鱼强大许多。ForeSpider爬虫有自己的内置数据库，同时也支持MySQL等主流数据存储系统。

7.5.3 质性研究中的文本数据收集

在很多情况下，研究者将文本数据的收集等同于二手数据中非结构化数据的收集。研究者可以使用不同方式通过查阅资料来获取信息。但是除此之外，质性研究中的数据收集也属于文本数据收集的一部分，质性研究中的数据大多来自于一手数据。在质性研究中，对其文本数据的收集是非常重要的一部分。质性研究是相对于量化研究而言的，指的是研究者置身于研究情境中，运用观察、访谈和文献调查等方法去接近、体验和理解被研究者，并力求从当事人的角度去解释他们的行动及其意义建构的过程。质的研究是产生描述性资料的研究，描述人们在自然现场的行为和语言，它以文字而非数字的形式呈现。

质性数据搜集策略包括民族志、参与观察、开放式的或非结构型访谈以及揭示参与者故事的文本档案分析。民族志研究就是对特定文化的人群进行详细、生动、情境化的描述，以探究特定文化中人们的生活方式、行为模式、价值观念等。而通过实地观察，研究者可以观察到在特定情境中参与者的情绪状态、表现方式，以及参与者之间的社会互动、语言与非语言的交流等。运用访谈，研究者关注人们做事的理由和有关工作的故事。例如，Dougherty（1992）在其对于产品开发的社会学研究中，通过对参与产品开发的员工进行访谈并让他们对开发产品的过程以及产品本身进行描述，来获得与人们开发产品的理由以及特定的公司氛围、人际关系等因素对产品开发的影响相关的信息。无论是否是质性研究，访谈都贯穿在社会学、管理学等各个领域中。在进行与企业高管层面有关的实证调研中，访谈是经常被研究者采取的一种方式。通过与企业管理者交流，不仅可以验证企业家的人力资本等个人层面的特征，还可以获得诸如进入市场动机、企业关系网络、战略导向等企业或行业层面的信息。

7.5.4 文本数据收集过程的关键要点

对于不同的研究，所要收集的文本数据的种类也并不相同。例如，在 Patriotta&Hirsch 于 2016 年发表的一篇文章中，研究者阐明了艺术世界的主流创新与合作链接、惯例、两栖艺术家之间的关系，他们认为新的惯例是通过一个合作的过程发展起来的，这个过程包括主流、特立独行者、局外人和新手——他们的互动产生了将艺术家与那些消费他们产品的人联系起来的新方式。为了验证其想法，作者在数据收集中利用二手资料，对新独立运动的演变做了分析性的叙述。他们核心的证据包括：专门的专著，记录了新美国独立电影的崛起和逐步巩固；关于 Sundance 和 Robert Redford 以及他们在"独立"运动中的角色的描述；关于美国电影产业的学术文章和书籍、报纸文章、博客、互联网网站和视频片段等。而 Morris 等（2016）为了研究英国电视业中新官僚主义临时组织形式，选取了该行业的一系列纪录片资料，以及选取那些人员既是第一作者又是电视自由撰稿人的简历等文本数据进行识别和编码，并进行变量的具体测度。Chen 及 Miller 于 1994 年的研究则是选取一个具有完全详尽的航空行业的竞争信息的杂志，并对 1979～1986 年的期刊进行文献回顾，同时进行编码和筛选，得到所需的变量及其之间的相关关系。

文本数据的收集过程不是一个停滞的过程，而是一个不断搜寻资料的过程。在对研究中的变量进行探索的过程中，可能会涉及不同情境、不同影响因子以及不同的作用方式，此时的文本数据也需要不断扩展和丰富。通过多种途径收集到的不同类型的数据对于研究帮助更大，因为某些类型的数据可能比其他类型的数据更全面地揭示某些特征。例如，Rindova 等（2011）为了调查组织是否以及如何利用新的和多样化的文化资源，进行了一项历史案例研究，将新的文化资源纳入意大利家居产品制造商 Alessi 的文化汇编中。在此研究中，研究者使用三个主要的数据来源对 Alessi 的文化储备的来源以及演变的过程进行跟踪研究。

（1）由组织领导人、顾问和合作者编写的企业档案。研究者选取了 Alessi 于 1979～2006 年出版的以下四类书籍：企业官方自传、具体产品开发项目书籍、关于设计师的书籍、Alessi 举办的工作坊报告以及 1960～2007 年出版的 70 本商业目录，目的是追踪组织在不同时间点的文化曲目的变化，作为组织文本记录无追溯偏见的曲目演变。

（2）采访经历过这一过程的知情人。在第一轮过程中，研究者于 2006～2007 年秋季、春季，采访了公司的 10 名成员（包括当时的首席执行官以及不同职能部门的初级和高级经理),目的是收集关于组织策略、结构和实践、它们的起源和演变的数据;在第二轮过程中,于2008年春季,研究者对公司5名成员进行访谈(2名退休经理、2名设计师以及外部设计专家),目的是验证Alessi文化剧目中不同概念融合的时间轴、完善研究者新兴的理论见解。

(3)来自外部不同领域专家的出版物。例如艺术评论家、商业历史学家、设计学者、管理学者撰写的关于Alessi的学术出版物,一般涉及历史的学术出版物、家庭产业报告、建筑设计杂志,以及各种家庭杂志等,目的是提升洞察力的有效性以及根据行业和设计历史将观察到的过程文本化。这个实例运用了多种类型的文本数据,使得研究方向及观点更清晰明确,并且在不同层面上进行验证,在不断的数据收集分析中,完善研究者的理论和实证操作。

7.5.5 收集过程的注意事项

在进行文本分析数据的收集过程中,有几点需要注意:

一是需要收集足够多的数据。虽然对于数据量还没有一套明确规定,但是过少的数据会使得实证方面存在很大的误差,缺少代表性。例如对企业高管的访谈而言,因为对于样本已经进行了筛选,访谈的对象虽然具有一定的代表性,但均存在不同的因素或情境会对研究结果产生影响。因此,必须要有足够多的数据来减少研究的误差。而且,多种视角的数据可以相互佐证,使研究不趋于片面。

二是数据应是精确、真实且完整的。在社会媒体时代,很多信息均可以在互联网上进行查阅,通过不同方式收集到的数据的真实性有待考证。并且,通过互联网大规模搜寻出来的文本在很大比例上相关性较低,如果盲目地、不加筛选地使用,将会带来巨大的工作量,并且结果的有效性很低。在做数据收集前,应对于此研究的情境、收集资料的方式以及需要的时间段进行系统的规划,收集过程中进行检验与筛选,尽量使收集的数据精确、真实且完整。

7.6 数据收集整理说明的撰写示例与技巧

研究中需要收集的数据的类型往往不止一种。在同一个研究中,需要秉着谨慎、周全的原则选择合适的数据收集方法。由于对数据的类型和不同种类数据的收集方式已经有了大致的了解,我们接下来将用一篇发表在 JAP 上的文章作为例子,详细阐述研究者所采取的数据采集步骤。

这篇论文是 Liang 等人于 2018 年发表在 JAP 上的,题为 *The Dimensions and Mechanisms of Mindfulness in Regulating Aggressive Behaviors*。在这篇论文中,作者研究了正念在敌意和攻击行为二者关系之间所起的调节作用。作者认为正念,作为自我控制过程的一个方面，在遏制工作场所攻击行为方面发挥着关键作用。在此研究中，作者将正念分为两个维度——正念意识和正念接受。正念意识是指以专注于此时此刻的经历、感情和欲望，不关注过去或未来的事件为特征，即将注意力从过去或未来转移到当下时刻；正念接受是指对一个人当下经历持有接受态度，而不试图改变这些经历，或者不用评判性、习惯性思维"有色地"去对待它们。此次研究的目的就是探索正念如何减轻敌意对工作场所攻击行为的影响，从而回答正念是什么以及它如何产生有益的自我控制效果这两个研究问题。

针对此次研究目的，作者提出此研究的启发式模型，如图7-4所示。作者根据构念模型，提出以下假设：

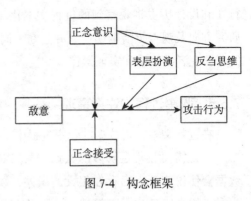

图 7-4　构念框架

- 假设 1a：正念的意识维度（正念意识）调节了敌意和攻击行为之间的正相关关系，即当正念意识较低时，敌意和攻击行为之间的正相关关系更强；当正念意识较高时，敌意和攻击行为之间的正相关关系更弱。
- 假设 1b：正念的接受维度（正念接受）调节了敌意与攻击行为之间的正相关关系，即当正念接受较低时，敌意和攻击行为之间的正相关关系更强；当正念接受较高时，敌意和攻击行为之间的正相关关系更弱。
- 假设 2a：正念意识与表层扮演负相关。
- 假设 2b：正念意识与反刍思维负相关。
- 假设 3a：表层扮演调节了敌意和攻击行为之间的正相关关系，当表层扮演高（低）时，这种关系更强。
- 假设 4a：表层扮演中介了正念意识对敌意和攻击行为之间关系的调节作用。
- 假设 3b：反刍思维调节敌意和攻击行为之间的积极关系，当个体经常进行反刍思维时，上述关系就会更强。
- 假设 4b：反刍思维中介了正念意识对敌意和攻击行为之间关系的调节作用。

为了检验上述理论假设，作者进行了四项不同的研究设计。在研究设计 1 和研究设计 2a、2b 中，研究者首先通过研究正念在缓解敌意与攻击行为之间关系的作用，分离和区分了每个正念维度在进行自我控制过程中所扮演的角色。其次，在研究设计 3 中对正念的自我调节机制进行测试，以进一步解释正念是如何运作的。在此项研究设计中，研究者提出并测试了两种可能的中介机制，即表层扮演和反刍思维。下面，我们对这四项研究设计的数据收集过程进行详细的阐述。

首先，研究设计 1 是一项实验性研究。研究者通过对参与者进行预筛选问卷调查，预选了与其主管在工作中发生负面互动的参与者。在这四项研究中，研究者均对符合要求的参与者记录其平均年龄、在当前组织的平均工作时长、与现任主管一起工作的平均时长等。

其次，让参与者完成两项任务，一项是研究者采用了一个关键的事件范例，引导参与者对目标（他们的主管）产生敌意，即回忆他们对主管感到愤怒、敌意、烦躁、蔑视、厌恶或憎恨的互动，并要求写一份描述。这是自变量数据的收集过程，该描述中涉及的形容词是从积极与消极影响量表中改编而来的。另一项是研究者操纵了正念的维度。在看到六份陈述作为闪光灯一个接一个地出现在他们的屏幕上之后，参与者被要求慢慢地阅读每一份陈述，并花时间为每份陈述集中讨论其引发的想法，再由研究人员将这些陈述独立地分为三类（正念意识、正念接受和思维游走），这是调节变量数据的收集过程。然后研究者评估参与者对目标的攻击行为，即参与者指出他们想要插入到一个洋娃娃（特定人，如子女、配偶或主管）中的大头针数量，这是因变量数据的收集过程。此次实验结果表明，在减轻敌意与攻击行为之间的关系上，正念意识比正念接受更为有利。但此次实验存在两个局限：一是研究者通过间接的方式来评估攻击行为，而且这些实验结果能否在现场环境中复制还有待观察。二是研究者通过操纵正念的维度来代表参与者瞬间的正念情况，但没有从状态与特质来区分正念。实验通过在人与人之间的层面（特质正念）和个人内部层面（状态正念）上对正念进行测量，从而检验我们的理论中是否存在同源性，这点依然很重要。

因此，引入研究设计 2a 和研究设计 2b。

研究设计 2a 是一个多阶段田野研究。在研究中，研究者考察了特质正念（正念意识特质和正念接受特质）在调节敌意—攻击行为关系中的作用，这使得研究者可以检查下属在工作场所的实际攻击行为的频率。为了收集研究数据，研究者首先对参与者进行预筛选，筛选出定期与其主管互动的全职员工。其次，在预筛选调查后大约 4 周（时间 1），研究者评估了个体对目标（他们的主管）的敌意程度，并且对正念的两个维度（即意识和接受）进行了测量。敌意的测量与正念意识、正念接受的测量一样，均采用量表进行测量评估。最后，大约在时间 1 调查完成后的 4 周，研究者运用量表来测量评估个体针对目标的攻击行为，即针对主管的偏离行为。

研究设计 2b 则是一个每日日记研究。在研究中，研究者通过研究状态正念在敌意—攻击行为关系中的调节作用来补充研究设计 2a 的结果，这也使得理论框架的同源性可以得到明确的检验。为了收集数据，研究者同样首先对于参与者进行问卷调查预筛选，该调查旨在筛选出在工作中与主管和同事定期进行互动的全职员工，他们有常规的工作时间（即星期一至星期五，每天上午 9 点至下午 5 点），并且这些参与者在日记数据收集期间没有休假的计划。其次，邀请参与者完成每天一次的日记研究。研究者在连续 5 个工作日的下午通过电子邮件给参与者发送调查问卷，要求他们报告对其主管的敌意、正念意识、正念接受以及对主管的攻击行为。研究者再使用量表对其进行衡量统计。

多阶段田野研究（研究设计 2a）和每天的日记研究（研究设计 2b）显示，正念意识调节了敌意和攻击行为之间的关系，而正念接受却没有这个功能。在找到证据表明正念意识而不是正念接受有助于减弱敌意—攻击行为间的关系后，研究者接下来试图加深关于正念意识如何控制攻击行为的知识。研究者提出了两种可能的机制，通过这种机制，正念意识可以促进自我控制过程：减少情绪失调的蔓延并减少不正常的思维过程的蔓延。而与情绪调节失控相关的构念是表层扮演，与思维过程功能失调相关的构念是反刍思维。因此，研究者进行了第四个研究来对此进行验证。

在研究设计 3 中，研究者首先仍让愿意参与研究的个体填写一份在线预筛选问卷，填入相关的人口统计特征信息，将那些符合研究的个体（即和同事有定期互动的全职员工）邀请到研究中来。在时间 1 阶段，研究者评估了个体对主管的敌意，在时间 2 阶段，研究者评估了表层扮演和反刍思维，在时间 3 阶段研究者评估了个体的正念意识特质以及个体对领导的攻击行为。对于正念意识和个体对主管的攻击行为，研究者使用和研究设计 2a 中一样的测量工具进行测量。而表层扮演和反刍思维则均使用验证过的量表进行测量。与之前的研究一致，每一项调查大约间隔一周进行。为了减少共同方法偏差对分析的影响，研究者在不同的时间点对变量进行了测量。经过数据分析，结果显示表层扮演对于正念意识对敌意—攻击行为的调节效应起到中介作用，但并没有发现反刍思维的中介作用。

这篇文章使用了多种实证研究方法进行研究，收集的数据类型和收集方式各不相同。对于不同的研究要求，研究者应该适时地改变收集数据的方式和细节。即使在同一个实验研究中，也可以采取多种数据收集方式，例如在这篇范例中，研究者在进行同一个研究中不仅采用实验研究数据，还使用问卷调查数据。

重要术语

访谈　非结构型访谈　半结构型访谈　结构型访谈　参与型观察　非参与型观察
档案记录　准实验　数据收集　实验设计　组内设计　因子设计　边际平均值
效度威胁因素　内部效度　外部效度　混淆变量　练习效应　疲劳效应　同源偏差
应答率　计算机数据库　辛迪加数据　网络爬虫　质性研究　质的研究

复习思考题

1. 案例研究中，访谈、直接观察和档案记录这三种方法收集数据的优缺点各是什么？
2. 实验室研究数据收集过程包括哪些步骤？

3. 样本数据收集方式的含义及优缺点是什么？

4. 提高数据收集质量的方法有哪些？

5. 请列举你所知道的外部数据，并简要叙述其特点。

6. 二手数据的收集步骤及注意事项分别是什么？

7. 文本数据收集时需要注意的事项有哪些？

参考文献

[1] 陈晓萍，等 . IACMR 组织与管理研究方法 [M]. 北京：北京大学出版社 . 2012.

[2] 董保宝，葛宝山，王侃 . 资源整合过程，动态能力与竞争优势：机理与路径 [J]. 管理世界，2011，（3）：92-101.

[3] 苏敬勤，崔淼 . 探索性与验证性案例研究访谈问题设计：理论与案例 [J]. 管理学报，2011，8（10）：1428.

[4] Campbell D T，Stanley J C. Experimental and Quasi-experimental Designs for Research[M]. Ravenio Books，2015.

[5] Cochran W G. Sampling Techniques[M]. New York：John Wiley & Sons，1977.

[6] Charness G，Gneezy U，Kuhn M A. Experimental Methods：Between-subject and Within-subject Design[J]. Journal of Economic Behavior & Organization，2012，81（1）：1-8.

[7] Chen M J，Miller D. Competitive Attack，Retaliation and Performance：An Expectancy - valence Framework[J]. Strategic Management Journal，1994，15（2）：85-102.

[8] De Vaus D. Surveys in Social Research[M]. Routledge，1996.

[9] Dougherty D. Interpretive Barriers to Successful Product Innovation in Large Firms[J]. Organization Science，1992，3（2）：179-202.

[10] Eisenhardt K M. Building Theories from Case Study Research[J]. Academy of Management Review，1989，14（4）：532-550.

[11] Liang L H，Brown D J，Ferris D L，et al. The Dimensions and Mechanisms of Mindfulness in Regulating Aggressive Behaviors[J]. Journal of Applied Psychology，2018，103（3）：281.

[12] Morris J，Farrell C，Reed M. The Indeterminacy of "Temporariness"：Control and Power in Neo-bureaucratic Organizations and Work in UK Television[J]. Human Relations，2016，69（12）：2274-2297.

[13] Patriotta G，Hirsch P M. Mainstreaming Innovation in Art Worlds：

Cooperative Links, Conventions and Amphibious Artists[J]. Organization Studies, 2016, 37（6）: 867-887.

[14] Rindova V, Dalpiaz E, Ravasi D. A Cultural Quest: A Study of Organizational Use of New Cultural Resources in Strategy Formation[J]. Organization Science, 2011, 22（2）: 413-431.

[15] Salkind N J, Rainwater T. Exploring Research[M]. NJ: Prentice Hall, 1997.

[16] Stake R E. Multiple Case Study Analysis[M]. Guilford Press, 2013.

[17] Tellis W M. Application of a Case Study Methodology[J]. The Qualitative Report, 1997, 3（3）: 1-19.

[18] Yin R K. Case Study Research and Applications: Design and Methods[M]. Sage Publications, 2003.

第 8 章

常见模型的数据分析过程与技巧：以 SPSS 为例

在科学的研究过程中，必然要对所研究的对象进行系统性的、可控制的、实证的和批判的调查。理论的诠释、显著事实的确定以及事实与理论的匹配组成了我们追求科学的基本范式。在科学的研究中，进行全面而真实的实证检验分析，就好比巍峨高耸的大楼下必然有着更为厚重扎实的地基。通过对模型的构建以及运用一系列的统计数据工具进行分析，实证研究可以用来检验理论解释的正确性，并且从现象上升至对本质的探索，从而把握内在的变化规律及原因。

本章主要阐述在进行实证研究的过程中，模型的构建以及数据的分析过程与技巧。理论框架的提出往往伴随着模型的构建，针对变量之间的关系，我们将模型分为只含有中介的模型、只含有调节的模型、有调节的中介模型以及有中介的调节模型。在一般研究中，中介和调节共同存在较为常见。为了证明假设，在构建好模型后，需要进行样本的收集和筛选，并且根据样本概况进行描述性统计分析。描述性统计是描述原始数据特性的最佳指标，便于对数据以及观测值的度量，为下一步数据分析奠定基础。在数据分析中，我们主要研究变量之间的关系以及彼此之间的影响。对于变量之间的关系研究主要分为两个方向：相关性分析、回归分析。相关性分析是指将变量之间的相关程度进行量化处理，而回归分析则更注重变量之间的因果关系。在进行回归分析之前，多重共线性的检验是非常有必要的。多重共线性指的是由于回归模型中解释变量之间存在高度相关关系，模型估计失真或者难以估计准确。它的存在会为数据的分析带来很大的失误，甚至将研究指向完全相反的方向。当我们进行回归分析时，根据提出的假设以及变量的层次和类型，回归分析可分为多元线性回归、曲线回归、Logit 和 Probit 回归以及跨层次回归。在一般研究中，最常见的回归分析为多元线性回归，但不是所有的回归关系均是线性的，此时必须提到曲线回归。而 Logit 回归和 Probit 回归又称为离散选择模型，它们与上述介绍的回归分析不同的地方在于其因变量为离散变量，前两种的回归分析所用的因变量为连续变量。值得注意的是，传统回归分析只能针对同一层数据结构进行分析，即只能处理变量都处于同一层面的问题。但管理学研究中，许多研究问题的解答需要用到多层次的数据结构模型，此时跨层次回归分析方法便应运而生。我们对于研究中的实证检验，除了研究变量之间的关系，还必须检验变量间相互作用的大小及方式，即证明模型中的中介效应和调节效应。只有掌握所有的数据分析过程以及在研究过程中进行合适的处理和相应的使用，我们才可以得到更为完整准确的检验结果，从而验证理论构想。

8.1 常见模型概述

在心理学、管理学、医学等众多领域的研究中常常需要探讨各种变量之间的关系，尤其是自变量对因变量的预测作用。由于现实问题的复杂性，自变量除了对因变量直接产生作用外，还有可能通过中介变量间接影响因变量。自变量和因变量之间的关系也有可能受到其他变量所产生的调节效应的影响。下面对于常见模型，进行主要的分类和概述。

8.1.1 只含有中介的模型

如果在一个模型中，自变量和因变量之间只存在一个中介变量，则此中介效应称为简单中介效应。除此之外，还存在多个中介变量在自变量与因变量之间起作用的现象，这类中介模型被称为多重中介模型。当多个变量在自变量和因变量之间起中介作用时，其作用方式既可能是同时性的，也可能是顺序性的。此时，多重中介模型主要分为以下几种。

1. 并行多重中介模型

我们把在自变量和因变量之间同时起到中介效用的多个中介变量的模型，称为并行多重中介模型，其表现形式如图 8-1 所示。并行多重中介模型在论文撰写过程中得到广泛使用，其中，运用最多的当属双元中介模型。例如，如图 8-2 所示，Bavik 等（2018）在 *The Leadership Quarterly* 上发表的题为 "*Ethical Leadership and Employee Knowledge Sharing: Exploring Dual-mediation Paths*" 的文章中使用了两个并列的中介变量。这篇文章探讨了员工知识分享受控动机与员工道德认同在道德领导与员工知识分享关系中的中介作用。其中，员工控制知识分享的动机和员工道德认同为并列的两个中介变量。

2. 链式多重中介模型

如图 8-3 所示，链式多重中介模型中，强调的是中介变量的出现顺序的特征。其中，运用最多的当属由两个中介变量依次出现组成的链式中介模型。如图 8-4 所示，王朝晖（2018）在关于悖论式领导是否以及如何促进员工双元行为的研究中，认为悖论式领导能够影响员工的心理安全感，进而影响工作繁荣感，最后促进员工双元行为。此研究中，心理安全感和工作繁荣感发挥了链式中介作用。

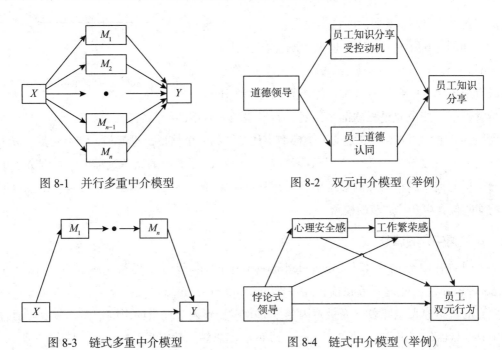

图 8-1　并行多重中介模型　　　　图 8-2　双元中介模型（举例）

图 8-3　链式多重中介模型　　　　图 8-4　链式中介模型（举例）

8.1.2　只含有调节的模型

如果变量 Y 与变量 X 的关系是变量 M 的函数，称 M 为调节变量。就是说，Y 与 X 的关系受到第三个变量 M 的影响，这种有调节变量的模型一般地可以用图 8-5 示意。调节变量可以是定性的（如性别、种族、学校类型等），也可以是定量的（如年龄、受教育年限、刺激次数等），它影响因变量和自变量之间关系的方向（正或负）和强弱（Baron，1986）。

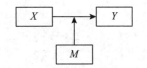

图 8-5　简单调节效应模型

例如，学生的学习效果和指导方案的关系，往往受到学生个性的影响：一种指导方案对某类学生很有效，对另一类学生却没有效，从而学生个性是调节变量。又如，学生一般自我概念与某项自我概念（如外貌、体能等）的关系，受到学生对该项自我概念重视程度的影响：很重视外貌的人，长相不好会大大降低其一般自我概念；不重视外貌的人，长相不好对其一般自我概念影响不大。所以，对该项自我概念的重视程度是调节变量（温忠麟，2005）。

8.1.3 同时包含中介和调节的模型

相对于前两种只包含中介变量或调节变量的模型而言,有中介的调节模型和有调节的中介模型更为常见。在介绍有中介的调节模型之前,我们首先来看看图 8-6 所示的这个模型。

如图 8-6 所示,在这个模型中既含有中介又含有调节。Edwards 和 Lambert(2007)在讨论既有调节又有中介的模型时,将调节放到中介分

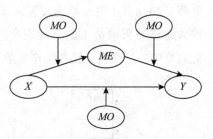

图 8-6 同时包含中介和调节的模型

析背景中,按中介过程的前半路径、后半路径、直接路径是否受到调节,组合出 8 种模型。其中,图 8-6 代表了这 8 个模型中最复杂的一个情形,也就是,调节变量(*MO*)既调节了直接效应,又调节了间接效应,并且在间接效应的调节过程中,既调节了中介过程的前半路径,又调节了中介过程的后半路径。下面,我们将介绍两种比较典型的同时包含中介和调节的模型。

1. 有中介的调节

对"有中介的调节"(mediated-moderation)模型可以理解为:首先存在的是 moderation,也就是调节在前;存在的 moderation 被 mediator 中介了。具体来说,有中介的调节模型意味着自变量对因变量的效应受到调节变量的影响,而调节效应通过中介变量而起作用(Baron & Kenny,1986;温忠麟和叶宝娟,2014)。如图 8-7 所示,与简单中介的逻辑相同,只是这里要解释的效果涉及交互(调节)。在"有中介的调节"模型中,*IV*MO* 为交互项,*ME* 在交互项与因变量 *DV* 之间起到中介作用。

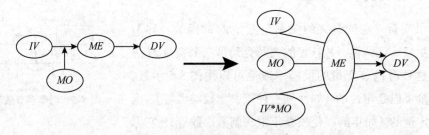

图 8-7 有中介的调节模型及原理

例如,在 Shao 等(2018)发表的题为 "*Self-protective Reactions to Peer Abusive Supervision: The Moderating Role of Prevention Focus and the Mediating Role of Performance Instrumentality*" 一文中,作者从自我保护视角对一个第三方在看到同伴受到虐待惩罚时,会对第三方工作努力产生影响的调节模型进行研究。如图 8-8 所示,研究者从自我保护的视角出发,认为在预防定向的同事(第三方)看到同事受到的辱虐行为后,可能出于自我保护的动机,为了避免接受惩罚或是辱虐,而想通过提高工作绩

效以避免辱虐，最后形成第三方的努力行为。因此，可得出假设1：第三方的预防定向调节了同事辱虐监督到第三方的工作努力。在此模型中，第三方绩效机制是一种动机。预防定向和同事辱虐管理监督的交互作用对于提高工作努力的关系受到第三方内心动机的影响，当第三方认为上级处罚同事是因为同事的绩效不行时，第三方才会做出工作努力。如图8-9所示，此时预防定向和同事辱虐管理监督为交互项。因此，可得出假设2：第三方绩效机制中介了预防定向和辱虐的同事监督交互对第三方的工作努力的作用。

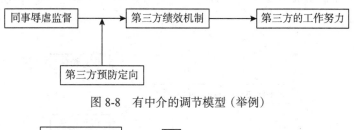

图 8-8　有中介的调节模型（举例）

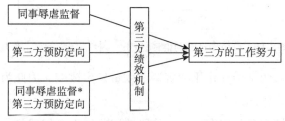

图 8-9　有中介的调节模型（举例）作用机制

2. 有调节的中介

对于"有调节的中介"（moderated mediation）的理解，有两点：首先存在的是中介；中介被调节，也就是中介强度会随情境发生改变。我们赞同 Edwards 和 Lambert（2007）的观点，无论直接路径是否受到调节，都可以建立有调节的中介模型。如图 8-10 所示，即 r_1（第一阶段效应）*r_2（第二阶段效应）会随 MO（调节变量）发生改变。所以调节变量只要会影响 r_1、r_2 的任意一个，都可认为是有调节的中介。因此，有"调节的中介"可以分成第一阶段被调节的中介、第二阶段被调节的中介和两阶段被调节的中介。

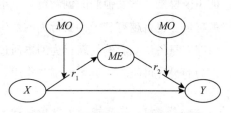

图 8-10　有调节的中介模型示意图

（1）第一阶段被调节的中介。虽然第一阶段被调节的中介同"有中介的调节"的图解基本相同，但是理论含义却大相径庭。"有中介的调节"强调的是中介变量在传递两个变量对结果变量交互影响时的中介作用（Lam et al., 2007）。而第一阶段被调节的中介强调的是中介作用如何随着调节变量发生变化，即该调节变量改变了自变量和中介变量之间关系的强度（Dick et al., 2008）。

例如，在 Dick 等（2008）的《群体多样性与群体认同：多样性信念的调节作用》一文中，研究者将群体成员多样性信念作为第一阶段的调节变量。如图 8-11 所示，研究者对此提出以下 3 个假设。

- 假设 1：主观多样性与群体认同之间的关系会受到多样性信念的调节。
- 假设 2：群体认同与信息精化和团队成员留在团队中的意愿呈正相关。
- 假设 3：主观多样性通过群体认同对信息精化和留职意愿产生的间接效应，受到多样性信念的调节作用的影响。更具体地说，多样性信念越强，这种中介效应越强。

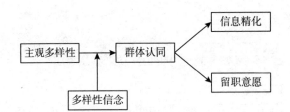

图 8-11　群体多样性与群体认同：多样性信念的调节作用

在此模型中强调的是中介作用随着调节变量发生改变，因此为"第一阶段被调节的中介"。

（2）第二阶段被调节的中介。第二阶段被调节的中介作用是指中介过程受到的调节作用，源自于调节变量增加或者减弱了中介变量对结果变量的影响（陈晓萍，2012）。例如，如图 8-12 所示，在王雁飞（2014）对于内部人身份认知对员工创新行为的影响效应以及组织承诺和工作嵌入在其中的作用机制的研究中，作者认为当员工感知到自己是组织内部成员时，他们倾向于对组织产生正面认知以及更强的归属感和认同感，从而进一步形成高水平的组织承诺。并且他们更愿意以开放的方式进行工作，这能促进他们的积极思维，激发他们的创新行为。组织承诺水平越高，员工进行创新活动的内在动力就越强，也就越有利于创新行为的产生。组织承诺作为认同过程中的中间媒介，反映了内部人身份认知影响创新行为的本质过程。而工作嵌入程度对于组织承诺影响个体创新行为的过程可能起着重要的调节作用。因此，作者提出以下 5 个假设。

- 假设 1：员工内部人身份认知对其组织承诺有显著正向影响。
- 假设 2：员工内部人身份认知对其创新行为有显著正向影响。
- 假设 3：员工组织承诺对其创新行为有显著正向影响。
- 假设 4：员工的组织承诺在其内部人身份认知与其创新行为的关系中起中介作用。
- 假设 5：工作嵌入在组织承诺与创新行为的关系中起正向调节作用。与工作嵌入程度低时相比，当工作嵌入程度高时，员工的组织承诺对创新行为的正向影响更强烈。

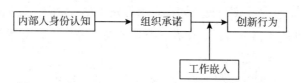

图 8-12　内部人身份认知对员工创新行为的影响效应

（3）两阶段被调节的中介。两阶段被调节的中介作用指的是因为调节变量增强或减弱了自变量和中介变量之间的关系，同时也增强或减弱了中介变量和结果变量之间的关系，因此中介作用会随着调节变量的变化而变化（陈晓萍，2012）。

例如，在赵曙明和孙秀丽（2016）关于中小企业 CEO 变革型领导行为、战略人力资源管理和企业绩效的关系研究中，研究者对于人力资源管理（HRM）能力的调节作用进行了研究（具体见图 8-13）。研究者认为，战略人力资源管理在 CEO 变革型领导行为与企业绩效之间起到了部分中介作用，人力资源部门的 HRM 能力对 CEO 的变革型领导行为与战略人力资源管理、战略人力资源管理与企业绩效之间的关系以及战略人力资源管理的中介效应都起到了正向调节作用。此时，战略人力资源管理作为中介变量，而 HRM 能力同时对两阶段进行调节。因此，对于此模型，研究者提出以下假设。

- H1：CEO 变革型领导行为与企业绩效正相关。
- H2：CEO 变革型领导行为与战略人力资源管理正相关。
- H3：战略人力资源管理与企业绩效正相关。
- H4：战略人力资源管理在 CEO 的变革型领导行为与企业绩效之间的关系中起到了中介作用。
- H5：HRM 能力正向调节 CEO 变革型领导行为与战略人力资源管理的关系。
- H6：HRM 能力正向调节战略人力资源管理与企业绩效的关系。
- H7：HRM 能力正向调节战略人力资源管理在 CEO 变革型领导行为与企业绩效之间的中介作用，即 CEO 变革型领导行为通过战略人力资源管理影响企业绩效的间接效应在 HRM 能力高的条件下会有更强关系。

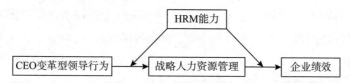

图 8-13　中小企业 CEO 变革型领导行为、战略人力资源管理和企业绩效的关系研究

3. 有调节的中介和有中介的调节的联系与区别

从理论上说，对于"有调节的中介"的模型的建立，主要目的是研究不同群体之

间的中介效果是否保持不变,这是一种有条件的间接影响。"有中介的调节"和"有调节的中介"的区别,一是字面可见,词根表示首先存在的效应;二是在"有中介的调节"中,交互影响一定是在第一阶段,而在"有调节的中介"中,交互效应在第一阶段和第二阶段均可。

8.2 样本概况与描述性统计

8.2.1 样本概况

1. 对于数据的样本来源,主要有以下三个方面需要考量

(1)样本来源的企业。研究不同,所针对的企业也均有差异。对于样本企业的选取,研究者应该契合研究目的并且制定清晰明确的选取标准。例如,Cruz 等(2019)在研究女性董事对家族企业社会绩效的影响时,所选取的均为家族企业。在筛选过程中,研究者首先手工检查了每家公司的代理声明,以确定它是否将自己归类为家族企业,以及家族成员在公司治理中的影响。其次,研究者为了确定家庭关系,通过姓氏的一致性以及使用关键词来确定股份持有者之间的亲属关系。对于家族企业的选取标准,研究者将家族企业的标准定为:在经营期间,个人或家族集团至少持有 5% 的股份;该家族至少有一名成员在董事会。只有这两个条件同时满足,才能达到研究者对家族企业的选取要求。

(2)样本所针对的目标调查对象。精准的目标调查对象可以使研究方向更为清晰明确,并且使得数据的有效性大幅度提高。例如,Vardaman 等(2017)在探讨家族企业中的中心地位与非家族成员离职率的关系时,对于样本的目标调查对象选取的是美国一家家族企业的雇员。员工虽然来自六个分散的地理位置,但都位于同一个州,因此企业内部也具有较高的文化认同。在进行实证分析时,样本数据的有效性更强。

(3)样本数据的收集过程以及样本最后所呈现的结构内容。在收集过程中,主要包括以下几点:调查对象抽取的随机性以及是否具有代表性;问卷收集次数、时间间隔以及问卷内容;问卷回收方式以及回收率是否正常。在样本的内容上,也要保证最后的样本构成的合理性。例如,Massis 等(2018)在研究民营企业家庭所有者的多重目标与自我控制代理问题时,首先针对非财务方面的数据,从独立的意大利公司中随机抽取 15 517 家公司,并向这些公司的首席执行官们发送问卷,其中 620 家企业进行了回复;然后针对财务数据,对这 620 家企业的档案数据进行收集,最终可使用样本为 294 家公司。针对第一次调查问卷的回复率进行分析,研究者发现此次调查问卷的回复率(4%)与通常报告给高层管理人员的调查的回复率(10%~15%)相比较低,但由于私营企业的回复率普遍较低,尤其是在意大利,因此回复率较为真实。最后,研究者通过比较样本的企业规模和经济活动,以及意大利国家统计局(ISTAT)2001年进行的工业和服务业普查,来评估样本的代表性。由于样本中公司的分布与ISTAT数据库非常相似,这意味着此次研究中包含的公司能够很好地代表意大利公司。

2. 在收集样本数据的过程中,有三个方面值得注意

一是恰当的资料提供者。必须确保提供数据的人有能力提供可信且有效的相关数据。在个人层面方面,关于个人的性格和态度的构念,由受访者直接提供可能是最恰当的,但关于工作绩效,其直属主管则更为恰当。关于机构层面的数据,一个普通的职员不一定了解机构的政策、战略或绩效。如果我们用邮寄方式要求机构填写这些数据,便不能没有其他措施来确保数据提供者是恰当的人选。

二是非随机抽样。在绝大部分情况下,组织行为及人力资源管理的研究都无法做到完全的随机抽样。应该尽量避免太"随意"的抽样。应尽可能有一个抽样的标准。在讨论研究结果的部分,也应交代研究限制及可能对研究外部效度的影响。

三是预测试。如果量表题项没有良好的文献参考,或者量表是直接英文翻译,最好进行预测试,以减少后续正式分析可能带来的信度效度不达标问题。如果是非量表类问题,无法测量信度效度,最好经过专业人士认可后再收集数据。

8.2.2 描述性统计

1. 描述性统计概述

描述性统计分析是指对调查总体所有变量的有关数据做统计性描述,主要包括数据的频数分析、数据的集中趋势分析、数据的离散程度分析、数据的分布以及一些基本的统计图形等。

描述性统计有两个主要作用:第一,描述性统计是描述原始数据特性的最佳指标,它对于中心位置的度量、中心情况的度量以及数据集中观测值相对位置的度量均有详细描述。第二,描述性统计可以在进一步分析之前,侦测隐藏在数据中的异常值或者观测、录入数据时的错误,防止对结果产生不良影响。

描述性统计对于变量的描述一般分为两种:定性变量、定量变量。

(1)定性变量的描述性统计。在描述定性变量时,频数和频率是两个重要指标。对于定性观测值,把它们按照某种原则分成一些组,每个观测值必须落入一个类中。对于给定的类,落入这个类的观测值的个数称为频数;而落入该类中的观测值和观测值总数的比例称为相对频率。

(2)定量变量的描述性统计。在描述定量变量时,有以下三个方面的度量:

一是数据的集中趋势。在绝大多数情况下,观测值总是集中出现在某一区域内,呈现出一种趋向中央变化的态势,这种态势称为数据分布的集中趋势。这种集中趋势的度量包括均值、中位数和众数。均值表示一系列数据或统计总体的平均特征的值，它适合于描述单峰和基本对称分布的集中趋势，而不适合用来描述严重偏态分布的集中趋势。中位数指的是将总体单位的某一数量标志的各个数值按照大小顺序排列，居于中间位置的那个数值。中位数只是考虑中间位置的数据值，所以仅用中位数描述数据会损失很多信息。但它受极端值的影响较小，因此对偏度较大的数据，中位数比均值更能代表数据的中心位置。众数则是指变量数列中出现次数最多或频率最高的变量值。众数不一定唯一，也不一定存在，并且容易受数据波动的影响。它是定类数据仅能使用的集中趋势统计量。

二是数据的离散程度。离散程度指的是一组数据的分散程度或者数据间的差异程度。对于离散程度的度量主要有极差、方差、标准差、离散系数等。极差指的是一组数据最大值和最小值的差，又称"全距"，它是最简单的测量离散程度的统计值，不考虑数据的分布，并且受极端值的影响很大。标准差指的是总体各单位标准值对其算数平均数离差平方的算数平方根，标准差的平方即为方差。对定距变量，方差和标准差是最常用也是最重要的描述离散程度的方法，它反映了各变量值与均值的平均差异。方差和标准差均大于等于0，值越大则说明数据越分散；当其等于0时，数据无差异。与方差相比，标准差的单位和原始数据的单位相同，因此它比方差更容易解释。离散系数则是指数据标准差与其相应均值之比，也称为"变异系数"。它测量了数据的相对离散程度，用于不同组别数据离散程度的比较。当比较两组数据的离散程度时，如果两组数据的测量尺度相差太大，或者数据量纲不同，直接使用标准差进行比较并不合适，而变异系数可以消除测量尺度和量纲的影响，因此变异系数在测量离散程度上应用较广。

三是数据的分布形状，反映数据分布的偏态和峰态。对于数据的分布形状，主要的度量指标为偏度和峰度。偏度指的是统计数据分布偏斜方向和情况的度量，是统计数据分布对称程度的数字特征。正态分布的偏度为0，两侧尾部长度对称。当偏度小于0时，称分布具有负偏离，也称左偏态，此时数据位于均值左边的比位于右边的少，直观表现为左边的尾部相对于右边的尾部更长（王学民，2008）。当偏度大于0时，则相反。峰度指的是描述正态分布中曲线峰顶尖峭程度的指标。当峰度系数大于0时，两侧极端数据较少，比正态分布更高更瘦，呈现峭峰分布；当峰度系数小于0时，则两侧极端数据较多，比正态分布更矮更胖，呈现平阔峰分布。

2. 描述性统计汇报方式

针对描述性统计在文章中的使用，我们选取了一篇论文作为例子，具体阐述在这篇文章中研究者对于描述性统计的分析过程。

这篇论文是杨学儒和李浩铭于2019年发表在《南开管理评论》上的《乡村旅游

企业社区参与和环境行为——粤皖两省业主制农家乐企业的探索性实证研究》。在这篇文章中，研究者从以农家乐为代表的乡村旅游创业蓬勃发展带来严重的环境污染的现实问题出发，引入企业社区参与理论，从企业内生视角揭示了乡村旅游企业环境行为差异的前因。该研究指出，企业社区参与已经成为企业承担社区责任、管理社区关系、获取合法性和社区资源供给的重要战略举措，从而影响了其经营行为和绩效，但鲜有旅游企业社区参与的文献，缺乏对乡村旅游企业社区参与现状及其行为后果的分析。基于企业社区参与理论的最新进展，该研究提出乡村旅游企业社区参与具有认同机制、趋利机制和避害机制，其正向影响了企业环境行为，创业者的环境关心和当地农村居民消费水平分别对这一关系具有正向和负向调节作用，从而构建了乡村旅游企业社区参与影响企业环境行为的理论框架，分析和揭示了企业社区参与影响其环境行为的作用机理及其情境条件，并利用广东和安徽两省 283 家农家乐创业者的一手调查数据和当地经济社会发展二手数据匹配构建的数据库进行了实证检验，提供了坚实的经验证据。

该研究数据来自作者课题组进行的抽样调查，他们共发放问卷 340 份，回收问卷 311 份（中间人调查有 29 份问卷没能按时收回），得到有效问卷 283 份，问卷回收率与有效问卷回收率分别为 91.4% 和 90.99%。作者通过样本基本情况等指标比较了来自面对面调查和中间人调查的问卷，没有发现明显差异。然后，作者对此样本数据进行清洗和分析后，进行描述性统计和相关性分析，如图 8-14 所示。

从被调查创业者的性别分布来看，男性占 56.5%，女性占 43.5%，男女比重相差不大。从被调查创业者者的年龄来看，30 岁以下的占 5.3%，30～40 岁占 20.1%，40～50 岁占 41.64%，50～60 岁占 31.9%，60 岁以上占 1.06%，研究表明农家乐经营者以中年居多。从被调查经营者的受教育程度来看，小学及以下文化程度占 34.98%，初中文化程度占 44.52%，高中（含中专）文化程度占 13.42%，大学（含大专）文化程度占 4.59%，研究生文化程度占 2.49%。总体来看，样本农家乐经营者的基本情况和该文课题组前期跟踪研究了解的情况及相关文献指出的情况类似，因此，作者认为本研究所用有效样本的代表性良好。

3. 描述性统计的 SPSS 的操作流程

SPSS 将描述性数据三个维度的所有统计量都整合进入"描述统计"菜单中，能够非常方便地对定距数据进行描述，从而帮助分析者快速了解数据，为进一步数据分析奠定基础。

研究设计：某研究人员收集了来自同一地区的 1000 个大学生的调查问卷，问卷包含了各学生对自我的评价、对自己大学的评价以及整体评价等，所有的评价均以百分制的形式进行。我们在此操作的目的就是用 SPSS 对这三个连续型变量进行描述性统计分析，具体要分析的指标为这三个变量的平均值、标准差、峰度系数、偏度系数及得分率（某变量的回答数占所有问卷的比率）。

变量	1	2	3	4	5	6	7	8	9	10	11	12
企业排污行为	1											
性别	−0.086	1										
年龄	−0.126*	0.178**	1									
教育程度	0.244**	−0.139*	−0.186**	1								
企业年龄	−0.086	−0.089	−0.076**	0.38	1							
企业规模	0.193**	−0.054	−0.108	0.263**	0.177**	1						
企业区位	0.044	−0.167**	−0.074	0.129*	0.098	−0.064	1					
先前经验	−0.025	−0.088	0.121	−0.074	0.027	−0.091	−0.153	1				
当地政策	−0.058	0.052	0.046	−0.245**	−0.095	−0.092	−0.214**	−0.145	1			
企业社区参与	−0.215**	0.129*	0.227**	−0.295**	−0.218**	−0.248**	−0.23**	0.118	0.054	1		
农村居民消费水平	0.219**	−0.245**	−0.263**	0.439**	0.189**	0.252**	0.186**	0.08	−0.422**	−0.447**	1	
环境关心	−0.233**	0.017	0.067	−0.053	0.01	−0.015	−0.103	0.049	−0.016	0.256*	−0.065	1
最小值	1	0	23	1	13	26	1	0	317	1	7 092	1
最大值	5	1	66	5	3.75	6.131	80	30	1 969	5	14 693	5
均值	2.258	0.44	44.89	1.9	3.75	6.131	22.36	2.69	1 098.9	3.69	8 947.48	3.78
标准差	1.19	0.49	8.1	0.9	2.3	3.067 9	14.32	4.003 6	604.96	0.94	0.24	0.94

注：*、**、*** 分别表示在 10%、5%、1% 的水平上显著相关

图 8-14 相关性矩阵和描述性统计

操作流程：

- 首先，通过"分析"→"描述统计"→"频率"菜单，查看数据的缺失情况。此时，可以得到这三个变量的缺失情况，通过有效回答和调查记录数总值之比，可以得出各变量的得分率。
- 其次，通过点击"分析"→"描述统计"→"描述"，可以获取这三个变量的其他统计量。在操作页面上，可以勾选我们需要的统计量，如平均值、标准差、峰度和偏度等。
- 再次，点击"确定"即可。
- 最后，可以得出描述统计的表格，其中包含个案数统计、平均值统计、标准差统计以及偏度和峰度的统计值和标准误差。

8.3 相关性分析与多重共线性检验

8.3.1 数据质量分析

在进行相关性分析和多重共线性检验之前，我们首先需要对量表、信度、效度、非应答偏差、同源偏差等有一个初步的了解，这也是数据分析的必要过程。量表是根据一定的法则给事物的某种属性指派数字的过程，它将可观测的题项，形成综合评价，从而对构念进行解释。量表分为类别量表、顺序量表、等距量表和比率量表，其中等距量表较为常用。对于量表的选择和量表的开发，在第 2 章有具体的讲述。

1. 效度分析

对于量表是否可用，通常从效度和信度两方面进行分析。效度即有效性，它是指所测量到的结果反映所想要考察的内容的程度，测量结果与要考察的内容越吻合，则效度越高。针对效度分析，通常会使用内容效度、区分效度、收敛效度进行效度验证。

内容效度是指问卷题项对相关概念测量的适用性情况，即题项设计合理性情况。如果量表中的题项无法充分表达我们想要评价的构念，那么量表的内容效度将备受质疑。为了使量表具备充分的内容效度，研究者必须遵循一定的理论架构，覆盖所有的需要测量的指标。针对内容效度的测量方法，主要分为定性测量和定量测量。定性测量是指通过一组专家就某个构念的测量来发表主观判断，从而对该内容效度进行评价。定量测量则通常有两种：一是直接评价测量题目与构念定义的匹配程度（Schriesheim & Hinkin，1990），通过将被试构念与测量指标一一匹配，来确定正确匹配的比例，从而得出指标的内容效度。二是计算一系列的指标来评价内容效度的优劣。在这类指标中应用最广泛的是由 Hambleton（1978）和 Martuza（1977）等提出和推广的内容效度指数（content validity index，CVI）。内容效度指数分为两种：一种是条目水平的内容效度指数（item-level CVI，I-CVI），对各个条目的内容效度做出评价；另一种是量表水平的内容效度指数（scale-level CVI，S-CVI），对整个量表的内容效度进行评估。因为CVI只涉及评价者间均认为条目与相应内容维度相关的一致性，而不是常用的评价者间全部（包括相关和不相关）一致性，因此CVI的应用最为广泛。

为了防止指标所反映的是其他相近的构念，而不是我们所要测量的理论构念这种情况的发生，特别是当测量结果来源于同一种方法或同一组时，可能测量结果是源于共同方法变异，Campbell和Fiske（1959）提出了收敛效度和区分效度。收敛效度，又称为聚合效度，是指在使用不同方式测量同一构念时，所得到的测量分数之间由于反映同一构念应该高度相关（陈晓萍，2012）。而区分效度则是指在应用不同的方法测量不同构念时，所观测到的数值之间应该能够加以区分。也就是说，当我们用不同方法去测量不同构念时，它们之间的相关性不应该高于不同方法测量同一特质时得到的分数。

在检验收敛效度和区分效度时，最常用的统计方法是由Campbell和Fiske（1959）提出的多特质—多方法模式（multi-trait multi-methods，MTMM）。该方法采用多种方法测量多种特质，并计算出不同测评结果之间的相关系数，生成相关系数矩阵。当我们用其他不同的方法去测量相同的特质时，如果所得到的相关系数高于MTMM中的其他相关系数，我们就可以推论该量表有较高的收敛效度。同时，当这一相关系数高于用不同方法测量不同特质时得到的相关系数，我们可以认为所研究的特质与其他特质在测量上是可以区分的（陈晓萍，2012）。MTMM方法研究设计要求较高且测量过程复杂，因此结构方程建模（structural equation modeling，SEM）作为检验聚合和区分效度的手段使用较为广泛。Fornell和Larcker（1981）提出通过计算抽取变异量的方式来估计收敛效度和区分效度。该方式的主要原理是认为假设的理论模型需要与抽样得到的数据很好地契合，那么测量指标在所要测量的构念上的因子负荷应该很高，而测量指标受到随机误差影响的程度应该很低。因此，抽取的变异量为测量指标在其所对应的潜变量上的因子荷重平方之和与因子荷重平方和加随即测量误差的比值。因子负荷指的是潜变量与所对应的观测变量之间的关系。为了获得这些系数，我们通常对其进行验证性因子分析。因子荷重越高，随机误差越小，模型拟合越好。收敛效度的判别方式之一就是根据因子载荷的显著性，例如Kale、Singh& Perlmutter（2000）在SMJ上发表的论文中对每个构念的条目的因子载荷进行了显著性t检验后发现全部显著，因此判定每个构念的测量量表都具备收敛效度。在抽取变异量的基础上，Fornell和Larcker（1981）提出应该观测该潜变量与其他变量的相关系数，来推断该量表的区分效度。如果抽取变异量大于潜变量之间的平方，那么我们对于该潜变量的测量是可以与其他量表区分的，否则区分效度过低（陈晓萍，2012）。

2. 信度分析

信度（reliability）即可靠性，它是指采用同样的方法对同一对象重复测量时所得结果的一致性程度。在测量中，随机误差越大，则测量得分与真实分数之间的差距越大，所得到的结果也就是缺乏信度的、不可靠的。一个具有良好信度的量表不能带有太多随机误差。

信度分为外部信度和内部信度。外部信度是指量表具有跨时间的稳定性。外部信度通常使用的是重测信度。用同一量表在不同时间对同一组调查对象进行重复测量，两次结果间的一致性即重测信度。重测信度通常用两次测量的量表得分的简单相关系数 r 表示，相关性越高，则重测信度越高，量表的稳定性越高。但是，重测信度需要进行两次以上的测量，较为困难，因此并不常用。

内部信度通常指的是内部一致性信度，它评价的是量表的内部一致性，也就是评价测量指标之间的同质性。常用的评价方式有三种：①折半信度。它指的是在一次测量后将条目分为相等但独立的两部分，计算两个部分的得分的简单相关系数 r，作为信度指标。折半信度在一般研究中并不常用。因为将条目分为两个部分的结果较多，使用不同的方式划分可能会造成信度相差较大；并且由于 α 系数是所有可能的分半系数的平均值，因此可以代表分半信度。②库李信度（Kuder-Richardson formulas）。这是一种针对非选择题型（例如，答对记 1 分，答错记 0 分）的信度估计方法，由于这种非错即对的方法会丢失许多信息，因此已经不大使用。③针对 Likert 式量表开发的 Cronbach's α（Cronbach，1951）。这是使用最广泛的一种评价指标。它是指量表所有可能的项目划分方法得到的折半信度系数的平均值，若一份量表有 n 题，题间的平均相关系数为 r，则此量表的标准化 α 系数为 $\alpha=nr/[(n-1)r+1]$。当测量指标间的相关性提高，量表的信度也随之加大。一般认为，Nunnally（1978）的标准是 Cronbach α 的值达到 0.7 即可。但是 Lance、Butts 和 Michels（2006）认为 Nunnally 本意认为信度要求应与测量使用目的一致。因此，若目的只是检验研究目的的可行性，Cronbach α 达到 0.7 即可；在一般基础研究和应用研究中，信度要求应达到 0.8；当测量分数用于重要决策时，信度应高于 0.9（陈晓萍，2012）。

3. 非应答偏差

非应答偏差（nonresponse bias）又称无应答偏差，是指被选中的样本中，不能代表所有的个体。抽样调查中，往往由于各种原因，造成有些调查单位的资料无法取得，或有些调查项目的资料无法取得。人们通常把这种现象称为无回答，前者称为调查单位的无回答，后者称为调查项目的无回答（贺建风等，2008）。无回答偏差将会对统计数据质量造成很大的影响。对于无回答偏差的检验方法，在研究中一般使用皮尔森卡方检验（Pearson's chi-squared test），这是最有名的卡方检验之一。除了皮尔森卡方检验，还有其他方式的检验。例如，Tang 等（2017）进行了方差分析以检测去除了回答不完整的公司后产生的任何非应答偏差，也有学者通过做对应项目的均值和方差的独立样本 t 检验来确定无回答偏差。

对于无回答误差的调整，调整措施应该主要从两个方面考虑：
- 替换样本单元，即寻找最接近缺失数据真实值的替代值，这个替代值可以是统计调查中获得的实际值，也可以是通过一定合理的统计估算方法估计得到的估计值。
- 将无回答单位的原有设计权重重新分配给回答单位，从而提高回答单位数据的代表性，降低无回答对估计量偏差的影响。

4. 同源误差

同源误差（common variance），是指如果变量都由一个人填写，变量即使没有理论关系也会相关。在研究中，同源误差等同于共同方法偏差。共同方法偏差（common method biases），指的是因为同样的数据来源或评分者、同样的测量环境或项目语境以及项目本身特征所造成的预测变量与效标变量之间人为的共变。这种人为的共变对研究结果产生严重的混淆并对结论有潜在的误导，是一种系统误差（周浩和龙立荣，2004）。

共同方法偏差的控制方法分为程序控制和统计控制。程序控制是在研究设计和测量过程中，针对各种可能的方法变异来源，事先加以控制。对共同方法偏差实施程序控制（procedural remedy），关键在于找出预测源和效标变量测评的共同之处，然后通过研究设计来消除和减小其影响。具体的控制方法很多，可采用从不同来源获得预测源和效标变量的测评数据、分离预测源和效标变量的测评、改进量表项目、平衡项目顺序、匿名测评等方式减小共同方法偏差（Podsakoff et al., 2003）。统计控制则是通过统计手段，减少方法变异对测验内或测验间研究结果的影响。由于大多数数情况下，研究者无法识别偏差来源，因此研究者通常只采用 Harman 单因素检验、偏相关法以及潜在误差变量控制法（无可测方法的方法因素效应）这三类方法对共同方法偏差进行检验。

Harman 单因素检验传统的做法是把所有变量放到一个探索性因素分析中，检验未旋转的因素分析结果，确定解释变量变异必需的最少因子数，如果只析出一个因子或某个因子解释力特别大，即可判定存在严重的共同方法偏差（Livingstone et al., 1997）。现在更普遍的是采用验证性因素分析，设定公因子数为 1，这样可以对"单一因素解释了所有的变异"这一假设做更为精确的检验（龙立荣等，2003；Harris & Mossholder, 1996）。尽管 Harman 单因素检验较为简单易行，但是在它的假设中认为只有当单独一个因子从因素分析中析出并解释了大部分的变量变异时，才有理由认为存在严重的共同方法偏差。而大部分研究中存在的共同方法变异为多因素共同作用，因此灵敏度较低。

偏相关分析法的主要原则是对方法变异来源进行进一步的分析，从而对这些变异来源的可识别性、可控制性做出判断。对于变异来源的识别和测量的方法主要有三种：

- 分离出可测量的方法的变异来源。这种方法通过直接测量某个方法变异来源，并将其作为统计分析中的协变量，从而使其效应从预测与效标变量中分离出来，实现对这些偏差的控制（Burkem et al., 1993）。
- 分离出一个标签变量。如果一个变量与其他变量均不相关，那它可以作为一个协变量，任何变量与它相关均可认为是共同方法偏差的作用（Lindell & Brandt, 2000）。
- 分离出第一公因子。这种方法的理论假设是探索性因素分析所析出的第一未旋转因子包含了对共同方法变异的最佳估计，将这个因子从预测与效标变量的相关中分离出来，可以实现对共同方法变异的控制（龙立荣，2004）。

偏相关分析法直接且便捷，但是偏差来源可能不仅仅是已知的影响因子，可能有其他因素一起造成影响，此时结果可能会产生误差。

潜在误差变量控制法指的是将共同方法偏差作为一个潜在变量，如果在包含方法偏差潜在变量情况下模型的显著拟合度优于不包含的情况，那么共同方法偏差效应就得到了检验。它主要分为两种：一种是无可测方法的方法因素效应的控制，这种方式不需要对偏差来源进行识别，也不需要对误差进行测量，但是由于加入潜在变量，模型可能无法识别（Anderson & Williams, 1992）；另一种是直接测量的方法因素效应的控制，这种方法的优点在于方法因素的测量误差能够被估计并且偏差检验来自于对方法因素本身的测量，缺陷是研究者必须能够识别共同偏差的来源并且进行有效的测量（Podsakoff et al., 2003）。

8.3.2 相关分析

1. 相关分析的概念及指标

所谓相关关系，是指两个或两个以上变量取值之间在某种意义下所存在的规律，其目的在于探寻数据集里所隐藏的相关关系网。从统计学角度看，变量之间的关系大体可分为两种类型：函数关系和相关关系。一般情况下，数据很难满足严格的函数关系，而相关关系要求宽松，所以被人们广泛接受。需要进一步说明的是，研究变量之间的相关关系主要从两个方向进行：一是相关分析，即引入一定的统计指标量化变量之间的相关程度；二是回归分析，但是回归分析更注重因果关系，而不仅仅是相关关系。

19世纪80年代，Galton（1888）首次提出相关的概念，他将相关关系定义为"一个变量变化时，另一个变量或多或少也相应地变化"，而测量这种相关关系的统计量则称为相关系数。相关系数的大小代表着相关关系的强弱。一般而言，0代表不相关，1代表完全相关，相关系数的取值在 −1 到 1 之间。绝对值数值越大，则相关性越强；数值越小，则相关性越弱。另外，相关关系也有方向之分，当一个变量增加时，另一个变量也增加，称为正相关，用正数表示同方向；当一个变量增加时，另一个变量减少，则称为负相关，用负数表示反方向。

相关分析是指用统计方法揭示变量之间是否存在相互关系及如何将相关的密切程度与相关的方向描述出来。相关分析的常用方法有散点法、统计指标（相关系数）和相似性或距离。相关分析主要分为以下三种：一是简单相关分析，研究两个变量之间的关系；二是偏相关分析，控制着一个变量，研究其与其他变量之间的关系；三是距离相关分析。

（1）简单相关分析。对于简单相关分析，有三种相关系数，分别是 Pearson 相关系数、Spearman 等级相关系数和 Kendall's tau-b 相关系数。

① Pearson 相关系数。在相关分析的研究成果中，最具影响力的是早在 1895 年由 Pearson 提出的积矩相关系数即皮尔逊相关系数（Pearson，1895）。Pearson 相关系数是度量变量之间线性关系强度的一个统计量。若相关系数是根据总体全部数据进行计算的，称为总体相关系数，记为 ρ；若是根据样本数据计算的，则称为样本相关系数，简称为相关系数，记为 r。r 的取值范围为 [−1, 1]，r 的绝对值为 1 时为完全相关。其中，$r=1$，为完全正相关；$r=-1$，为完全负相关。$r=0$ 时，不存在线性相关关系。r 的绝对值越趋于 1，表示关系越密切。r 的绝对值越趋于 0，表示关系越不密切。在我们进行实证分析时，需要对相关性进行相关程度的阐明。当 $1 \geqslant |r| \geqslant 0.8$，相关关系为高度线性相关；当 $0.8 \geqslant |r| \geqslant 0.5$，相关关系为显著线性相关；当 $0.5 \geqslant |r| \geqslant 0.3$，相关关系为低度线性相关；当 $0.3 \geqslant |r|$，相关关系为非线性相关。

利用样本相关系数推断总体中两个变量是否相关，可以用 t 统计量对总体相关系数为 0 的原假设进行检验。若 t 检验显著，则拒绝原假设，即两个变量是线性相关的；若 t 检验不显著，则不能拒绝原假设，即两个变量不是线性相关的。

② Spearman 等级相关系数和 Kendall's tau-b 相关系数。Spearman 等级相关系数由英国统计学家斯皮尔曼根据皮尔逊相关系数的概念推导而来，其统计意义可以看成是皮尔逊相关系数的特例（Spearman，1904）。Spearman 等级相关系数适用于测度两顺序变量的相关性，它是利用秩来进行计算的一种非参数方法。而 Kendall 于 1938 年提出了另一种与 Spearman 秩相关相似的检验方法。他从两个变量是否协同一致的角度出发检验两变量之间是否存在相关性，其适用条件与 Spearman 秩相关检验相同。但 Spearman 等级相关系数是直接对秩进行使用，而 Kendall's tau-b 相关系数使用的是异

序对数目。同序对指的是变量大小顺序相同的两个样本观测值，即 X 的等级高低顺序与 Y 的等级高低顺序相同，否则为异序对。

（2）偏相关分析。简单相关分析通常用（简单）相关系数测定两个变量之间相关程度的大小和方向，但是现象是普遍联系的，简单相关系数易受其他因素的影响，反映的往往是表面的而非本质的联系。因此，要反映两个变量之间真实的相关程度，还需计算偏相关系数进行偏相关分析。偏相关系数是在研究多个相互联系的变量时，令其余的变量固定不变，来描述其中两个变量之间的相关关系的量。偏相关系数除掉了两个变量随其他变量的变化而变化的因素，只剩下这两个变量变化的内在联系部分。所以，用偏相关系数来刻画两个变量之间的内在线性联系更合理、更可靠。

（3）距离相关分析。距离相关分析（Moore，1972）是对样品或变量之间相似或不相似程度的一种度量，计算的是一种广义距离。距离相关分析根据统计量的不同，分为不相似测度和相似测度。不相似测度是通过计算距离来表示的，其数值越大，表示相似程度越弱。相似性测度是通过计算 Pearson 相关系数或 Cosine 相似系数来表示的，其数值越大，表示相似程度越强。

2. 相关分析和回归分析

相关分析和回归分析的区别主要有以下几点：一是在回归分析中，变量 X 和变量 Y 主要为因果关系或从属关系，而在相关分析中，变量 X 和变量 Y 处于平等相互的地位。二是在相关分析中，变量均为随机变量。但在回归分析中，因变量 Y 可以是随机变量，自变量 X 可以是随机变量，也可以是非随机的确定变量。通常的回归模型中，一般都假定自变量 X 为非随机的确定变量。三是相关分析的目的是把两变量间线性关系的密切程度及方向用一统计指标表示出来；回归分析的目的则是把自变量与应变量间的关系用函数公式定量表达出来，回归分析不仅可以揭示 X 对 Y 的影响大小，还可以由回归方程进行数量上的预测和控制。

相关分析和回归分析的联系主要为：变量间关系的方向一致；对同一样本的假设检验一致；用回归解释相关系数的平方 r^2 称为决定系数，是回归平方和与总的离均差平方和之比，故回归平方和是引入相关变量后总平方和减少的部分，其大小取决于 r^2。回归平方和越接近总平方和，则 r^2 越接近 1，说明引入相关的效果越好；反之，则说明引入相关的效果不好或意义不大。

因此，当研究的目的仅仅是探究两变量间的关系的密切程度以及方向时，最好选用线性相关分析；如果目的是建立由自变量推算因变量的回归方程，则最好选回归分析。从数据方面来看，做相关分析时要求两变量都是随机变量；做回归分析时要求因变量是随机变量，自变量可以是随机的，也可以是一般变量。当两变量都是随机变量时，常需同时给出相关与回归分析的结果。

8.3.3 多重共线性检验

1. 多重共线性概述

在统计分析和预测中，多元线性回归是一种常见并且重要的分析方法。但是，如果我们只注意研究因变量与自变量之间的关系，并不能对我们所研究的对象进行合理而正确的解释。因为，在我们所研究的问题中，除了因变量和自变量存在相关关系，自变量之间可能也存在着高度的线性相关，统计理论将这种现象称为多重共线性。

多重共线性指的是线性回归模型中的解释变量之间由于存在精确相关关系或高度相关关系而使模型估计失真或难以估计准确。它是多元回归中一类较为复杂的问题，它的存在会削弱回归系数估计值的准确性和确定性，从而为分析和预测带来很大的失误。因此，在进行多元线性回归前，研究人员通常会对变量进行多重共线性检验（叶天勇，1987）。

多重共线性对线性回归模型 $Y=\beta_0+\beta_1X_1+\beta_2X_2+\cdots+\beta_pX_p+\varepsilon$ 的基本假设之一是自变量 (X_1, X_2, …, X_p) 之间不存在严格的线性关系。如不然，则会对回归参数估计带来严重影响。如果存在一组不全为零的数 a_1, a_2, …, a_r，使得：$a_1X_{i1}+a_2X_{i2}+\cdots+a_rX_{ir}=0$，则称线性回归模型存在完全共线性；如果还存在随机误差 v，满足 $Ev=0$，$Ev^2<\infty$，$a_1X_{i1}+a_2X_{i2}+\cdots+a_rX_{ir}+v=0$，则称线性回归模型存在非完全共线性。如果线性回归模型存在完全共线性，则回归系数的最小二乘估计不存在。因此，在线性回归分析中所谈的共线性主要是非完全共线性，也称为复共线性。

2. 多重共线性检验方法

在多重共线性检验中，多重共线性的检验方法主要有四种：相关系数检验、辅助回归模型检验、方差膨胀因子法和直观判断法。

（1）相关系数检验。对于有两个解释变量的模型，可以利用两个解释变量之间的相关系数来判断两个解释变量之间是否存在显著的线性关系。一般而言，如果两个解释变量的相关系数比较高，例如大于 0.8，则可认为存在着较严重的多重共线性（刘国旗，2001）。这种方法简单易行，但只限于判断两个变量之间的共线性关系，对于多个变量之间的共线性关系则无能为力。

（2）辅助回归模型检验。解释变量之间存在多重共线性就是至少存在某一个解释变量可以近似地由其他解释变量线性表出。显然，寻找这种线性表达式的方法就是将每个解释变量对其余解释变量进行回归，得到 k 个回归模型（即所谓的辅助回归模型，k 为解释变量的个数），进一步计算出每一个辅助回归模型的可决系数 R^2，如果其中最大的一个 R^2 接近于 1，则模型存在多重共线性，这种方法通常被称为辅助回归模型检验法。辅助回归模型的可决系数 R^2，从本质上来说是某解释变量与其余解释变量间的复相关系数的平方，复相关系数考虑了所有的解释变量，因此比利用简单相关系数进行检验更可靠,但它没有全面考虑到解释变量间线性组合的相关性,因而也不能全面衡量多重共线性问题。

(3)方差膨胀因子法。第 j 个变量的方差膨胀因子的表达式为 $1-R_j^2$ 的倒数。其中,R_j^2 是把第 j 个自变量看成因变量,用其余($k-1$)个变量作线性回归所得的决定系数,VIF_j 越大,R_j^2 越接近 1,说明了第 j 个变量与其他自变量间共线性越强,可以用于检查每个变量受多重共线性影响的大小。

对于方差膨胀因子法,一是当方差膨胀因子越大,则表明解释变量之间的多重共线性越严重;反过来,方差膨胀因子越接近于 1,多重共线性越弱。二是当方差膨胀因子大于等于 10 时,说明解释变量与其余解释变量之间有严重的多重共线性,且这种多重共线性可能会过度地影响最小二乘估计。

(4)直观判断法。使用直观判断法来判断一个模型是否存在多重共线性时,我们可以从以下几个方面入手。首先,可以通过考察参数最小二乘估计值的符号和大小来判断,如果不符合经济理论或实际情况,说明模型可能存在多重共线性。其次,我们还可以通过增加或减少解释变量,变动样本观测值,考察参数估计值的变化,如果变化明显,说明模型中可能存在多重共线性。另外,若多元线性回归模型的拟合优度较大,但回归系数在统计上均不显著,即 t 统计量的绝对值过小,说明模型可能存在多重共线性。最后,还有一种情况是在解释变量的相关矩阵中,自变量之间的相关系数较大时,可能会存在多重共线性。

8.3.4 相关性分析和多重共线性检验中 SPSS 操作流程

1. 相关性分析 SPSS 操作流程

对于此次相关分析 SPSS 操作,我们以 Pearson 相关分析为例。

研究设计:某研究人员拟探讨中国东部地区中小企业企业家年龄与中小企业国际化之间的关系。他假设企业家年龄与中小企业国际化成反向关系,并且企业家年龄越小,企业国际化程度越高。研究者收集了 248 家企业的企业家年龄与企业国际化绩效的调查问卷。在使用 Pearson 相关分析之前,首先需要满足 5 个条件:

- 两个变量都是连续变量。
- 两个连续变量应当来自同一个个体。
- 两个连续变量之间存在线性关系,通常做散点图检验该假设。
- 两个连续变量之间均没有明显的异常值,因为 Pearson 相关系数容易受异常值影响。
- 两个变量均符合双变量正态分布。

Pearson 相关分析 SPSS 操作:

第一步，点击主菜单 Analyze → Correlate → Bivariate，点击后显示 Bivariate Correlation 对话框。

第二步，按住键盘上 Shift 键选中变量年龄与绩效，点击转换键，将两个变量选入 Variables 框中。值得注意的是，如果计算多个相关系数，则将这些变量全选入 Variables 框中。一般来说，在 Bivariate Correlation 对话框中会默认勾选 Correlation Coefficients 区域中的 Pearson，但是为防万一，需再次确认。

第三步，点击 Options，显示 Bivariate Correlation：Options 对话框。如果不需要，在 Statistics 区域可不勾选任何统计量。Missing Values 区域勾选 Exclude Cases Pairwise。必须注意的是，只计算一个相关系数时，无论是成对删除还是成列删除，结果相同。如果一次计算多个相关系数，这两种选择得到的结果不同。如果选择 Exclude Cases Pairwise，任意变量有缺失值只会影响该变量有关的相关系数的计算。例如，如果一个观测值的 CRP 缺失，只有计算其他变量与 CRP 的相关系数时会受到影响。如果选择 Exclude Cases Listwise，任何变量有缺失值会影响所有相关系数的计算。例如，如果一个观测的 CRP 值缺失，计算任意两变量间的相关系数都会剔除这个观测，即所有的相关系数都会受到影响。

第四步，点击 Continue 键，回到 Bivariate Correlation 对话框。再点击 OK 键，即可生成分析结果。

2. 多重共线性检验 SPSS 操作流程

多重共线性是在多重线性回归时容易出现的一个问题，它指的是多个变量可能高相关，从而造成模型方程的不稳定性。下面，我们用 SPSS 进行模型方程共线性的诊断。

研究设计：某研究人员拟探讨中国东部地区中小企业企业家年龄、企业家经验、企业家能力与中小企业国际化之间的关系。研究者收集了 248 家企业的相关数据，并且收集使用的量表为李克特五级量表，此时企业家经验和企业家能力均被转化为连续型数值。

多重共线性检验 SPSS 操作：

第一步，由于多重共线性的诊断是在回归中进行的，所以先打开回归的对话框：Analyse → Regression → Linear，打开线性回归对话框。

第二步，将自变量和因变量都放入各自的位置，例如将企业家年龄、企业家经验和企业家能力放入 Independent 框中，将企业国际化绩效放入 Dependent 框中，然后点击 Statistic。

第三步，在显示的对话框中，勾选 Collinearity Diagnostics（多重共线性诊断），点击 Continue 按钮，返回主对话框。点击 OK，即可开始输出诊断结果。

对于输出的多重共线性诊断表格，首先要注意的是这两个参数：Eigenvalue（特征根）和 Codition Index（条件指数），当多个维度特征根约为 0 时，则证明存在多重共线性；当条件指数大于 10 时，则提示我们可能存在多重共线性。在诊断结果右侧显示的是相关系数矩阵。当相关系数接近于 1 时，则很有可能存在多重共线性。

8.4 多元线性回归

在回归分析中，如果有两个或两个以上的自变量，就称为多元回归。而这种一个因变量、多个自变量的线性回归叫多元线性回归。事实上，一种现象常常是与多个因素相联系的，由多个自变量的最优组合共同来预测或估计因变量，与只用一个自变量进行预测或估计相比更有效，更符合实际。因此，多元线性回归比一元线性回归的实用意义更大。

多元线性回归模型在各研究领域均得到了广泛的应用，其作用主要体现在以下几个方面：

- 找出一个线性方程式，用来说明一组自变量与因变量的关系。
- 了解这个方程式预测能力如何。
- 了解整体关系是否达到显著水平。
- 了解在解释因变量的变异时，是否只采用某些自变量即具有足够的预测力。

8.4.1 多元线性回归概述

1. 多元线性回归的形式

假设因变量为 Y，影响因变量的 k 个自变量分别为 X_1，X_2，$\cdots$，X_k，假设每个自变量对因变量都是线性的，也就是说，在其他自变量不变的情况下，Y 的均值随着自变量 X_i 的变化均匀变化，这时我们把 $Y=\beta_0+\beta_1X_1+\beta_2X_2+\cdots+\beta_kX_k+\varepsilon$，称为总体回归系数，把 β_0，β_1，β_2，$\cdots$，β_k 称为回归参数。在实际操作中，对上式两边取期望，可得：Y 平均值 $=\beta_0+\beta_1X_1+\beta_2X_2+\cdots+\beta_pX_p$，相应地由样本估计得到的回归模型为：$\hat{Y}=b_0+b_1X_1+b_2X_2+\cdots+b_pX_p$。其中，$\hat{Y}$ 表示 Y 的总体平均值的估值；b_0 为常数项，也称为截距；b_i 是 X_i 偏回归系数，表示当方程中其他自变量不变时，自变量 X_i 变化一个计量单位，反应变量 Y 的总体均值的估计值变化的单位数。

2. 多元线性回归的适用条件

多元线性回归模型作为一种统计模型，它有严格的适用条件，在建模时也需要对这些适用条件进行判断。但是许多使用者往往忽视了这一点，在使用过程中只是单一地构建模型，最终很有可能得出错误的结论。因此在应用多元线性回归之前，我们应该了解它需要满足哪些前提条件。总结起来，可用四个词来概况：线性（linear）、独立（independence）、正态性（normality）、方差齐性（equal variance）。

（1）线性。因变量与自变量存在线性关系，一般通过散点图（简单线性相关）或散点图矩阵（多重线性回归）来做出简单的判断。此外，残差分析也可以考察线性趋势，偏残差图是更为专业的判断方法。若明显不成线性关系，应进行变量变换修正或改用其他分析。

（2）独立。因变量各观测间相互独立，即任意两个观测的残差的协方差为0。

（3）正态性。对自变量的任一个线性组合，因变量均服从正态分布。此处正态分布意为对某个自变量取多个相同的值，对应的多个因变量观测值呈正态分布。但在实际获得的样本中，某一个自变量的固定的取值往往只有有限几个甚至只有1个，其对应的因变量随机观测值也只有几个甚至1个，是没有办法直接进行考察的，在模型中转换为考察残差是否符合正态分布。

（4）方差齐性。同正态分布类似，模型需要利用残差图考察残差是否满足方差齐性。方差不齐可进行加权的最小二乘法。

只有准确把握了这四个核心原则，才能够保证构建符合统计学要求的多重线性回归模型。但是，由于多元线性回归模型具有一定的"抗偏倚性"，如果只是想通过构建方程来探讨自变量和因变量之间的关联性，而非对因变量进行预测，那么后面两个条件可以适当放宽。

此外，还应该注意以下几点：

- 因变量 Y_i 为连续型变量，而非分类变量。
- 自变量 X_i 可以为连续型变量，也可以为分类变量。如果自变量是分类变量，可以用最优尺度（分类回归）。
- 各自变量间不存在多重共线。存在多重共线可导致结果与客观事实不符、估计方程不稳定等诸多问题。
- 对于样本量的要求，根据经验一般要求样本量应当为纳入模型的自变量的20倍以上为宜，比如模型纳入5个自变量，则样本量应当在100以上为宜。

8.4.2　多元线性回归分析步骤及统计描述

1. 多元线性回归分析步骤

多元线性回归建立模型并不难，但需要认真考察多元线性分析的条件，以及建立的模型能否最优地拟合数据。多元线性回归分析步骤如下。

（1）适用条件考察及处理：线性趋势、独立、正态、方差齐性、不存在多重共线等，同时要注意强影响点。在回归模型中，强影响点是指那些对统计量的取值有非常大的影响力和冲击力的点。由于线性回归拟合时使用的是最小二乘法，即保证各实测点至直线纵向距离的平方和为最小。如果存在异常点或离群值，它们离回归直线较远，为了保证平方和为最小，回归直线不得不强烈地向该点所在方向偏移，此时可能会导致错误的分析结论。因此，在回归分析中必须格外注意强影响点的存在。

（2）建立回归模型，并进行模型和偏回归系数的假设检验。

（3）模型拟合优劣考察：复相关系数 R、决定系数 R^2、校正决定系数 adj R^2、残差均方或剩余标准差、赤池信息准则 AIC 等。其中，决定系数 R^2 较为常用，决定系数的大小决定了相关密切程度，因此它也被称为拟合优度。校正决定系数则是指经过自由度调整的决定系数。赤池信息准则 AIC 是衡量所估计模型的复杂度和模型拟合数据的优良性的一种标准，和校正决定系数类似，在评价模型时兼顾了简洁性和精确性。

2. 偏回归系数

因为各自变量都有各自的计量单位以及不同的变异度，所以不能直接用普遍偏回归系数的大小来比较方程中各个自变量对反应变量 Y 的影响大小。需要求出标准化偏回归系数。设：与一般回归系数 b_i 对应的标准化偏回归系数为 B_i，则 $B_i=b_i(S_{Xi}/S_Y)$，其中 S_{Xi}、S_Y 分别是 X_i 和 Y 的标准差。

偏回归系数的估计采取的是最小二乘法，它的基本思想为利用收集到的因变量和自变量建立线性函数，使得每一个实际测量的 Y_i 与估计的 Y_i 之间的离差的平方和尽可能小。只有一个自变量时，回归结果为二维平面的一条直线，而有两个自变量时，结果为三维空间的一个平面，有更多的自变量时，回归的结果则是三维以上空间的"超平面"，无法直观图形表达，只能想象。

3. 多元线性回归决定系数

多元线性回归决定系数为回归平方和（$SS_回$）在总平方和（$SS_总$）中的比例，即 $R^2=SS_回/SS_总$。当 $0 \leqslant R^2 \leqslant 1$，$R^2$ 接近 1，表示样本数据很好地拟合了所用的线性回归模型。R^2 反映了线性回归模型能在多大程度上解释 Y 的变异。

8.4.3 多元线性回归假设检验

在多元线性回归模型中，由于变量众多，需要对模型的合理性以及参数的显著性进行检验。

（1）回归方程的假设检验（F 检验）。令 H_0：$\beta_0=\beta_1=\beta_2=\cdots=\beta_m=0$，$H_1$：$\beta_0$，$\beta_1$，$\beta_2$，$\cdots$，$\beta_m$ 不全为 0，如果 H_0 成立，认为回归方程不显著，如果拒绝 H_0，回归方程显著。

（2）回归系数的假设检验（t 检验）。在 F 检验中，如果拒绝 H_0 假设，只能说

β_0，β_1，β_2，…，β_m 不全为 0，还需进一步检查每个自变量的总体偏回归系数。令 H_0：$\beta_i=0$，H_1：$\beta_i \neq 0$（$i=1$，2，…，p）。如果 H_0 成立，认为偏回归系数 β_i 不显著，如果拒绝 H_0，认为偏回归系数 β_i 显著。

8.4.4 多元线性回归的 SPSS 操作步骤

研究设计：某研究人员调研了 200 个不同的中小企业的国际化绩效，并记录了企业家的年龄、性别、学历以及人格特质积极程度，拟探讨企业家的年龄、性别、学历以及人格特质积极程度对中小企业国际化绩效的影响，并希望能够根据企业家的年龄、性别、学历以及人格特质积极程度来对他所在的企业的国际化绩效的高低进行评估和预测。

多重线性回归操作：

（1）选择 Analyze → Regression → Linear。在 Linear Regression 对话框中，将国际化绩效选入 Dependent，将"年龄、性别、学历以及人格特质积极程度"选入 Independent（s）中。点击 Method（变量筛选方法）下拉列表，会出现强行进入法（Enter）、逐步回归法（Stepwise）、剔除法（Remove）、向后移除法（Backward）以及向前选择法（Forward）共 5 种方法可供选择，利用区块（Block）可以实现对不同的变量采用不同的筛选办法，将采用同一筛选方法的变量放在一个区块内即可。这里选择默认的 Enter 法，表示将所有的变量都纳入回归模型中。

我们在这里对这五种方法简单做一个介绍。

- Enter：不涉及变量筛选，所选自变量全部纳入模型。
- Forward：所有自变量与因变量分别进行简单的线性回归拟合，选出最重要的候选变量（有统计学意义且 P 值最小的自变量）引入模型，然后在已引入一个自变量的模型中，将剩余的自变量分别引入，找到有统计学意义且 P 值最小的组合，然后进行下一步的自变量引入，直至剩余的所有自变量均无统计学意义。
- Backward：与 Forward 相反，该法首先拟合包含所有自变量的模型，然后依次剔除不重要的变量（P 值最大且无统计学意义）。
- Stepwise：结合了 Forward 和 Backward 法。在逐步引入自变量的同时，考察已引入模型的自变量是否还有统计学意义，如果没有，则进行剔除。
- Remove：规定为 Remove 的自变量从模型中强行剔除，一般与 Block 连用。

除了上述方法，还有一种理论上的最佳方法：最优子集法（Best Subset），该法是将所有自变量的可能组合都拟合一遍，然后选出最佳的模型。SPSS 中，在自动建模（Automatic Linear Modeling）中实现。

（2）点击 Statistic 选项。在 Regression Coefficients 复选框中，勾选 Estimates 和 Confidence Intervals Level（%）并设定为 95，可输出自变量的回归系数及其 95% 可信区间。选择 Model Fit，输出模型拟合优度的检验结果；选择 Descriptive，输出对所有变量的基本统计描述；选择 Part and Partial Correlations，输出自变量之间的相关系数；选择 Collinearity Diagnostics，输出对自变量进行共线性诊断的统计量。在 Residus 复选框中，选择 Durbin-Watson，输出值用于判断残差之间是否相互独立。选择 Casewise Diagnositics，默认在 3 倍标准差内来判定离群点。一般来说，95% 的值在 ±2 倍标准差内，99% 的值在 ±2.5 倍标准差内，可根据具体情况来进行设定。

（3）点击 Save 选项。在 Predicted Values 复选框中选择 Unstandardized，保存模型对因变量的原始预测值，在 Residuals 复选框中选择 Standardized，保存均数为 0、标准差为 1 的标准化残差值，在 Prediction Intervals 复选框中选择 Individuals，设定 Confidence Intervals 为 95%，保存个体预测值的 95% 可信区间（数据标准化：用观察值减去该变量的均数，然后除以标准差所得，标准化后数据的均数为 0，标准差为 1，经标准化的数据都是没有单位的纯数量）。

（4）点击 Plot 选项。在 Plots 对话框中将 *ZRESID（标准化残差）放入 Y 轴，将 *ZPRED（标准化预测值）放入 X 轴，绘制残差散点图；同时选择 Histogram 和 Normal Probability Plot 来绘制标准化残差图，考察残差是否符合正态分布；选择 Produce All Partial Plots 绘制每一个自变量与因变量残差的散点图。

（5）点击 Continue 回到 Linear Regression 主对话框，点击 OK 完成操作。

8.5 曲线回归

对于一般的线性回归，数据的表现形式直观上都是通过一条直线来展现的，也就是说，自变量和因变量之间的关系是线性的。然而，当直线无法很好地与数据相契合时，便可能出现自变量和因变量之间的关系是非线性的情况，这就是本节所要讲述的曲线回归（curvilinear regression），我们也把它叫作非线性回归（non-linear regression）。

8.5.1 曲线回归的定义

常用的曲线回归方程表达式为：$Y = f(X, \beta) + \varepsilon$ 其中，X 是由 p 个预测变量组成的向量，β 是由 k 个参数组成的向量，$f(-)$ 为已知的回归函数，ε 为误差项。因此，我们在数学表达式上，常常将非线性回归定义为：如果一个回归方程遵循前述的曲线回归方程表达式，那么它就是线性回归。然而，实际操作中值得注意的是，由于这一表达式比较抽象，根据它进行是否属于非线性回归的判断比想象中困难得多。例如，米氏方程（Michaelis-Menten equation）：$f(x, \beta) = (\beta_1 x)/(\beta_2 + x)$ 虽然是一个曲线回归方程式（因其符合上述曲线回归方程表达式），但这个米氏方程对于对代数和回归分析没有深入了解的初学者而言带有一定的迷惑性，初学者无法快速准确地进行判断。

8.5.2 曲线类型

数学中的自变量和因变量之间所呈现的曲线类型是多种多样的，并且拥有不同的曲线回归方程表达式。例如，指数曲线的表达式为：$y=a+bc^x$；抛物线的表达式为：$y=a+b(x-c)^2$；高斯曲线的表达式为：$y=ab(x-c)^2$等。但是在管理学中，绝大部分的非线性关系都是由最简单的二次方的方程所表示。也就是，$y=ax^2+bx+c$，（a、b、c 均为常数）。其中，x 的二次项系数 a 反映了该抛物线（U 型曲线）有关开口的信息：a 越大，抛物线开口越窄；a 为正数，抛物线的开口向上；a 为负数，抛物线的开口向下。另外，可以根据系数 b 大致判断抛物线的左右位置，也就是，当 a 为正数时，b 越大，抛物线越往左移；当 a 为负数时，b 越大，抛物线越往右移。最后，可以根据系数 c 大致判断抛物线的高低：c 越大，抛物线就越往上移；c 越小，抛物线就越往下移。

总体来说，管理学领域研究最多的曲线类型就是上述 U 型曲线，而 U 型曲线关系又可以分为变量之间存在倒 U 型关系或 U 型关系。

管理学中的倒 U 型关系受到了研究者的广泛关注。例如，Wales 等（2013）发表在创业领域顶级期刊 *Strategic Entrepreneurship Journal* 上的文章提出，企业的创业导向与企业绩效之间可能存在着倒 U 型关系，即低度到中度的创业导向对小企业而言获取的收益大于损失，因此能够促进企业绩效的提升，中度到高度的创业导向对小企业而言边际成本可能超过边际收益，从而使得绩效下降。又如，董保宝（2014）在国内管理学领域顶级期刊《管理世界》上发表的文章中指出，新企业的风险承担性与创业能力是倒 U 型的非线性关系，相对于适度承担风险的新企业，规避风险和过度冒险的新企业其创业能力较差；新企业的风险承担性与企业绩效是倒 U 型的非线性关系，相对于适度承担风险的新企业，规避风险和过度冒险的新企业其绩效表现较差。

管理学中的 U 型关系也受到了研究者的关注。例如，杜运周等（2012）发表在《管理世界》上的文章指出，竞争者导向与组织合法性是 U 型曲线关系：相对于中等竞争者导向水平的新企业，低度的和高度的竞争者导向的新企业其组织合法性更高；新企业竞争者导向与新企业绩效是 U 型曲线关系：相对于中等竞争者导向水平的新企业，低度的和高度的竞争者导向的新企业其绩效更高。

8.5.3 曲线关系的检验

由前文叙述可知，如果因变量 Y 首先随自变量 X 的增大以递减的速率降低达到最小值，然后随着 X 的继续增加以递增的速率继续增大，则存在 U 型关系。如果 Y 首先随着 X 的增大以递增的速率增加以达到最大值，之后随着 X 的继续增加 Y 以增加的速度不断减小,则存在倒 U 型关系,而这个达到最大或最小值的点则被称为"转折点"(turning point)。

为了证实 U 型关系,研究人员通常将自变量 X 及 X^2 对因变量 Y 进行回归:$Y=\beta_0+\beta_1X+\beta_2X^2$。通常,学者在检验曲线关系时,会认为只要存在显著的、负的 β_2,则表示倒 U 型关系成立;只要存在显著的、正的 β_2,则表示 U 型关系成立。该方法虽然有必要,但单独利用的 β_2 的显著性并不足以建立二次关系,即不能说明 U 型曲线的存在。为此,Lind 和 Mehlum(2010)提出了 U 型关系检验的三步法:

第一,如前所述,β_2 需要显著且与被预期的符号相同。

第二,数据范围的两端必须足够陡峭。假设 X_L 处于 X 范围的低端,X_H 处于高端。若以倒 U 型关系的检验为例,还需要显示 X_L(即 $\beta_1+2\beta_2X_L$)的斜率为正且显著,X_H(即 $\beta_1+2\beta_2X_H$)的斜率为负且显著。两个斜率测试都是重要的且必不可少,因为如果在斜率测试中只检测一个,那么真正的关系可能只是 U 型曲线的一半,因而可以更精简地描述为 X 与 Y 是对数或者指数关系,而不是 U 型关系。

第三,转折点需要位于数据范围内。取 $Y=\beta_0+\beta_1X+\beta_2X^2$ 的一阶导数并将其设置为零,得到转折点为 $X=-\beta_1/2\beta_2$。因此,第三步可以通过估计转折点的 95% 置信区间来检验:若该置信区间在数据范围内,则可以肯定 U 型曲线的存在;若其下限或上限在 X 的置信区间范围之外,则可能只有一半的曲线被当前数据所显示出来。

除了 Lind 与 Mehlum(2010)检验 U 型关系的三步骤,在提高实证的严谨性与结果解释方面还可以做更多的工作。例如,我们可以用绘制图形的方式来论证曲线是否符合预期形状以及拐点是否落在数值范围内。同时,进行稳健性检验可以证明变量关系的形状。例如,在 $Y=\beta_0+\beta_1X+\beta_2X^2$ 等式中加入三次方项(X^3)以证明所检验的变量之间的关系确实是 U 型的而不是 S 型。另一个稳健性检验的方法是根据实证所确定的转折点来分割数据,以此来检验两个线性回归的斜率与曲线预测的形状是否一致。例如,对于倒 U 型关系,在 X 值低于拐点的子样本中,$X—Y$ 之间的回归结果应该呈现正向关系;在 X 值高于拐点的子样本中,$X—Y$ 之间的回归结果应该呈现负向关系(Qian et al.,2010)。

8.5.4 曲线关系的 SPSS 操作

研究设计:本研究试图验证创业导向与新创企业绩效存在倒 U 型关系,控制变量为企业年龄、企业规模、环境动态性。

SPSS 操作:

第一步,建立创业导向的乘积项。从"Analyse Data"菜单选择"Descriptives",然后选择"Descriptives"。将属于所有变量的标签调转入标记有"Variables"的筐,点击左下角方框将标准化得分另存为变量,得到 ZEO。其次,从"Transform"菜单选择"Compute"。在标记为"Target Variables"的筐内，输入代表新列或乘积项的名称，如"EO-squ"。在标记为"Numerical Expression"的筐内，制定合适的公式，如ZEO*ZEO。

第二步，进行回归分析。从"Analyse Data"中选择"Regression"，然后选择"Linear"。将新创企业绩效指定为因变量，Method 选择"Enter"。Block1 中将企业年龄、企业规模、环境动态性指定为自变量后，点击"Next"；Block2 中将创业导向指定为自变量后，点击"Next"；Block3 中将创业导向平方指定为自变量后，点击"Next"。然后，点击"Statistic"按钮后，勾选"Estimates""Model fit""R square change"，点击"Continue"。

8.6　Logit 和 Probit 回归

回归分析可以描述一个因变量与一个或多个预测变量之间的关系，然而，使用普通最小二乘法（OLS）进行最优线性无偏估计的基本假设是因变量为连续型变量。当因变量为离散型变量的时候，普通最小二乘法将不再适用。此种情况下，最大似然估计为我们分析变量之间关系提供了更好的方案。因此，本文将介绍两个常用的离散选择模型，分析当因变量为无序分类变量和有序分类变量时，如何进行变量间关系分析。

8.6.1　两种常用的离散选择模型

Logit 模型也叫 Logistic 模型，服从 Logistic 分布；Probit 模型服从正态分布。两个模型都是离散选择模型中的常用模型。Logit 回归和 Probit 回归是研究因变量为二分类或多分类观察结果与影响因素（自变量）之间关系的多变量分析方法。其中，最常用的是二项 Logit/Probit 回归，即因变量的取值只包含两个类别（例如，"是与否""同意与不同意""成功与失败"等），常用 $Y=1$ 或 $Y=0$ 来表示，而自变量既可以是连续变量，也可以是分类变量。如图 8-15 所示，根据回归模型中因变量中类别数量的不同，可以将其分为二项 Logit/Probit 回归和多项 Logit/Probit 回归，其中多项 Logit/Probit 回归中，因变量包含了三个或多个无序类别（例如，"已婚、未婚、丧偶"）；有序 Logit/Probit 回归中，因变量各个类别之间是有次序的，例如，人的健康程度可以描述为"差、良好、非常好"。

值得注意的是，当因变量为无序类别变量时，Logit 回归法和 Probit 回归法使用效果没有本质的区别，因其分布函数的公式很相似，函数值相差也并不大，因而一般情况下可以换用。此时，两种方法的选择在很大程度上取决于个人的偏好。然而，在实际操作过程中，采用 Logit 回归法最为方便。虽然原则上用 Probit 回归法也可以对该模型进行估计，但由于计算和理解方面的原因，研究者常常偏向于采用 Logit 回归。

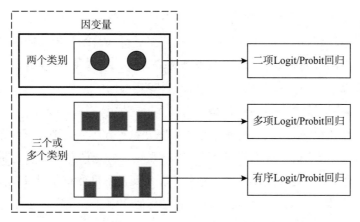

图 8-15　Logit 和 Probit 回归

1. 多项 Logit 回归的基本思想

多项 Logit 回归的一个基本特征就是无关选项的独立性。例如，现代人的出行工具有汽车、火车和飞机，对于这三种类型的交通工具的选择本质上是没有好与坏的区分的，人们只是从这些可行的结果选项中，选择最适合自身情况的出行方式。

Logit 模型的固有方法就是用一个结果与某一基线结果的可能性的比率表示分析结果。因此，多项 Logit 回归的基本原理也是将因变量中的每一个类别与一个参照类别（基线）进行配对（参照类别的选择是任意的，但通常取所有类别中的最后一类），从而形成预测变量为 X 的基线—类别 Logit 模型，其表达式为：

$$\ln\left(\frac{y_f}{y_F}\right) = a_f + b_f x, \quad f = 1, \cdots, F-1$$

从上述表达式中可以看出，基线—类别 Logit 模型中共有 $F-1$ 个方程，且每一个方程都有不同的参数。Logit 模型的固有方法就是用一个结果与某一基线结果的可能性的比率表示分析结果。

2. 有序 Logit/Probit 回归的基本思想

研究中，我们经常遇到因变量为有序的多分类变量的情形。例如，顾客满意度可以划分为非常不满意、不满意、一般、满意、非常满意这 5 个类别，若此时，令 Y_i 代表第 i 个人的满意度，则 $Y_i=1$ 代表第 i 个人非常不满意，$Y_i=2$ 代表第 i 个人不满意，$Y_i=3$ 代表第 i 个人满意度一般，$Y_i=4$ 代表第 i 个人满意，$Y_i=5$ 代表第 i 个人非常满意。因为这 5 个类别，在本质上满意程度是递增的，因此 Y_i 的取值越大，结果的强度也就越大。但是，值得强调的是，$Y_i=2$ 的满意程度并不代表是 $Y_i=1$ 的满意程度的两倍。因而，对有序的因变量而言，其实际取值之间是不相关的。

另外，对有序 Logit/Probit 回归而言，还需遵循一个关键性假设——平行斜率假设。具体来说，如果一个变量影响了某一主体对于这些次序类别中的某一个结果的可能性，如 CEO 自信对企业新市场进入决策的影响，那么，平行斜率假设就要求这个变量与所有的有序的可能结果类别之间的相关系数是相同的，即 CEO 自信对于企业执行新市场进入战略和不执行新市场进入战略的影响是相同的。若不相同，则平行斜率假设将不再成立，因而只能放弃有序模型而选择多分类模型。

再者，需要指出的是有序 Logit 分布和有序 Probit 分布的差别在于分布函数的误差项的（假定的）分布不同，即有序 Logit 分布模型中，假定误差项服从逻辑分布；有序 Probit 分布模型中，假定误差项服从正态分布。然而，逻辑分布曲线只有在末尾部分比正态分布曲线大很多，其他部分均与正态分布相似。因此，在实际运用过程中，两种方法并没有太大的区别。

对有序的多分类因变量而言，可以采用累积 Logit 模型。利用多类别之间有序这一特点，该模型可以被理解为表示 Y 落在一个特定点的概率，对结果为类别 t 时，Y 的累积概率可以表示为：

$$p(Y \leq t|x) = p_1 + p_2 + \cdots + p_t, \quad (t=1, \cdots, k)$$

其中，累积概率满足：

$$p(Y \leq 1) \leq \cdots \leq p(Y \leq t) = 1$$

而 Probit 回归与 Logit 回归类似，就是把取值分布在实数范围内的变量通过累计函数转换成分布在（0，1）区间的概率值。其概率分布的表达式为：

$$P_i = F(\varepsilon_i) = F(a + \beta x_i) = \frac{1}{1 + \varepsilon^{-(\alpha + \beta x_i)}}, \quad (i=1, \cdots, k)$$

8.6.2 Logit 回归的 SPSS 操作

研究设计：本研究想要探讨企业规模、企业国际化经验、国际环境不确定性对企业国际新市场进入的影响。其中，因变量为国际新市场进入，属于二分类变量（0= 不进入，1= 进入）；自变量企业国际化经验为二分类变量（0= 无经验，1= 有经验），企业规模、国际环境不确定性为连续变量。

SPSS 操作：首先，在主菜单中点击 Analyze → Regression → Binary Logistic，点击后出现 Logistic Regression 对话框。其次，将因变量国际新市场进入选入 Dependent 框中，自变量企业规模、企业国际化经验和国际环境不确定性选入 Covariates 框中，Methods 选项选择默认值，即"Enter"。再次，点击 Categorical 键，可显示 Logistic Regression：Define Categorical Variables 对话框。鉴于 SPSS 要求定义所有分类自变量，因此，将 Covariates 分类自变量企业国际化经验选入 Categorical Covariates 框中。接着，点击 Continue 键，回到 Logistic Regression 对话框。然后，点击 Options 键，显示出 Logistic Regression：Options 对话框，在 -Statistics and Plots- 区域，选中 Classification

Plots、Hosmer-Lemeshow Goodness-of-fit、Casewise Listing of Residuals 和 CI for Exp（B）这 4 个选项；在 Display 区域，选中 At Last Step 选项。点击 Continue 键，即可返回 Logistic Regression 对话框。最后，点击 OK 键，即可分析生成结果。

8.7 中介效应检验

8.7.1 中介效应的介绍

自变量对因变量的影响是透过中介变量的，如果 M 真的是 X 和 Y 的中介变量，那么，它们的关系应该是：$X—M—Y$。中介作用意味着一个因果链——中介变量由自变量引起，并影响了因变量的变化。因此，对于中介效应，这里有三个因果关系的条件：X 是 M 的原因之一，X 是 Y 的原因之一，X 对 Y 的影响是透过 M 的。

概括而言，中介效应是在确认了两个变量有因果关系的前提下，确认中介变量可以全部或部分地解释这种因果关系的机制的统计程序。通俗解释，中介效应是指某个变量在另两个变量间扮演了中间人的角色，该变量之间的关系可以用路径图简单地表示。如图 8-16 所示，在 X 变量与 Y 变量中间存在 M 变量，只要 X 到 M 的路径，以及 M 到 Y 的路径都是通畅的（X 对 M 有显著性影响，同时 M 对 Y 有显著性影响），那么就可以说在 X 变量和 Y 变量之间存在由 M 变量引起的中介效应。根据 X 变量和 Y 变量之间的直接路径是否通畅，中介效应又分为完全中介效应和部分中介效应。如果 X 对 Y 的影响完全透过 M，没有 M 的作用，X 就不会影响 Y（$c'=0$），则为完全中介效应；如果 X 对 Y 的影响部分是直接的，部分是透过 M 的（$c' > 0$），则为部分中介效应。因此，中介效应 $c=ab+c'$，其中 c 为总效应，c' 为考虑中介效应后的直接效应，ab 为中介效应，也称间接效应。在回归模型中，$ab=c-c'$，但在其他模型（如 Logistic 回归）中，两者不一定完全相等（MacKinnon，2008）。

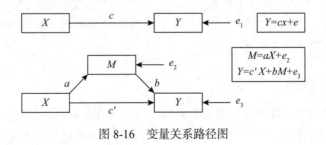

图 8-16　变量关系路径图

8.7.2 中介效应检验方法及存在的问题

如图 8-16 所示，假设所有变量均已中心化，则变量之间的关系可如下方程所示：① $Y=cX+e_1$，② $M=aX+e_2$，③ $Y=c'X+bM+e_3$（温忠麟，2004）。检验中介效应是否存在，

本质上是检验从 X 到 M，M 到 Y 的路径是否同时具有显著性意义。做中介效应检验的方法有如下四种：逐步检验法、系数乘积检验法、差异系数检验法和 Bootstrapping。严格意义上说，这四种方法的分析原理是一致的，区别在于判断显著性影响的标准严谨度不同。

1. 逐步检验法

逐步检验法又称为因果分析法，Baron 和 Kenny 于 1986 年所提出的方法是最早被广泛使用的中介效应检验方法。如图 8-16 中三个变量之间的方程式所示，该方法也需要做三个回归式检验。其中，第一个回归式检验自变量 X 对因变量 Y 的总效应，要求 $c\neq0$ 且显著；第二个回归式检验自变量 X 对中介变量 M 的作用，要求 $a\neq0$ 且显著，这是中介作用存在的必要条件；第三个式子中既含有自变量 X，也含有中介变量 M，要求 $b\neq0$ 且显著同样也是中介作用存在的必要条件。当满足 $c\neq0$，$a\neq0$，$b\neq0$ 均显著时，则说明存在中介效果。而此时，若 $c'\neq0$ 且显著，则说明存在部分中介效果，否则为完全中介效果，即直接效果为零（许水平，尹继东，2014）。

尽管逐步检验法便于操作和理解，但它存在很明显的问题。

- 系数 c 显著是中介效应检验的前提条件，即如果系数 c 不显著，就不存在中介效应了，但有学者认为这个前提条件是不必要的，因为在系数 c 不显著的情况下完全可能存在中介效应（ab 和 c' 方向相反时，两个中介效应方向相反）。
- Mackinnon 等（2002）通过模拟研究比较了三类中介效应检验方法的表现，发现逐步检验法的统计功效最低，并且容易低估第 I 类错误率（弃真），统计功效最低成为因果步骤法的主要批评来源。有学者认为，这主要与因果步骤法需要系数 c 显著有关，系数 c 显著的要求严重降低了统计功效。
- 逐步检验法是通过一系列的假设检验去推测中介效应的有无，而不是直接检验中介效应 ab 是否显著不为 0。
- 仅适用于一个中介变量的模型，且中介变量和因变量都需要为连续型变量，无法适用于复杂中介模型的检验。

2. 系数乘积检验法

在逐步检验法中，即使 a 显著且 b 显著，也不能保证 ab 是显著的。因此，有必要对 ab 的显著性进行检验。而系数乘积检验法则是通过检验经过中介变量的路径上的回归系数的乘积 ab 是否显著，即检验 ab 是否为 0，来证明是否存在中介效应。在此方法下，只要 $ab\neq0$，则存在中介效应，无须以系数 c 显著为中介效应检验的前提条件，统计功效优于逐步检验法。

通过检验 ab 显著性进行中介效应分析的最主要方法为 Sobel Test 法。该方法通过构建 Sobel 检验统计量 Z 来检验 ab 的显著性，公式为 $Z = \dfrac{ab}{\sqrt{b^2 SE_a^2 + a^2 SE_b^2}}$ ，其中 a、b 分别为以上回归中的估计值，SE_a、SE_b 分别是 a/b 的标准误。将该统计检验量与标准正态分布的临界 Z 值进行比较，如果 Sobel 检验统计量 Z 大于临界值，则说明中介效应显著。

Sobel 检验法也存在自身的局限：一是前提假设是中介效应 ab 是正态分布，且需要大样本，但实际情况是即使 a，b 分别服从正态分布，ab 的乘积也不一定是正态分布，容易低估第 I 类错误率（弃真）。二是 Macho 和 Ledermann（2011）指出 Sobel 检验的另一个不足是在有多个中介变量的模型中，中介效应估计值的标准误常用 Delta 法计算，计算公式比较复杂，且使用不便。

3. 差异系数检验法

差异系数检验法检验的是 $c-c'$ 是否为 0，因为在回归模型中，$ab=c-c'$。因此，乘积系数法和差异系数法的检验效力基本上是相同的，区别在于两者的标准误不同。检验 c' 与 c 的差异是否显著，即检验 H0：$c-c'=0$，如果拒绝原假设，中介效应显著。同样，检验 H0：$c-c'=0$ 的关键在于如何计算 $c-c'$ 的标准误。

4. Bootsrapping

Sobel 检验法是一类基于中介效应的抽样分布为正态分布的检验方法，而 Bootstrapping 法则是一类基于中介效应的抽样分布为非正态分布的不对称置信区间的检验方法。Bootstrapping 法的原理是当正态分布假设不成立时，以样本来代表总体，在此样本中进行放回抽样直至抽取 n 个（如 100 个），组成一个样本。这样的程序反复进行多次（k 次），即产生多个样本，每个样本都可以算出一个间接作用估计值，由此可以算出 k 个值，形成一个实际的分布。一般建议最少抽样 1000 次（推荐抽样 5000 次）。

Bootstrapping 法不需要假设 ab 服从正态分布，而是依据实际的分布进行检验，避免了系数乘积检验违反分布假设问题，并且可以通过 SPSS 插件直接操作，可以同时检验多个中介等较为复杂的中介模型。另外，该法不依赖标准误，所以避免了不同标准误公式产生结果不一致的问题。模拟研究发现，Bootstrapping 具有较高的统计效力。因此，Bootstrapping 法是目前比较理想的中介效应检验法。

8.7.3　Bootstrapping 中介效应检验的 SPSS 操作步骤

对于使用 SPSS 进行 Bootstrapping 中介效应的检验，我们这里演示的方法是通过 SPSS 中的 process 插件进行的。

1. 研究设计

某研究人员拟探讨组织承诺在薪酬满意度和员工绩效之间的中介作用，即薪酬满意度通过组织承诺间接影响员工绩效。他对不同企业的 5000 名员工进行调查访问以及数据的收集，该调查问卷中的量表使用的是李克特五级量表。

2. 中介效应检验 SPSS 操作

- 第一步，打开 SPSS→实用程序（Utilities）→定制对话框（Custom Dialogs）→安装自定义对话框（Install Custom Dialogs）→选择安装文件（process.spd）。
- 第二步，由于 process 插件在使用过程中，对于自变量、中介变量以及因变量的字符数有一定的限制（变量名不能超过 8 个字符数），因此我们首先将自变量薪酬满意度改为 X，中介变量组织承诺改为 M，因变量员工绩效改为 Y。
- 第三步，选择 "Analyze" → "Regression" → "PROCESS"；将 Y 选入 Outcome Variable，X 选入 Independent Variable，M 选入 M Variable。
- 第四步，选择模型 4，设定样本量为 5000，Bootstrapping 取样方法选择偏差校正的非参数百分位法，即勾选 "Bias Corrected"；对置信区间的置信度，选择 95%。在此之后，页面出现中介效应检验结果。
- 第五步，在已出现的页面中，"Outcome：M" 表示自变量对中介变量的回归结果，即系数 a；"Outcome：Y" 表示自变量、中介变量对因变量的回归结果，即系数 c' 和 b；"Direct effect of X on Y" 则表示直接效应（控制中介变量后，自变量对因变量的直接影响）；"Indirect effect of X on Y" 表示直接效应，即 ab。通过对这些数值的分析，我们可以判断该模型是否存在中介效应，以及中介效应是否显著。

8.8 调节效应检验

8.8.1 调节效应的介绍

1. 调节变量的定义及在研究中的意义

如果变量 X 与变量 Y 有关系，但是 X 与 Y 的关系受第三个变量 M 的影响，如图 8-17 所示，那么变量 M 就是调节变量。调节变量存在的意义并不是解释模型内部的影响机制，而是解释变量 X 在不同的条件下对变量 Y 的影响是否会有不同。也就是说，当自变量与因变量的相关大小或正负方向受到其他因素的影响时，这个其他因素就是该自变量和因变量之间的调节变量。调节变量可以是定

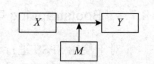

图 8-17 简单调节效应模型

性的（如性别、种族、学校类型等），也可以是定量的（如年龄、受教育期限、刺激次数等），它影响因变量和自变量之间关系的方向（正或负）和强弱。

在研究中引入调节变量的主要作用就是给所研究的模型或者理论提供更加明确的适用范围或者限制条件，进而在一定程度上丰富发展我们的理论。

2. 调节作用的原理

调节作用（又称调节效应）是否存在是指在 X 对于 Y 的影响过程中，调节变量 M 取值不同，X 对于 Y 的影响程度是否会有明显的差异；如果 M 取值不同，X 对于 Y 的影响幅度不一致，即说明具有调节作用。比如研究员工组织信任对于离职意愿影响时，不同性别对于影响幅度是否一致，如果不一致则说明性别具有调节作用，反之则说明性别没有调节作用。调节变量解释自变量 X 在不同的条件下对因变量 Y 的影响是否会有不同，这种影响既包括方向的影响，也包括强度的影响。由此可知，调节变量存在的前提是另外两个变量之间有关系，如果另外两个变量间不存在关系，也就不存在所谓的调节作用。在研究中引入调节变量时不能简单地说 M 变量在变量 X 和变量 Y 之间起了调节作用，要具体指出 M 变量的调节作用，包括强度和方向。例如，当变量 M 较高时，X 对 Y 的影响是正向的；当变量 M 较低时，X 对 Y 的影响是负向的。

3. 调节作用的检验原理

做调节效应的检验时需要将模型（见图 8-17）中的自变量 X 和调节变量 M 做中心化变换，将模型变成图 8-18 的形式。假设 Y 与 X 有如下关系 $Y=aX+bM+cXM+e$，则可以把上式重新写成 $Y=bM+(a+cM)X+e$。对于固定的 M，这是 Y 对 X 的直线回归。Y 与 X 的关系由回归系数 $a+cM$ 来刻画，它是 M

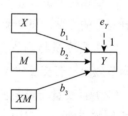

图 8-18 中心化后调节效应模型

的线性函数，c 衡量了调节效应（moderating effect）的大小（温忠麟等，2005）。因此，我们需要证明 c 的显著性，若 c 是显著的，则证明变量 M 的调节效应显著。

8.8.2 调节作用与交互作用

交互作用是指 X_1 和 X_2 两个变量共同对变量 Y 的影响，不等于两者分别对变量 Y 的影响的叠加。调节作用是指变量 X_1 影响了 X_2 对 Y 的影响。二者的区别之处在于，在交互作用中两个变量的关系是对等的，即 X_1 在 X_2 对因变量 Y 的影响中起到了调节作用，同样地，X_2 在 X_1 对变量 Y 的影响中也起到了调节作用。但在调节作用中，X_1 和 X_2 的关系是不对等的。若 X_1 是调节变量，则 X_1 在 X_2 对变量 Y 的影响中起到了调节作用，反过来 X_2 在 X_1 对 Y 的影响中不起调节作用。换言之，在一个确定的模型中，X_1 与 X_2 两个变量是不能交换的。但在统计学中，调节效应和交互效应二者的检验方法是相同的，都是用二者的交互项来测量，例如对 H0：$c=0$ 进行检验，若 c 显著，则调节效应显著。

8.8.3 调节效应检验方法

调节效应的检验涉及两种变量：显变量、潜变量。显变量是指可以直接观测或度量的变量。潜变量则是指实际工作中无法直接测量到的变量，包括比较抽象的概念和由于种种原因不能准确测量的变量。一个潜变量往往对应着多个显变量，显变量可视为特定潜变量的反应指标。例如，生活质量是潜在的变量，无法直接测量，但是可观察，如财富、就业、环境、社会归属等均可用于推断生活质量。根据变量的类型，调节效应分析的方法一般分为两大类进行讨论：一是所涉及的变量（因变量、自变量和调节变量）都是可以直接观测的显变量，二是所涉及的变量中至少有一个是潜变量（温忠麟等，2005）。

1. 显变量的调节效应分析方法

变量可分为两类：一是类别变量，包括定类和定序变量；二是连续型变量，包括定距和定比变量。定序变量的取值比较多且间隔比较均匀时，也可以近似作为连续型变量处理。根据不同的变量水平可以利用 SPSS 进行方差分析和回归的处理。根据调节变量及自变量的类型，显变量的调节效应分析方法分为四种情况介绍（温忠麟等，2005）：

（1）自变量与调节变量均为类别变量时，做多因素方差分析，此时的交互效应即为调节效应。若交互效应显著，则调节效应显著。

（2）自变量与调节变量均为连续型变量时，第一步将两个变量中心化，中心化的目的是避免回归方程中各变量之间的多重共线性问题。第二步对 $Y=aX+bM+cXM+e$ 做层次回归分析：对 Y 做 X 和 M 的回归，再做对 X、M 和 XM 的回归，各得测定系数 R_1^2、R_2^2，若 R_2^2 显著高于 R_1^2，则证明调节效应显著，否则证明调节效应不显著。

（3）当自变量是连续型变量，调节变量是类别变量时，按照调节变量的类别做分组回归。分别做 Y 对 X 的回归，若回归系数显著，则证明调节效应显著。

（4）当自变量为类别变量，调节变量为连续型变量时，对自变量使用伪变量。伪变量即指通过某种方法所定的伪数值变量，如在变量转化中，把定性指标转化为取值（0，1）的两分变量等。再将自变量和调节变量中心化，做 $Y=aX+bM+cXM+e$ 的层次回归分析。首先，做 Y 对 X 和 M 的回归，得测定系数 R_1^2，再做 Y 对 X、M 和 XM 的回归，得 R_2^2。若 R_2^2 显著高于 R_1^2，则调节效应显著。或者，做 XM 的回归系数检验，若显著，则调节效应显著。

需要说明的是，除非已知 X 和 M 不相关（即相关系数为 0），否则调节效应模型不能看标准化解。因为即使 X 和 M 的均值都是零，XM 的均值一般说来也不是零。

2. 含有潜变量的调节效应分析

根据调节变量和自变量的类型，含有潜变量的调节效应也需分为两种情况讨论：一是自变量为潜变量，调节变量是类别变量时做分组结构方程分析。先将两组的结构方程回归系数限制为相等，得到一个 χ^2 值和相应的自由度。然后去掉这个限制，重新估计模型，又得到一个 χ^2 值和相应的自由度。前面的 χ^2 减去后面的 χ^2 得到一个新的 χ^2，其自由度就是两个模型的自由度之差。若 χ^2 检验结果是统计显著的，则调节效应显著。自变量 X 和调节变量 M 均为潜变量时有多种分析方法，例如中心化乘积指标、GAPI、无约束模型等。

8.8.4 调节效应检验的 SPSS 操作步骤

1. 研究设计

某研究人员拟探讨政府参与度在企业国际化速度与企业绩效中的调节作用。他随机抽取 248 人进行调查访问以及数据的收集。这里使用回归方法检验调节效应，在以下两个式子 $Y=a+bX+cM+e$ 和 $Y=a+bX+cM+c'MX+e$ 中，Y 为因变量，X 为自变量，M 为调节变量，MX 为调节变量和自变量的交互项，系数为 a、b、c、c'。检验两个方程的 R^2 改变量，若该变量显著，则说明调节作用显著，也可以直接检验 c' 的显著性，若显著，则也可说明存在调节作用。

2. 调节效应检验 SPSS 操作

第一步，在 SPSS 中打开线性回归的菜单，点击 Analyze → Regression → Linear。

第二步，将因变量"企业绩效"放入 Dependent 中，将自变量"企业国际化速度"、调节变量"政府参与度"放入 Independent 中，点击 Next，设置第二个方程。

第三步，增加交互项。打开数据，在菜单栏执行：Transform → Compute Variable，打开计算变量的对话框，设置目标变量名称"企业国际化速度*政府参与度"，然后设置这个变量的标签为"交互项"。再在 Numeric Expression 中输入两个变量相乘的公式"企业国际化速度*政府参与度"，点击 OK，则可以运行程序，得到一个新的变量，即交互项。

第四步，点击 Statistic，设置输出参数。选择 R squared change（R^2 改变量），然后点击 Continue。此时，可以看见 Model Summary 表格中的 R squared change 的数值。根据 Sig F change 中数值的大小，来判断调节效应是否存在。在输出的表格 Coefficients 中，Unstandardized Coefficients 下方的第一列为系数值，即 a、b、c、c'。最右侧的 Sig. 为各自的显著性水平，此时可以通过显著性水平的大小来判断是否存在调节效应。

8.9 跨层级回归

8.9.1 一个误区：多层回归分析与跨层级回归

在研究跨层级回归时，我们需要用到多层线性模型（hierarchical linear model，HLM），对很多初学者而言，常常将其与多层回归分析（hierarchical regression）相混淆，然而，它们属于截然不同的两个概念。因此，在本章伊始，需要明晰多层回归分析与跨层级回归概念的区别。

跨层次模型又称多层线性模型，或 HLM，是一种线性回归模型，其中的观察结果属于多层次或完全嵌套的层次。多层线性模型（HLM）是普通最小二乘回归的一种复杂形式，用于分析预测变量处于不同层次时结果变量的方差。

而多层回归分析是属于任何回归模型中的一种模型构建技术，使用该技术能够建立连续的线性回归模型，以便不断地向模型内增加预测因子。简单来说，使用多层回归分析可以在模型 1 中只添加控制变量，并在接下来的模型 2 中加入感兴趣的预测变量，此时便能够知道新加入的预测变量是否增加了对因变量的解释力度。例如，如表 8-1 所示，在创业者管理才能对新创企业资源获取的影响研究中，模型 1 是研究控制变量的作用。将企业年龄和行业类别作为自变量，观察它们对因变量的作用。模型 2 中，在模型 1 中所用变量保持不变的前提下，又加入了创业者管理才能的 4 个维度，即团队领导才能、行政技能、学习能力和外部协调能力。因此，模型 2 中 R^2（决定系数）代表了控制企业年龄和行业之后，创业者管理才能（团队领导才能、行政技能、学习能力和外部协调能力）解释了新企业资源获取的方差的多少。前述这个过程便是多层回

表 8-1 创业者管理才能对新创企业资源获取的影响

变量	新创企业资源获取	
	模型 1	模型 2
企业年龄	0.147	0.096
行业类别	0.316	0.241
团队领导才能		0.177
行政技能		0.231
学习能力		0.492
外部协调能力		0.379
R^2	0.109	0.158
Adjusted R^2	0.094	0.143
F-value	24.325	20.571
R^2 Change	—	0.049

归分析，通过多层回归分析得出的 R^2 的增量显著大于 0，代表了新加入的模型 2 中的变量对于解释新创企业资源获取能够贡献出额外的方差（0.049）。因此，使用多层回归分析只是在每一个步骤中单独地构建出了彼此相关的模型，从而通过对比这些连续建立起来的模型来判断是否比之前的模型增加了对因变量的方差解释量。

8.9.2 跨层级回归模型中的嵌套关系

传统回归分析只能针对同一层数据结构进行分析，即只能处理变量都处于同一层面的问题。因为传统回归系数估计的标准误依赖于个体间相互独立的假设，嵌套数据

中，相互独立的假设得不到满足，因而得到的标准误估计往往会偏小。

管理学研究中，许多研究问题的解答需要用到多层次的数据结构模型。所谓的多层次的数据结构，在企业管理研究中代表着员工镶嵌于工作团队，工作团队镶嵌于业务单元，而业务单元又镶嵌于整个企业中。在此，企业员工代表了数据结构的第一层，工作团队代表了数据结构的第二层，整个企业代表了数据结构的第三层。例如，利用欧洲大型金融服务公司所属的88个自治分支机构中的285个业务单元数据，Jansen等（2009）在业务单元双元性和业务单元绩效的关系研究中利用多层线性模型指出，业务单元双元性和业务单元绩效的正向关系受到了组织层面结构因素（去集权化）和组织层面资源因素（资源的丰富度和相互依赖程度）所发挥的调节效应影响。又如，以一家IT公司的443名员工和44名主管为样本，Koseoglu等（2017）指出管理者层次自身的创造力水平是有效领导的核心组成部分，能够推动下属形成创造性角色认同，进而提升下属创造力。此时，不仅仅是员工个人层面的认同促进个人层面创造力的提升，团队层面主管的创造力也会影响个人层面的认知和能力。此时，个人层面的员工也同样嵌套于团队层面中，因而，个人层面的下属为第一层，团队层面的领导为第二层。

8.9.3 多层线性模型原理与内涵

当我们试图证明因变量 Y 的总体变异是怎样受到第一层和第二层因素的影响时，便需要构建一个多层线性模型以表述不同层级变量之间的关系。首先，我们需要知道，因变量 Y 的总体变异，也就是模型"总的"方差—协方差矩阵，可以被分解为"组内"方差—协方差矩阵和"组间"方差—协方差矩阵的总和。因此，在进行组内组间分析时，需要对数据进行三次计算：①在组内的个体层上进行的分析得到"组内"方差，即每个组中的个体离开自己组平均的多少；②通过对每一个小组中的数据进行平均和整合得到"组间"方差，即每个组的平均值离开总平均的多少；③忽视组的特性而对所有数据进行概括总结得到"总的"方差，即每个个体离开总平均的多少。此时，通过三者的对比，我们就能够知道自变量 X 与因变量 Y 的协方差有多少是从组内来的，有多少是从组间来的。

鉴于多层线性模型仍属于回归模型中的一种，但需要同时考虑不同层次和水平上的变异，因而，我们给出两层次模型的一般数学表达式：

第一层：$Y_{ij}=\beta_{0j}+\beta_{1j}X_{ij}+e_{ij}$ $\quad e_{ij} \sim N(0, \sigma^2)$

第二层：$\beta_{0j}=\gamma_{00}+\gamma_{01}W_j+u_{0j}$ $\quad u_{0j} \sim N(0, \tau_{00})$

$\beta_{1j}=\gamma_{10}+\gamma_{11}W_j+u_{1j}$ $\quad u_{1j} \sim N(0, \tau_{11})$

合并模型：$Y_{ij}=\gamma_{00}+\gamma_{10}X_{ij}+u_{1j}X_{ij}+\gamma_{01}W_j+\gamma_{11}X_{ij}W_j+u_{0j}+e_{ij}$

以业务单元双元性、企业资源禀赋特性与业务单元绩效之间的关系为例。Y_{ij} 为因变量，代表了业务单元绩效是第 j 个企业中的第 i 个业务单元的绩效。同样，X_{ij} 为第一层的预测变量，代表了业务单元双元性是第 j 个企业中的第 i 个业务单元的双元性。W_j 为第二层的预测变量，代表了第 j 个企业的资源禀赋特性。在第 j 个企业中，每个业务单元绩效受到业务单元双元性的影响，β_{0j} 为该影响的截距，β_{1j} 为斜率。然而，前述截距和斜率在不同企业中都是不同的，因为 β_{0j} 和 β_{1j} 还要受到每个企业资源禀赋特性的影响。e_{ij} 代表低层误差，即第 j 个企业所含的第 i 个业务单元层面的误差；u_{0j}、u_{1j} 代表高层误差，即第 j 个企业层面的误差。γ_{00} 和 γ_{10} 为常数，σ^2 为误差方差，τ_{00} 为第二层的截距方差，τ_{11} 为第二层的斜率方差。

8.10 分析结果报告的撰写示例与技巧

在对上述数据分析流程的原理和操作有了一定了解之后，还需要了解如何通过规范化的文字撰写与表述来更好地展示数据分析的结果，从而对研究假设提供合理的数据支撑与验证。

8.10.1 中介效应分析结果报告的撰写示例与技巧

如图 8-19 所示，Zhang 等（2016）研究了双元创新能力在创业导向与基于能力的 HRM 的交互作用对企业绩效的影响过程中所发挥的中介作用。该研究采用了组合的方法检测中介效应，即将 Baron 和 Kenny（1986）四步骤检验法、Bootstrapping 技术和 Sobel 测试组合起来进行中介检验。

图 8-19 创业导向与基于能力的 HRM 的交互作用对企业绩效的影响：双元创新的中介作用

模型来源：Zhang J A, Edgar F, Geare A, et al. The Interactive Effects of Entrepreneurial Orientation and Capability-based HRM on Firm Performance: The Mediating Role of Innovation Ambidexterity[J]. Industrial Marketing Management, 2016, 59: 131-143.

具体分析报告撰写如下。

第一步，阐述数据分析策略和要求。 我们采用以下几种方式检验提出的假设。首先，我们实施了回归分析，检测创业导向、基于能力的人力资源管理的交互与双元创新之间的直接效应。其次，与之前的研究一致，我们采用组合的方法检测中介效应。我们依据 Baron 和 Kenny（1986）的四步标准、Bootstrapping 技术以及 Sobel（1982）测试来检验双元创新在 EO（创业导向）× 基于能力的 HRM 和企业绩效关系间所起的中介效应。它要求：检验自变量对因变量的显著效应，检验自变量对中介变量的显著效应，检验中介对因变量的显著效应，以及控制住自变量，测试中介变量对因变量的显著效应。Bootstrapping 技术和 Sobel（1982）测试一起用于正式测量中介效应。

方法 1：利用 Baron 和 Kenny（1986）四步骤检验法进行直接效应和间接效应检验。

第二步，展示回归分析中多层回归模型概况。我们采用了两组回归模型，第一组是回归模型 1 和模型 2，都是以双元创新作为因变量。第二组是模型 3 到模型 6，将企业绩效作为因变量。模型 1 和模型 3 是基础的线性模型，只包括控制变量：企业规模、企业年龄、业务类型。

第三步，依据假设提出顺序分步骤进行检验。模型 2 增加解释变量以检测创业导向与基于能力的人力资源管理的交互与双元创新之间的关系。结果表明，EO 与基于能力的 HRM（CB-HRM）的交互与双元创新（IA）显著相关（$\beta=0.14$，$p < 0.05$），在模型 2 中，测量结果为 $R^2=0.35$，调整后的 $R^2=0.33$，$F=20.05$，$p < 0.001$，表明假设 1（创业导向和基于能力的人力资源管理交互与双元创新正相关）得证。这些结果也满足 Baron 和 Kenny（1986）检测中介的第二个条件。模型 4、5、6 满足 Baron 和 Kenny（1986）检测中介的第一、三、四个条件。模型 4 的结果表明（$R^2=0.25$，调整后的 $R^2=0.23$，$F=10.03$，$p < 0.001$）EO×CB—HRM 与企业绩效显著正相关。与此类似，模型 5 结果（$R^2=0.21$，调整后的 $R^2=0.20$，$F=17.93$，$p < 0.001$）表明双元创新与企业绩效正相关（$\beta=0.37$，$p < 0.001$）。模型 6 的测量结果（$R^2=0.50$，调整后的 $R^2=0.48$，$F=27.01$，$p < 0.001$）显示，当把双元创新这个中介拿进回归模型，EO×CB—HRM 对企业绩效的显著影响消失，双元创新与企业绩效之间仍显著正相关（$\beta=0.45$，$p < 0.001$）。这些结果表明，双元创新的中介效应是存在的。具体如图 8-20 所示。

	Innovation ambidexterity		Firm performance			
	Model 1	Model 2	Model 3	Model 4	Model 5	Model 6
Firm age	−.07 (.16)	−.06 (.13)	−.05 (.12)	−.03 (.11)	−.06 (.07)	−.01 (.09)
Firm size	.15† (.16)	.21** (.14)	.23** (.13)	.26** (.12)	.21** (.07)	.11† (.10)
Business types	.12† (.14)	.15* (.12)	.22** (.11)	.19** (.10)	.12 (.11)	.14* (.08)
Entrepreneurial orientation (EO)		.13* (.12)		.16* (.10)		.06 (.08)
Capability-Based HRM (CB—HRM)		.47*** (.12)		.22** (.10)		.10 (.09)
EO × CB—HRM		.14* (.10)		.12* (.09)		.04 (.09)
Innovation ambidexterity (IA)					.37*** (.06)	.45*** (.09)
R^2	0.04	0.35	0.12	0.25	0.21	0.50
Adjusted R^2	0.03	0.33	0.11	0.23	0.20	0.48
F value	3.11	20.05	9.17	10.03	17.93	27.01
Max VIFs	1.53	1.55	1.43	1.46	1.55	1.64

Standard errors are shown in parentheses.
Significance levels: †$p < 0.10$；*$p < 0.05$；**$p < 0.01$；***$p < 0.001$.

图 8-20　回归分析结果

方法 2：利用 Bootstrapping 技术和 Sobel 测试进行间接效应正式检验。

第四步，说明检验目的。 Bootstrapping 技术和 Sobel 测试用来正式检验假设 2，假设 2 预测了双元创新在 EO×CB—HRM 和企业绩效关系间所起的中介效应。

第五步，分步骤解读指标内涵。 如图 8-21 所示，EO×CB—HRM 与双元创新之间呈现显著正相关（$\beta=0.34$, $p < 0.001$），双元创新与企业绩效之间呈现显著正相关（$\beta=0.64$, $p < 0.001$）。标准间接效应值为 0.22。表 8-2 的结果更进一步地展示了 Bootstrapping 技术测量的结果，非标准间接效应值为 0.28，对于 95% 的置信区间，上限为 0.318，下限为 0.123。Sobel 测试也验证了间接效应的显著性（$Z=4.649$, $p < 0.001$）。因此，EO×CB—HRM 是通过双元创新影响企业绩效的，进而假设 2 得证。

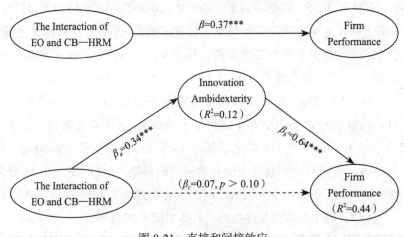

图 8-21　直接和间接效应

表 8-2　中介效应检验

	非标准值	95%LL CI	95%UL CI	Z
间接效应	0.28	0.123	0.318	4.649***

显著标准：†$p < 0.10$；*$p < 0.05$；**$p < 0.01$；***$p < 0.001$。

8.10.2　有调节的中介效应分析结果报告的撰写示例与技巧

如图 8-22 所示，孙锐等（2017）研究了高新技术企业组织学习在情绪能力与创新绩效之间发挥的中介作用，以及组织承诺对该中介效应产生的调节作用，形成了一个有调节的中介效应模型。该研究采用传统回归分析和 Hayes 所开发出的 Bootstrapping 分析方法相结合的方式对直接效应、间接效应假设以及有调节的中介假设进行检验。

具体分析报告撰写如下。

第一步，直接效应检验：阐述检验策略，按照假设提出顺序进行分析阐述。

研究利用回归分析进行有关直接效应的假设检验。首先，检验组织情绪能力对组织学习的作用影响，如表 8-3 模型 1 所示。回归模型 1 回归结果表明，组织情绪能力到组织学习的直接效应是显著的正向关系（$\beta=0.86$，$p<0.001$），研究假设1得到支持，即企业组织情绪能力会正向影响组织学习。其次，由模型3、4可知，组织情绪能力分别对产品创新绩效和流程创新绩效产生显著正向影响。再次，由模型5可知，在加入中介变量组织学习后，组织学习对产品创新绩效具有显著正向影响，组织情绪能力对产品创新绩效正向影响仍然显著，但回归系数降低（由$\beta=0.86$降低到0.70），表明组织学习在组织情绪能力与产品创新绩效的关系间起中介作用。最后，由模型6可知，组织学习在组织情绪能力与流程创新绩效的关系间起部分中介作用。

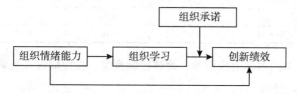

图8-22 高新技术企业组织情绪能力、组织学习与创新绩效

资料来源：孙锐，赵晨. 高新技术企业组织情绪能力、组织学习与创新绩效[J]. 科研管理，2017，38（2）：93-100.

表8-3 回归分析结果

控制变量与自变量 \ 因变量	模型1 组织学习	模型2 组织学习	模型3 产品创新绩效	模型4 流程创新绩效	模型5 产品创新绩效	模型6 流程创新绩效
控制变量	—	—	—	—	—	—
组织情绪能力	0.86**	0.77**	0.89**	0.92**	0.70**	0.60**
组织学习					0.22*	0.37**
组织承诺		0.08†				
组织情绪能力 × 组织承诺		0.18**				
截距	0.68**	0.72**	0.64*	0.36	0.48	0.11
R^2	0.71	0.72	0.52	0.47	0.53	0.49
调整R^2	0.70	0.71	0.50	0.45	0.50	0.47
VIF	6.86	6.62	6.86	6.86	6.81	6.81

注：**$p<0.01$；*$p<0.05$；†$p<0.1$。

第二步，间接效应检验：阐述检验策略，按照假设提出顺序进行分析阐述。

研究利用Hayes所开发的SPSS Process置信区间宏程序进行中介效应的Bootstrapping分析。由表8-4可知，组织情绪能力通过组织学习影响产品创新绩效的中介效应为0.19，标准误差为0.08，置信区间为[0.04，0.35]，组织情绪能力影响产品创新绩效的直接效应为0.70，标准误差为0.09，其置信区间为[0.52，0.89]。由于以上效应的置信区间都不包含零，因此组织学习在组织情绪能力与产品创新绩效作用中的中介效应显著。同理可证，组织学习在组织情绪能力与流程创新绩效作用中的中介效应也显著。研究假设2：组织学习在组织情绪能力与组织创新绩效的关系之间起中介作用；假设 2a：组织学习在企业组织情绪能力与其产品创新绩效的关系间起中介作用；假设 2b：组织学习在企业组织情绪能力与流程创新绩效的关系间起中介作用得到验证。

表 8-4 组织学习中介效应的 Bootstrapping 分析结果

因变量	效应类别	效应大小	标准误	95% 置信区间	
				下限	上限
产品创新绩效	间接效应	0.19	0.08	0.04	0.35
	直接效应	0.70	0.09	0.52	0.89
	完整效应	0.89	0.05	0.79	1.00
流程创新绩效	间接效应	0.32	0.09	0.13	0.50
	直接效应	0.60	0.11	0.39	0.81
	完整效应	0.92	0.06	0.79	1.04

第三步，有调节的中介效应检验：阐述检验策略，按照假设提出顺序进行分析阐述。

本研究使用多元回归分析和 SPSS Process 置信区间宏程序进一步验证组织承诺在组织情绪能力、组织学习对创新绩效的作用路径中的调节效果，以及整体研究模型有调节的中介效应。由表 8-4 左边部分条件间接效应的分析结果可知，当员工组织承诺水平较低时，组织情绪能力通过组织学习影响产品创新绩效的间接效应为 0.15，置信区间为 [0.04，0.27]；组织情绪能力通过组织学习影响流程创新绩效的间接效应为 0.24，标准误差为 0.08，其置信区间为 [0.10，0.40]，当员工组织承诺水平较高时，组织情绪能力通过组织学习影响产品创新绩效的间接效应为 0.20，其置信区间为 [0.05，0.35]。由于以上置信区间不包含零点，即表明无论组织承诺调节变量取低值或者高值，组织情绪能力通过组织学习对产品创新绩效的间接效应是显著的。同理可证，组织情绪能力通过组织学习对产品流程绩效的间接效应也是显著的。本研究在表 8-5 的右半部分报告了根据 SPSS Process 运算得到的相关判定指标数值 INDEX。即：组织承诺对组织情绪能力通过组织学习影响产品创新绩效的间接关系存在调节作用的判定指标为 0.06，标准误差为 0.02，置信区间为 [0.01，0.09]，由于以上置信区间不包含零点，即表明组织情绪能力对产品创新绩效作用的有调节的中介效应是显著的。同理可证，组织情绪能力对产品流程绩效作用的有调节的中介效应也是显著的。研究假设 3a：组织承诺会调节组织情绪能力与产品创新绩效间以组织学习为中介的间接关系；假设 3b：组织承诺会调节组织情绪能力与流程创新绩效间以组织学习为中介的间接关系得到验证。

表 8-5 被调节的中介效应 Bootstrapping 分析

因变量	条件间接效应					有调节的中介效应			
	调节变量	效应	标准误	95% 置信区间		INDEX	标准误	95% 置信区间	
				下限	上限			下限	上限
产品创新绩效	低值	0.15	0.06	0.04	0.27	0.04	0.02	0.01	0.09
	高值	0.20	0.08	0.05	0.35				
流程创新绩效	低值	0.24	0.08	0.10	0.40	0.07	0.03	0.03	0.13
	高值	0.32	0.10	0.14	0.52				

重要术语

相关性分析　回归分析　多重共线性　有中介的调节　有调节的中介　两阶段被调节的中介　描述性统计分析　离散程度　离散系数　偏度　峰度　效度　内容效度　定性测量　定量测量　收敛效度　区分效度　信度　非应答偏差　同源误差　共同方法偏差　相关关系　相关性分析　偏相关分析　距离相关分析　强影响点　曲线回归　调节变量　交互作用　多层线型模型　多层回归分析　跨层级回归

复习思考题

1. 多重中介模型主要分为哪几种？
2. 比较分析有调节的中介和有中介的调节两者之间的联系与区别分别是什么。
3. 描述性统计的作用是什么？
4. 对于变异来源的识别和测量的方法主要有哪几种？
5. 研究变量之间的相关关系主要从哪两个方面入手？
6. 简述相关性分析的分类。
7. 相关分析和回归分析的联系与区别分别是什么？
8. 多重共线性的检验方法主要有哪几种？
9. 多元线性回归模型的作用主要体现在哪些方面？
10. 中介效应检验的方法有哪几种？
11. 显变量的调节效应分析可以分为哪几种？

参考文献

[1] 董保宝. 风险需要平衡吗: 新企业风险承担与绩效倒U型关系及创业能力的中介作用 [J]. 管理世界, 2014 (1): 120-131.

[2] 杜运周, 张玉利, 任兵. 展现还是隐藏竞争优势: 新企业竞争者导向与绩效U型关系及组织合法性的中介作用 [J]. 管理世界, 2012 (7): 96-107.

[3] 贺建风, 刘建平, 舒晓惠. 抽样调查中无回答误差控制的研究 [J]. 统计与决策, 2008 (5): 162-163.

[4] 孙锐, 赵晨. 高新技术企业组织情绪能力、组织学习与创新绩效 [J]. 科研管理, 2017, 38 (2): 93-100.

[5] 王朝晖. 悖论式领导如何让员工两全其美？——心理安全感和工作繁荣感的多重中介作用 [J]. 外国经济与管理, 2018, 40 (3): 107-120.

[6] 王学民. 偏度和峰度概念的认识误区 [J]. 统计与决策, 2008 (12): 145-146.

[7] 王雁飞, 蔡如茵, 林星驰. 内部人身份认知与创新行为的关系——一个有调节的中介效应模型研究 [J]. 外国经济与管理, 2014, 36 (10): 40-53.

[8] 温忠麟, 叶宝娟. 中介效应分析: 方法和模型发展 [J]. 心理科学进展, 2014, 22 (5): 731-745.

[9] 温忠麟, 张雷, 侯杰泰, 等. 中介效应检验程序及其应用 [J]. 心理学报, 2004, 36 (5): 614-620.

[10] 温忠麟, 侯杰泰, 张雷. 调节效应与中介效应的比较和应用 [J]. 心理学报, 2005 (2): 268-274.

[11] 许水平, 尹继东. 中介效应检验方法比较 [J]. 科技管理研究, 2014, 18.

[12] 杨学儒, 李浩铭. 乡村旅游企业社区参与和环境行为——粤皖两省家庭农家乐创业者的实证研究 [J]. 南开管理评论, 2019, (1): 76-86.

[13] 叶天勇. 多重共线性的检验及校正方法 [J]. 统计与决策, 1987 (Z1): 22-24.

[14] 赵曙明, 孙秀丽. 中小企业CEO变革型领导行为、战略人力资源管理与企业绩效——HRM能力的调节作用 [J]. 南开管理评论, 2016, 19 (5): 66-76+90.

[15] 周浩, 龙立荣. 共同方法偏差的统计检验与控制方法 [J]. 心理科学进展, 2004 (6): 942-950.

[16] Allen D G, Griffeth R W. Test of a Mediated Performance–turnover Relationship Highlighting the Moderating Roles of Visibility and Reward Contingency [J]. Journal of Applied Psychology, 2001, 86 (5): 1014.

[17] Anderson S E, Williams L J. Assumptions about Unmeasured Variables with Studies of Reciprocal Relationships: The Case of Employee Attitudes [J]. Journal of Applied Psychology, 1992, 77 (5): 638.

[18] Baron R M, Kenny D A. The Moderator–mediator Variable Distinction in Social Psychological Research: Conceptual, Strategic, and Statistical Considerations [J]. Journal of Personality and Social Psychology, 1986, 51 (6): 1173.

[19] Bavik Y L, Tang P M, Shao R, et al. Ethical Leadership and Employee Knowledge Sharing: Exploring Dual-mediation Paths [J]. The Leadership Quarterly, 2018, 29 (2): 322-332.

[20] Burke M J, Brief A P, George J M. The Role of Negative Affectivity in Understanding Relations between Self-reports of Stressors and Strains: A Comment on the Applied Psychology Literature [J]. Journal of Applied Psychology, 1993, 78 (3): 402.

[21] Campbell D T, Fiske D W. Convergent and Discriminant Validation by the Multitrait-multimethod Matrix [J]. Psychological Bulletin, 1959, 56 (2): 81.

[22] Cronbach L J. Coefficient Alpha and the Internal Structure of Tests [J]. Psychometrika, 1951, 16 (3): 297-334.

[23] Cruz C, Justo R, Larraza-Kintana M, et al. When Do Women Make a Better Table? Examining the Influence of Women Directors on Family Firm's Corporate Social Performance [J]. Entrepreneurship Theory and Practice, 2019, 43 (2): 282-301.

[24] De Massis A, Kotlar J, Mazzola P, et al. Conflicting selves: Family Owners' Multiple Goals and Self-control Agency Problems in Private Firms [J]. Entrepreneurship Theory and Practice, 2018, 42 (3): 362-389.

[25] Fornell C, Larcker D F. Evaluating Structural Equation Models with Unobservable Variables and Measurement Error [J]. Journal of Marketing Research, 1981, 18 (1): 39-50.

[26] Galton F. Correlation and Their Measurement of Child Head from Antopometric Data [J]. Proc. Roy. Sco, 1888, 45: 35-44.

[27] Hambleton R K. On the Use of Cut-off Scores with Criterion-referenced Tests in Instructional Settings [J]. Journal of Educational Measurement, 1978, 15 (4): 277-290.

[28] Harris S G, Mossholder K W. The Affective Implications of Perceived Congruence with Culture Dimensions During Organizational Transformation [J]. Journal of Management, 1996, 22 (4): 527-547.

[29] Iurkov V, Benito G R G. Change in Domestic Network Centrality, Uncertainty, and the Foreign Divestment Decisions of Firms [J]. Journal of International Business Studies, 2018 (3): 1-25.

[30] Jansen J J P, Simsek Z, Cao Q. Ambidexterity and Performance in Multiunit Contexts: Cross-level Moderating Effects of Structural and Resource Attributes [J]. Strategic Management Journal, 2012, 33 (11): 1286-1303.

[31] Kale P, Singh H, Perlmutter H. Learning and Protection of Proprietary Assets in Strategic Alliances: Building Relational Capital [J]. Strategic Management Journal, 2000, 21 (3): 217-237.

[32] Koseoglu G, Liu Y, Shalley C E. Working with Creative Leaders: Exploring the Relationship between Supervisors' and Subordinates' Creativity [J]. The Leadership Quarterly, 2017, 28 (6): 798-811.

[33] Lam W, Huang X, Snape E D. Feedback-seeking Behavior and Leader-member Exchange: Do Supervisor-attributed Motives Matter? [J]. Academy of Management Journal, 2007, 50 (2): 348-363.

[34] Lance C E, Butts M M, Michels L C. The Sources of Four Commonly Reported Cutoff Criteria: What Did They Really Say? [J]. Organizational Research

Methods, 2006, 9 (2): 202-220.

[35] Ledermann T, Macho S, Kenny D A. Assessing Mediation in Dyadic Data Using the Actor-partner Interdependence Model [J]. Structural Equation Modeling: A Multidisciplinary Journal, 2011, 18 (4): 595-612.

[36] Lind J T, Mehlum H. With or without U? The Appropriate Test for a U-shaped Relationship [J]. Oxford Bulletin of Economics and Statistics, 2010, 72 (1): 109-118.

[37] Climate Quality and Climate Consensus as Mediators of the Relationship between Organizational Antecedents and Outcomes [J]. Journal of Applied Psychology, 2000, 85 (3): 331.

[38] Livingstone L P, Nelson D L, Barr S H. Person-environment Fit and Creativity: An Examination of Supply-value and Demand-ability Versions of Fit [J]. Journal of Management, 1997, 23 (2): 119-146.

[39] MacKinnon D P, Lockwood C M, Hoffman J M, et al. A Comparison of Methods to Test Mediation and Other Intervening Variable Effects [J]. Psychological Methods, 2002, 7 (1): 83.

[40] MacKinnon D P, Luecken L J. How and for Whom? Mediation and Moderation in Health Psychology [J]. Health Psychology, 2008, 27 (2S): S99.

[41] MacKinnon D P. Analysis of Mediating Variables in Prevention and Intervention Research[J]. NIDA Research Monograph, 1994, 139: 127.

[42] Martuza V R. Applying Norm-referenced and Criterion-referenced Measurement in Education [M]. Allyn & Bacon, Incorporated, 1977.

[43] Niehoff B P. A Theoretical Model of the Influence of Organizational Citizenship Behaviors on Organizational Effectiveness [J]. New Research in Organizational Citizenship Behaviors, 2005: 385-397.

[44] Pearson K. Note on Regression and Inheritance in the Case of Two Parents [J]. Proceedings of the Royal Society of London, 1895, 58 (347-352): 240-242.

[45] Podsakoff P M, MacKenzie S B, Lee J Y, et al. Common Method Biases in Behavioral Research: A Critical Review of the Literature and Recommended Remedies [J]. Journal of Applied Psychology, 2003, 88 (5): 879.

[46] Schriesheim C A, Hinkin T R. Influence Tactics Used by Subordinates: A Theoretical and Empirical Analysis and Refinement of the Kipnis, Schmidt, and Wilkinson Subscales [J]. Journal of Applied Psychology, 1990, 75 (3): 246.

[47] Shao P, Li A, Mawritz M. Self-protective Reactions to Peer Abusive Supervision: The Moderating Role of Prevention Focus and the Mediating Role

of Performance Instrumentality [J]. Journal of Organizational Behavior, 2018, 39 (1): 12-25.

[48] Spearman C. The Proof and Measurement of Association between Two Things [J]. American Journal of Psychology, 1904, 15 (1): 72-101.

[49] Tang J, Tang Z, Cowden B J. Exploring the Relationship between Entrepreneurial Orientation, CEO Dual Values, and SME Performance in State–Owned vs. Nonstate–Owned Enterprises in China [J]. Entrepreneurship Theory and Practice, 2017, 41 (6): 883-908.

[50] Tekleab A G, Bartol K M, Liu W. Is It Pay Levels or Pay Raises That Matter to Fairness and Turnover? [J]. Journal of Organizational Behavior: The International Journal of Industrial, Occupational and Organizational Psychology and Behavior, 2005, 26 (8): 899-921.

[51] Van Dick R, Van Knippenberg D, Hägele S, et al. Group Diversity and Group Identification: The Moderating Role of Diversity Beliefs [J]. Human Relations, 2008, 61 (10): 1463-1492.

[52] Vardaman J M, Allen D G, Rogers B L. We Are Friends But Are We Family? Organizational Identification and Nonfamily Employee Turnover [J]. Entrepreneurship Theory and Practice, 2018, 42 (2): 290-309.

[53] Zhang J A, Edgar F, Geare A, O'Kane C. The Interactive Effects of Entrepreneurial Orientation and Capability-based HRM on Firm Performance: The Mediating Role of Innovation Ambidexterity [J]. Industrial Marketing Management, 2016, 59, 131-143.

[54] Zhang J A, Edgar F, Geare A, et al. The Interactive Effects of Entrepreneurial Orientation and Capability-based HRM on Firm Performance: The Mediating Role of Innovation Ambidexterity [J]. Industrial Marketing Management, 2016, 59: 131-143.

第9章

研究总结与贡献提炼：结论与讨论的撰写

在学术写作中，"讨论"和"结论"这两个术语有一些相似之处，但它们通常代表两个不同的概念，而且它们的目的也各不相同。结论（conclusion）往往较为简短，只提供了论文的主要研究结果。讨论（discussion）是解释和描述研究结果的意义，通常与引言部分相互照应，回应引言部分所提出的承诺。结论和讨论紧密相关，因此很多文章将此融合为一个部分，本章的主要目的是探讨结论与讨论部分的撰写方法。

结论与讨论部分作为研究论文中非常重要的部分，能够最有效地展示研究者批判性思考问题的能力以及解决问题的能力。通常，该部分包含以下内容：第一，文章研究结果。此处需要简要阐述文章的研究结果，重述研究问题，并说明研究结果与研究问题的关联。第二，研究结果的理论和实践意义。在理论意义方面，主要是描述该研究发现如何填补现有研究缝隙，推进理论对话的发展。实践意义方面，需要说明研究结果对解决现实管理问题可能的建议。第三，研究局限性以及未来的研究方向。每一项研究都或多或少地存在一些局限，作者在书写讨论部分时，应该坦诚在此项研究设计中存在的问题，而不是采用遮掩的态度。在讨论未来可能的研究方向时，作者需要基于现有研究设计和研究结论，不能跳出文章框架提未来研究方向。讨论部分通常比较难写，接下来将系统介绍讨论的写作要点和写作技巧。

9.1 研究总结

9.1.1 研究总结包含的内容及书写步骤

研究总结是讨论部分的第一个内容，它主要用于解释和评估研究发现，展示研究结果与研究问题的关系。在书写这部分内容时，可以按照以下几个步骤展开：

第一步，重申研究主题以及其重要性。从实践或理论方面说明某个研究主题一直是学界关注的热点。例如，在撰写创造力相关的研究文章时，可以从实践方面展开，阐述现在的企业、商学院、媒体都在关注创造力的形成与发展，说明其实践重要性。

第二步，重申研究问题及其重要性。每一个研究都会围绕一两个研究问题展开，整合研究论文的目的都是去回答这个研究问题，在结论处简要重述研究问题非常有必要。继续之前关于创造力的研究，在说明创造力这个研究主题的重要性后，随后作者可以转而说明现有创造力研究中存在的缺陷，简述研究问题。例如，作者可以说明尽管创造力的研究如火如荼，但关于"如何评估创造力"这个研究问题，现有研究阐述仍然不够深入。

第三步，说明文章的主要结论。文章的主要结论是针对研究问题的答案，这里作者需要简要说明文章用了什么方法得到什么结果。在方法上，作者需要简述文章是使用案例研究还是实证研究的方式，案例研究需要说明使用的案例的数量和案例的名称，实证研究需要说明使用的样本量、数据分析的方法等。在结果上，作者需要简明扼要地说明清楚本研究得出的结论，不要陈述概念之间推导的细节。例如，在研究创业导向与企业绩效关系的实证研究中，在说明主要结论时，作者可以这样写："通过189份新创企业的两阶段数据，分层回归分析结果表明，创业导向正向影响新企业绩效，市场不确定性和吸收能力正向调节了创业导向与企业绩效之间的关系。"在叙述主要结论这部分，常用的句式有：

- 结果表明……
- 研究表明……
- 分析证实了…
- 数据表明……

第四步，说明研究中出现的意外发现并分析其原因。通过对现有研究论文分析可以发现，很多论文最后都会给出一些意外的发现，尤其是在实证研究论文中，通常会有一两个假设未获得数据的支持。在实证研究中解释假设不成立的原因时，可以考虑抽样的方式、样本量的大小以及变量的测量方式等，在阐述原因时，应尽可能详尽。因为面对假设不成立情况时，研究论文的评审专家可能会提出很多问题，作者需要确保已经找出所有问题的答案。例如，Stam和Elfring在探讨组织内外社会资本对创业导向—企业绩效关系的权变影响时，发现高网络中心度和广泛的桥连接强化了创业导向对新企业绩效的影响，但该研究并未发现网络中心度单独的调节作用。作者用了整整一个段落去分析网络中心度调节作用不成立的原因，他们从样本的特征、变量测量的方式两个方面展开，详细叙述了导致假设不成立背后的分析机制。如果在研究过程中出现了不止一个意想不到的发现，应按照数据分析时它们出现的顺序依次进行描述。

9.1.2 书写研究总结时的注意事项

在撰写研究总结的过程中，有一些注意事项需要提请读者注意。

（1）不要重复叙述数据分析结果中说过的内容。例如，在结论部分这样写：假设1、假设2得到支持，而假设3、假设4未得到支持。这些内容应该出现在数据分析部分，在结论部分作者只需简明扼要地说明变量之间的关系得到证实。例如，在探讨"创业导向与战略学习能力的关系：有机性组织结构、市场响应、战略决策模式的中介作用"的研究中，有些作者在结论中可能会这样写，"通过对365份企业的实证调研，运用Hayes的Bootstrapping方法分析得出：假设1——创业导向到战略学习能力的正向关系得到证实，假设2——有机性组织结构在创业导向—战略学习能力关系中的中介作用得到证实，假设3——市场响应能力在创业导向与战略学习能力关系中的中介作用得到证实，假设4——战略决策模式在创业导向与战略学习能力关系中的中介作用未得到证实"。上述总结显得啰唆，且与数据分析结果存在重复，这里应该直接简要地说明，合并相同的内容，比如"通过对365份企业的实证调研，运用Hayes的Bootstrapping方法分析得出：创业导向正向影响战略学习能力，有机性组织结构、市场响应能力中介上述二者之间的关系。"

（2）不要引入新的结果。有些作者在研究总结部分会讨论一些没有在数据分析中出现的结果，这是不合适的。可能作者分析的这个新的结果也是来自他的研究样本，但该结果并未呈现在现有论文中，在未提前预告的情况下，突然介绍这个结果，可能会让读者困惑，认为作者思维混乱。

（3）避免使用新的术语或是未被定义的概念。研究论文需要前后照应，在结论与讨论部分出现的任何概念都应该在文章的引言、文献综述与假设推演、数据分析部分进行过定义，切忌在结论部分临场发挥，提出新的概念。一方面，作者提出的新概念可能包含多个意思，容易出现歧义，这就可能导致读者错误理解作者的研究理论。另一方面，即使该概念不存在歧义，在结尾处出现新的概念，读者通常会认为研究者的思维能力较弱。

（4）可以介绍与作者结论相似的研究，但不要过度延伸。仍然以探讨创业导向与企业绩效的关系的研究为例，作者可能发现自己研究的结果与知名学者Stam和Elfring的结论类似，为了证明自身结论的重要性，花了一段来描述Stam和Elring的研究结论，这就是过度延伸的表现。这里作者可以这样说，"与Stam和Elring（2008）的研究结果一致，本研究也发现了桥连接对创业导向与企业绩效的调节作用"。过度延伸相似文献可能会让读者认为这个研究没有创新点。

综上，在撰写研究总结部分时，应合理安排重点，避开雷区。在撰写主要研究结论时，在重申研究问题的基础上，简要说明文章的主要研究结论。在撰写意外发现时，应详细分析意外研究结果出现的原因及意义。

9.2 理论贡献和实践启示

9.2.1 理论贡献

理论贡献的撰写需要与引言中研究问题、预告的理论贡献一致。一般而言，在探讨理论贡献时，作者需要深入思考以下问题：

- 本研究的理论构念是哪些？构念之间的关系是什么？对拓展现有理论对话有何帮助？
- 理论构念之间的关系模式出现的边界条件是什么？
- 如何拓展现有理论构念之间的关系机制？或者如何改进现有理论？
- 本研究结果在多大程度上与其他学者的研究结果一致？什么地方一致？如果不一致，为什么不一致？

1. 可能的理论贡献

为了回答上述问题，本书提供了几个可能的理论贡献：

（1）构建一个新理论。这类理论贡献侧重于回答"what"的问题，当现有理论无法解决现实管理实践中的问题时，新理论就应运而生了。党的二十大报告指出"继续推进实践基础上的理论创新"，理论来源于实践，管理理论也不例外。当理论贡献在于构建新理论时，作者需要清楚地阐述理论中存在的关键构念、原则以及构念之间的关系，以方便后来的研究者加入对话，应用相关构念进行研究。这类贡献的原创性最强，但合法性较低。

（2）颠覆现有理论的基础假设。这类理论贡献也侧重于回答理论相关的"what"问题。每一个理论都有其基础假设，当一个研究结果与理论的基础假设冲突时，这可能是一个重大的理论贡献，挑战了现有理论。例如，资源基础观认为，VRIN 特征的资源是企业持续竞争优势的来源，有助于企业获取卓越绩效。该理论的基础假设是：资源的价值性和稀缺性能够确保企业创造新的价值，而资源的不可模仿性和不可替代性则提供了一种隔离机制，确保企业可以持续获得这种资源租金。而在探讨资源的价值性、稀缺性、不可模仿性和不可替代性与企业绩效的关系时，Nason 和 Wiklund（2018）的元分析结果表明，资源的价值性与企业绩效之间呈现正向显著关系，不可模仿性与绩效之间则呈现负向显著关系。而且，无法从统计结果上看出具有 VRIN 特征和不具有 VRIN 特征资源与绩效关系的差异。上述结果挑战了资源基础观的基础假设，指出了资源的价值性、稀缺性、不可模仿性、不可替代性四个特征对企业绩效的作用是存在效应量差异，提醒学者们在具体应用资源基础观时，需要明确资源的具体特征，否则容易引致错误结论。

与之类似，Heugens 等（2009）的研究也颠覆了制度理论的基本假设，推进了制度理论的进一步完善。制度理论认为，外部环境中的法律、规则、信念等制度会约束组织的结构与行为，为了获得生存与发展所必需的资源，组织需要遵从社会结构中被广为接受的行为规范，即组织趋同是被动选择的结果。Heugens 等（2009）的元分析表明，外在社会结构的压力与组织趋同的关系非常微弱，组织趋同的原因可能是主动选择的结果。在新的时代条件下，理论的基础假设受到冲击开始逐渐变为正常现象。在试图做这种理论贡献时，作者需要选择特定的情境，样本量也要足够大，这样才足够说服人。

（3）为现有理论应用提供更多的边界条件。这类理论贡献侧重于回答"when"的问题，意在揭示理论的适用情境。当现有研究未对某个理论的边界条件达成一致共识时，可以通过揭示意想不到的边界条件突出理论贡献。例如，在社会资本理论中，学者就结构、关系和认知社会资本发挥效用的边界条件达成一致。为了完善这一研究，Patel 等（2011）的文章就揭示了网络跨度（network range）这种社会资本对跨国新企业绩效作用的边界条件，即网络跨度作为结构社会资本的其中一种类型，其效用的发挥还取决于关系社会资本的强关系的存在。

与之类似，在创业研究领域，创业导向与企业绩效之间的正向关系逐渐成为学界的共识，但针对创业导向与企业绩效之间的边界条件，学者们一直争议不断，目前研究从企业外部和内部探讨了不同的边界条件，为了整合两方面的研究，Stam 和 Elring 从社会资本的角度探讨了企业内外社会资本的权变作用，丰富了创业导向—企业绩效关系的边界条件的研究。

（4）打开现有研究中某些关系的黑箱。这类理论贡献侧重于回答"how"的问题，重在探讨理论构念之间的中介作用。在描述这类贡献时，作者首先要说明现有研究未清楚地揭示某两个理论构念之间的中介机制，并且揭示二者之间的中介机制有助于推动理论对话的重要性，例如，有助于推进相关理论对话的前进。仍然以创业导向为例，创业导向与新企业绩效的正向关系虽然得到证实，但在现实管理实践中，如何落实创业导向推进创业活动的开展仍然是困扰管理者的重要问题，人力资源管理实践、企业组织结构、企业的市场响应模式、供应链管理等都可能成为这之间的中介机制，作者可以从单一中介、多重中介不同的角度解释其理论贡献。

（5）同时揭示边界条件和中介机制。这类理论贡献侧重于同时回答"when"和"how"的问题。这类研究主要是明晰某个中介发挥效用的边界条件，扩展揭示自变量—因变量间中介机制的研究。现有被调节的中介或被中介的调节的理论模型都属于这个理论贡献区域。例如，施卓敏和郑婉怡（2017）发表在《管理世界》上的文章《面子文化中消费者生态产品偏好的眼动研究》就属于这类理论贡献，该研究结果表明，在不启动被试的自我肯定时，护面子倾向在道德受威胁对生态产品偏好的影响中发挥了中介作用；而当启动被试的自我肯定时，个体在面临道德威胁时，其通过护面子倾向影响生态消费行为的中介效应消失。这个研究结果较好地揭示了个体护面子倾向在道德威胁和生态产品偏好关系之间发挥中介作用的边界条件，丰富了现有关于面子倾向的中介机制文章。

最后值得注意的是，在基于研究结果探讨上述理论贡献时，还要明确研究未获得支持的假设的相关理论意义。

2. 理论贡献撰写常出现的雷区

在介绍理论贡献的撰写技巧前，先说明目前在学术研究论文中出现的雷区非常有必要。在现实学术论文中，研究者在撰写理论贡献时常会犯以下三个错误：

第一，重复讨论和总结研究结果，对理论意义探讨较少。从研究总结到理论意义的转变标志着叙述的重点发生了变化，研究总结叙述的重点是回顾研究中出现的主要结果，理论意义叙述的重点是解释为什么这些发现很重要，以及它们如何改变所加入的研究对话。在某些情况下，作者在讨论部分的前几段重新陈述了研究结果，然后讨论实践启示、局限性、未来研究方向，整个结论与讨论章节中没有讨论研究的理论贡献。在理论贡献部分，作者不是对结果进行重新排序，而是向读者解释这些研究发现是如何填补现有研究空白，并为新的、有前景的研究方向奠定基础的。

第二，理论意义过于肤浅，叙述冗余缺乏重点。有时候，作者为了突出自身的理论贡献，在文章中叙述了多个理论贡献。这样做实际上是不合适的，一篇论文对理论贡献的讨论应该围绕少数几个重要的问题展开，而不是对研究中每一个结果进行理论的延伸。在强化理论贡献时，作者应该避免提出多个理论贡献，应集中精力回应引言中设置的承诺。换句话说，理论贡献应与引言中所提到的研究问题和贡献呼应。

第三，过度解读研究结果，超越现有数据撰写理论贡献。在某些情况下，有些作者为了让读者相信他们的工作具有重要和广泛的理论意义，可能会提出某些未在引言、假设推演和数据分析中出现的概念或结论，并仔细说明了这些研究结论的意义。不可否认，在确定理论意义过程中存在一定的主观性。但当作者的叙述在引言或理论发展中没有提到时，审稿人很可能会得出这样的结论：作者延伸得太远了。例如，作者可能只是叙述了弱关系对个人事业成功的作用，在撰写理论贡献时，这样提："本研究也对网络跨度、桥连接相关的文献有一定拓展作用。"实际上，文章中可能并未出现网络跨度、桥连接相关的概念，而且弱关系属于关系社会资本，网络跨度、桥连接等属于结构社会资本，通过关系社会资本的效用去解读结构社会资本的效用就属于过度解读研究结果。

3. 讨论理论贡献常用的句式

在讨论理论贡献时，存在一些常用模板，可以套入论文写作中，这部分常用的句式有：

- 这些结果建立在现有证据……的基础上。
- 这一结果与……理论不相符。
- 这个实验为我们了解……之间的关系提供了一个新的视角。
- 在考虑如何……时，应该考虑这些结果。
- 这些数据有助于更清楚地了解……
- 虽然之前的研究主要集中在 X 上，但是这些结果表明 Y。

9.2.2 实践启示

实践启示是指研究论文结果在多大程度上给企业管理者、政府管理者提供管理实践建议。与理论贡献一样，作者在撰写实践启示时，必须基于现有结果情境给相关人员提供建议，不能过度解读研究结果。对于组织行为学和组织运营管理相关的研究不能拓展到给政府人员提供相关管理建议，微观层面的研究建议的对象通常是企业管理者（基层、中层、高层）和企业组织；中观层面的研究实践启示的对象通常是企业组织、行业管理协会；宏观层面研究实践启示的对象通常是政府管理人员、世贸组织等。

以组织行为学相关的研究为例，该类研究通常属于微观层面的研究，实践启示的对象通常是企业管理者和企业。例如，Lam 等（2015）的研究聚焦于组织行为学领域，探讨参与式领导对员工的工作绩效的影响，他们的研究结果表明，参与式领导与员工工作绩效之间可能呈现 J 型影响，领导者的信息分享调节了上述关系。在撰写实践启示时，他们从管理者和组织两个层面展开，针对企业管理者，他们建议企业管理者可以通过展示足够的参与性领导行为线索来减少员工对参与的防御认知。例如，管理者可以提供参与的机会和支持，对员工的建议表示接受，为员工提供足够的资源和信息来完成他们所参与的任务等。这些行为都有助于企业员工全情投入企业参与式管理实践中，实现企业目标。针对企业组织，他们建议组织采取果断措施，通过促进企业内部员工与员工之间、领导与员工之间的信息共享，提供有效的培训机制，培训领导者的信息沟通能力。此外，公司应该实施程序、政策和系统来开发领导责任、共享文化等。通过强调参与领导行为和与员工共享信息的重要性，可以减少员工对参与的抗拒，从而最大化参与管理实践的效益。

9.3 研究局限与进一步研究方向

9.3.1 研究局限

所有的研究都存在局限性。简单来说，任何阻碍学术研究及其结果的因素都可以被称为研究局限（limitation）。很多研究者往往存在这样一种误解：如果一篇论文的研究局限太明显，就会大大降低研究结论的说服力。正是由于这个原因，这些研究者为了避免审稿人对自己的论文产生负面评价，一般不愿意把研究局限写入他们的学术论文中。这是一种危险的行为。一旦研究者被审稿人发现存在故意遮掩局限的情况，审稿人便会心存疑惑，甚至怀疑是否有其他暂未发现的局限，进而给出否定的评价。相反，如果研究者能够如实指出并合理解释局限，则能够显示研究者对整体研究的掌控能力，更容易获得审稿人的信任和好感，从而获得较高的评价。因此，试图隐藏论文的研究局限是不明智的，研究者有必要在论文中交代清楚研究的局限性。

在研究开始之前，研究者可能会预料到一部分局限。但是，有一些局限则是要在研究过程中才会暴露出来。无论在研究的哪一个阶段发现了研究的局限性，无论采用哪一种研究设计和研究方法，研究者都应该在论文的最后一部分讨论中对研究局限进行详细说明。研究者应该清楚地向读者展示自己的研究局限是什么，为什么这些因素是研究局限，如果读者想要在未来继续进行研究，有什么方法可以克服这些局限性。在撰写讨论部分时，研究者最好把研究局限放在研究结果之前，这样做可以使读者对研究的应用及其未来发展方向有一个大概的预想，并增加了研究结果的说服力。因此，研究者最好在讨论的开头就对论文的研究局限进行说明。

那么，研究者在做研究时，通常会遇到的研究局限有哪些呢？我们主要从研究方法的局限性和研究者自身的局限性出发，对论文的研究局限进行探讨。

1. 研究方法的局限性

（1）抽样的局限性。在定量研究的文章中，概率抽样通常被认为是一种理想的方法，因为它能够把从被研究的样本中得到的研究结果推广到研究总体。但是，现实往往不存在这种理想化的情况。很多采用概率抽样方法的文章表明，想要利用概率抽样得到普适的结论是非常困难或几乎不可能的，原因在于抽取的样本不能代表研究总体，导致研究产生与样本偏差（sample bias）或选择性偏差（selection bias）相关的问题。这种情况下，研究者会被迫使用非概率抽样的方法进行研究，这意味着研究结果无法再从样本概括到所有被研究的人群，研究的推广性（transferability）受到了局限。

（2）样本量（sample size）的局限性。研究者在进行一项研究时，如果想要获得精确有效的研究结果，就必须保证具有充足的样本量。如果样本容量非常小，研究者获得的数据就会十分有限，有限的数据不足以支撑研究者的研究结果。在进行统计分析时，被研究的样本量越大，越能够代表研究的总体，研究结果的推广性也会越强。

（3）文献的局限性。文献回顾是任何科学研究工作的必经步骤，因为它有助于研究者了解有关研究主题的研究现状，并为研究提供坚实的理论基础。然而，并不是所有的研究主题都有充足的相关文献来供研究者参考，相关文献的数量通常会随着研究主题涉及范围的不同而有所差异。研究者如果选择一个较为新颖的研究主题作为研究对象，那么很可能会面临文献不足的情况，这时研究者就必须提出一种新的理论，以试图解释论文的研究问题。文献的局限性反而发展了某个研究领域的空白，研究者应该坦然承认论文存在这种局限性，并指出进一步的研究方向。

（4）数据收集方法的局限性。数据收集方法的局限性往往会限制研究者全面分析研究结果的能力。比如，研究者采用问卷调查法来收集数据资料，但在后续分析研究变量之间关系的过程中发现，问卷中涉及某个变量的问题应该用其他观点来提出，或者问卷中缺少了与变量相关的一个重要问题，进而减弱了研究变量之间的相关程度。这时，研究者必须在讨论里提出该研究局限，并提出解决上述问题的方法。

2. 研究者自身的局限性

研究者自身的局限性主要是获取数据的局限性。研究者可能接触不到正在研究的特定群体，进而无法获取研究所需的数据。比如，研究者的研究总体是某所大学的全部学生，需要对其进行抽样，但是学校出于隐私安全的考虑，不会对研究者提供全部学生的名单，研究者便无法进行数据的收集工作。这使得研究者必须选取新的研究方法来解决这一问题。研究者需要在研究局限中说明获取资料过程中遇到的问题和原因，并说明新的研究方法是如何确保研究结果的有效性和可信赖性的。

另外，研究者的个人偏见和时间的局限性（如截稿日期）都会对研究造成影响。但是，这种局限性通常不会放入讨论的研究局限中。想想看，如果你在研究局限中写道"由于时间关系，论文中的……方面还没有做"，那么一定会给读者留下一个非常差的印象。研究局限一定要来自于论文本身的内容。研究者可以从数据来源、数据处理的好坏、样本本身的代表性、科学性、研究方法的使用是否有缺陷，以及在论证过程中有没有比较弱的地方等方面，考虑论文存在哪些研究局限。

相信读者已经初步认识了研究局限。那么，我们到底该如何撰写讨论中的研究局限呢？我们建议基于以下三个步骤来撰写研究局限。

（1）指出研究局限。一项研究可能存在许多局限，研究者不必全部探讨。毕竟，研究者并不是在写一篇2000字的关于论文局限性的评论。所以研究者只需指出对论文的研究结果具有最大影响的局限。这一部分的总字数应该占研究局限部分的10%～20%，200～500字为宜。研究者应该在讨论的开头就大方地指出研究局限。

需要注意的是，研究者在指出研究局限时，避免使用道歉的语气，不要低估自己的研究——讨论局限性的目的是加强研究的可信度，而不是强调弱点或失败。研究者既不要过于关注研究的局限性，以免使读者对研究结果产生怀疑，也不要完全忘记承认研究中的局限性。

下面列出几条指出研究局限的句式：

- 结果的可推广性受到……的限制。

- 这些数据的可靠性受到……的影响。
- 由于缺乏可用的数据，结果无法证实……
- 方法选择受到……约束。
- ……超出了本研究的范围。

（2）解释研究局限。研究者在指出研究局限之后，需要从以下三个方面解释研究局限的内容：一是研究者需要解释研究局限对研究结果和实际应用的影响；二是研究者需要解释为什么在知道这种影响的情况下，仍要采用该种研究方法；三是研究者需要解释为什么在这种影响下，论文的研究结果仍是有效的。

其中，第三个方面是最为重要的。因为研究者如果能够写好第三个方面，就可以让读者相信这些研究局限并不会降低论文的质量，也能够证明研究者在研究过程中所做的选择是正确的。这一部分的总字数应该占研究局限部分的 60%～70%。

（3）提出改善研究局限的建议。在提出并合理解释研究局限的基础上，研究者应该提出改善这些研究局限的建议。比如，研究者认为可以使用其他研究方法来完善研究，那么研究者就需要向读者说明这种方法的优缺点是什么，它是如何完善研究的。虽然在研究局限中的这一部分可以写很多东西，但我们建议这一部分的总字数应该占研究局限部分的 10%～20%。

9.3.2 进一步研究方向

在撰写完研究局限之后，研究者就需要进一步拓展未来研究方向。未来研究方向的拓展通常来自于在论文的研究局限性。在未来研究方向这一部分中，研究者需要针对自己的研究局限进一步提出有关未来研究的建议。这种建议要求能够激发其他研究者继续进行接下来的研究，持续建构该研究主题的相关知识。我们根据研究者的不同目的，将未来研究建议分为以下六种类型。

1. 基于未预料到的结果拓展未来研究方向

未预料到的结果指的是，在论文的研究结果中，有一些结果是研究者最初未预料到的。以著名的霍桑实验为例，梅奥最初想要找出工作条件对生产效率的影响。但后来意外地发现职工是"社会人"，影响工人社会效率的因素除工作条件外，还有人的工作情绪。这也是研究"行为科学"的开端。因此，未预料到的结果可以作为发展新知识的契机。研究者有必要简单地描述这些未预料到的结果是什么，并提出关于继续探索这些未预料到的结果的建议。

2. 基于未解答的问题拓展未来研究方向

一篇论文不可能完美地解释有关研究问题的各个方面。有时，研究问题的某些方面是很难回答的，因此，研究者总会遗留一些尚未解答的问题。这并不意味着研究者的研究方法存在缺陷，而仅仅是反映了一个事实，即研究结果并没有提供研究者所希望的所有答案。如果是这样的话，研究者需要简要地描述研究问题中未解答的问题有哪些，并提出一种未来可以尝试解决这些未解答问题的方法或途径。

3. 基于现有局限拓展未来研究方向

研究者根据论文的研究局限提出相应的未来研究建议，这是撰写未来研究方向部分的最简单和最快的方法。比如，因为客观条件的限制，研究的样本量不充足，导致样本不能很好地代表总体。那么，研究者的未来研究建议可以是进一步扩大样本量。又比如，目前研究者采取的 A 方法能够解释本文的研究问题，但是论文未使用的 B 方法也可以解释本文的研究问题。这时，研究者可以给出的未来研究建议是使用 B 方法尝试研究，看看是否会得出不同的结论。

4. 号召未来研究检验本研究中提出的理论模型（针对质性研究）

有的研究者在进行质性研究时，通过回顾相关文献提出了一种理论模型，但是，却没有立即对该模型进行检验。研究工作仅仅停留在理论层面。在这种情况下，研究者提出未来研究方向的目的往往是，号召其他研究者在未来继续他的研究工作，检验该研究模型在现实中是否适用。那么，研究者在提出未来研究建议之前，就需要思考以下两个问题：第一，什么环境、地点和文化最适合检验该理论模型？第二，什么研究方法最适合检验该理论模型？这两个问题的答案就是为其他研究者清楚地指明未来研究方向的建议。

5. 在新的环境、地点和/或文化中检查本概念框架（或测试理论模型）

有时，研究者不仅会在论文中构建一个概念框架（或理论模型），还会在研究中对其进行检验（或测试）。对于这种情况，未来的研究可以在新的环境、地点和/或文化中检验概念框架（或测试理论模型）。例如，现有研究的地点是加拿大，研究对象是消费者，或者美国这样的个人主义文化，那么未来的研究可以关注英国或中国这样的集体主义文化等。需要注意的是新选择的环境、地点或文化的合理性。如果不确定某个新的环境、地点或文化是否合适，可以回顾一下以往的文献，前人的研究能够帮助作者明确研究重点。

6. 扩展现有理论框架

如果研究者已经构建并检验了理论框架，那么未来的研究可以聚焦于扩展现有的理论框架，具体有以下几种方法：检查理论框架中含有的但没有重点关注的概念（或变量），进一步检查理论框架中的某一个特定关系，向理论框架中添加新的构念（或变量）。

最后，所有关于未来研究的建议必须建立在研究结果或以往文献的基础上以保证其合理性。

9.4 研究总结与贡献撰写示例

下面，我们将以 Stam 和 Efring 发表在 *AMJ* 上的《创业导向与新创企业绩效：产业内外社会资本的调节作用》一文为例，分析讨论章节的写作方法。

讨论

> 本研究发现，创业团队的行业内和行业外社会资本的配置可以解释企业创业导向对绩效的积极和消极影响，为最近的创业和网络文献中提出的配置视角提供了实证支持。如我们所料，我们发现高网络中心度和广泛的桥连接的结合加强了创业导向与绩效之间的关系。在桥连接较少的创业企业中，网络中心弱化了创业导向对绩效的影响。这些发现强调了企业家的社会资本资源与创业导向相关的独特资源需求之间的匹配的重要性。

第一段简要描述了研究结果（"创业团队的行业内和行业外社会资本的配置可以解释企业创业导向对绩效的积极和消极影响"），并将其与最近的相关文献相联系（"最近的创业和网络文献中提出的配置视角提供了实证支持"），然后对结果做出评价，即研究结果与预期相符合（"如我们所料，我们发现高网络中心度和广泛的桥连接的结合加强了创业导向与绩效之间的关系"），最后简要说明研究结果的意义（"这些发现强调了企业家的社会资本资源与创业导向相关的独特资源需求之间的匹配的重要性"）。

> 一个意想不到的结果是缺乏对网络中心的独立调节作用的支持。一种可能的解释是由于我们的样本和测量方法的性质的缘故。由于创业导向与中心性正相关，这一发现可能反映了创业公司中心度的有限差异。虽然中心度和中介中心性等替代指标也得到了相同的结果，但也可能是其他类型的行业网络中的中心性发挥了更强的调节作用。缺乏调节作用的另一种可能性是，虽然我们的因素分析支持使用一项综合的创业导向措施，但这种做法可能掩盖了网络中心性与个人创业导向各方面之间的独特相互作用。例如，高中心性可能通过限制从网络外部获取新知识来限制创新，但通过减少感知的不确定性来促进风险承担。

这部分着重强调了研究中得到的意料之外的结果（"一个意想不到的结果是缺乏对网络中心的独立调节作用的支持"），并对产生这一结果的可能原因做出解释（"一种可能的解释是由于我们的样本和测量方法的性质的缘故……另一种可能性是，虽然我们的因素分析支持使用一项综合的创业导向措施，但这种做法可能掩盖了网络中心性与个人创业导向各方面之间的独特相互作用"）。

因此，未来的研究应该明确指出网络位置影响企业绩效的精确机制。虽然从二元权变的角度来看，网络中心的调节作用似乎不显著，但是通过对高阶交互的更仔细的观察发现，当单独研究网络中心时，仍然隐藏着两个相反的调节作用。在桥连接不断增加的情况下，中心性最初削弱了创业导向与绩效之间的关系，但在一定的拐点，这种负调节作用变为正调节作用。看来，促进创业导向的并不是获得特定行业资源的特权本身，而是企业有能力以其他社会领域的资源的新的重新组合来补充这种机会。这一发现很有趣，因为之前的研究已经检验了中心的调节作用，但没有研究这些作用如何受到企业的桥连接的影响（Tsai，2001）。

这里基于上文提到的出乎意料的结果提出对未来研究的建议（"未来的研究应该明确指出网络位置影响企业绩效的精确机制"）。

贡献

本研究通过展示不同的社会资本渠道如何交互地塑造企业行为与企业绩效之间的关系做出了贡献。网络中心和桥连接对绩效具有互补作用的发现，为最近的论点提供了初步的实证支持，即内部和外部社会资本可能具有交互作用，支持了社会资本有价值的观点。本研究还表明，局部网络配置的绩效影响取决于企业的创业导向。这一结果强调，在未来的网络研究中，不仅需要研究不同社会资本渠道之间的相互作用，还需要研究决定关系最佳平衡的偶然性。这项研究还增进了对社会资本"黑暗面"的认识。研究结果强调，通过同时考察内部和外部社会资本，我们更好地理解了网络中心对绩效有不利影响的条件。此前的研究表明，企业可能会被紧密联系的网络所覆盖（Uzzi，1997）。因此，公司可以通过实现臂长和嵌入联结的组合来最大化它们的绩效。我们提出，过度嵌入也可以被视为内部和外部社会资本之间的不平衡，从而补充了这一研究。这一观点表明，只考虑一个公司在单一网络中的嵌入可能会产生误导的结果，并暗示未来的研究可能会有效地检查公司在多个网络中的弱关系和强关系的配置。

例文将贡献部分与理论启示部分结合在一起进行阐述。贡献部分的第一段阐述了本研究做出的贡献并解释了为什么研究结果是有意义的。比如"为最近的论点提供了初步的实证支持""这项研究还增进了对社会资本'黑暗面'的认识""补充了这一工作"等，表明本研究的结果与之前的研究结果相符，并填补了以往研究的空缺。

  通过实证研究，本研究加深了对创业导向和社会资本如何影响新兴产业中新企业绩效的理解。在行业生命周期的早期采用强烈的创业导向会产生宝贵的先发优势这一观点未得到支持，创业导向对绩效的主要影响较弱。也许行业的创新性意味着我们研究中的所有公司都表现出了相对较强的创业倾向，从而使得公司之间的差异对绩效的影响较小。或者，我们的措施可能没有捕捉到新兴行业创业行为的一些独特方面。显然，需要进行进一步的研究，以确定提高企业绩效的创业导向的要素。关于社会资本在新兴产业中的作用，本研究增加了非正式关系如何影响企业绩效的知识。与之前的一些工作不同，本研究收集了完整的网络数据，使我们能够捕捉到网络在行业非正式社会结构中的地位如何影响企业绩效。虽然没有假设，但发现网络中心对创业绩效有显著的负主要影响。中心企业可能有助于行业层面的整合和学习，但这一结果表明，网络需要大量的资源投资，可能会损害单个企业家的绩效。特别是在新兴产业中，资源和网络仍然是新兴的，由高中心性产生的社会资本可能无法抵消占据这样一个网络位置的成本。因此，未来的研究应确定社会资本在何种条件下提高个人和集体的绩效。

本段阐述了本研究的结果与以往研究成果不相符的部分，并对这种情况出现的原因做出推测性的解释。此外，本段还提到本研究与之前研究不同的地方，比如"与之前的一些工作不同，本研究收集了完整的网络数据"等。可以看出"贡献"和"理论启示"部分的写作不但需要建立在研究成果的基础上，还要与之前的研究紧密相连，指出本研究得到的结果与以往研究的观点是否一致，若不一致，可能的原因是什么，以及研究是否填补了相关领域的空白之处，对现有成果做出补充等。

局限性与未来方向

  本研究并非没有局限性。第一，通过相同的调查收集自变量和因变量的数据可能会引入共同的方法偏差。为了减少和评估这个潜在的问题，我们使用了多项绩效指标、二级受访者、哈曼单因素测试和验证性因素分析。虽然这些程序显示出对常见方法偏差的威胁很小，但我们建议读者谨慎地解释我们的结果。

  第二，本研究的绩效指标可以通过考虑更具体的绩效维度来改进。虽然我们的绩效指标得出了类似的结果，但主观衡量的结果要强于销售增长的结果。这可能反映了两种测量方法在样本量和可靠性上的差异，也可能反映了我们样本的性质。事实上，我们的样本包括许多早期的风险投资，这些投资的财务业绩指标可能并不总是合适的。结果的模式还可能强调需要分解聚合的性能度量，这些度量可能会掩盖公司资源对较低级别业务流程的重要间接影响。因此，未来的研究应该采用更细粒度的性能度量，以捕获企业关键业务流程的有效性。

第三，我们只考察了一个新兴的高科技产业。开放源码软件行业的全球性和创新性、其中开发人员社区的重要性以及许多年轻公司的出现，这些因素可能限制了结果的普遍性。我们认为，未来的比较研究存在一个很有潜力的机会——涵盖生命周期、技术强度或制度背景不同的多个行业——可能会发现特定的行业条件如何影响创业取向和社会资本绩效效应。

第四，我们的横截面数据未能捕捉到创业导向与社会资本之间的动态相互作用。对最有利的网络位置的了解使人们注意到企业如何最先获得这些位置的问题。未来的研究可以通过确定高管外部联系的个人、公司和行业层面的决定因素，做出有价值的贡献。观察创业导向与社会资本之间的强相关性也提出了一个需要进一步研究的重要问题：创业公司的高管是否建立了截然不同的外部联系，或者不同的社会资本获取渠道是否导致了不同程度的创业导向？

第五，我们假设的逻辑是建立在结构主义网络传统的基础上的，它强调了社会结构对行动者行为的影响，而忽略了个体代理和属性的作用。然而，我们同意基尔达夫和克拉克哈特的观点，即"任何人类行为的方法都必须包括个人作为感知者和寻求机会的行动者"。当前研究的一个自然延伸，将是研究支配高管关系如何影响组织结果的心理和社会过程。通过调查企业家的社会网络和个人背景如何共同塑造他们的认知偏见和战略选择，此类研究可能会在"高阶视角"的基础上取得丰硕成果。

本部分分别从数据收集方法、变量维度划分、样本选取的范围、数据缺陷和假设提出等五个方面讨论研究存在的局限性：

1.……通过相同的调查收集自变量和因变量的数据可能会引入共同的方法偏差……

2.……本研究的绩效指标可以通过考虑更具体的绩效维度来改进……

3.……我们只考察了一个新兴的高科技产业。开放源码软件行业的全球性和创新性、其中开发人员社区的重要性以及许多年轻公司的出现，这些因素可能限制了结果的普遍性……

4.我们的横截面数据未能捕捉到创业取向与社会资本之间的动态相互作

用……

5.……我们假设的逻辑是建立在结构主义网络传统的基础上的，它强调了社会结构对行动者行为的影响，而忽略了个体代理和属性的作用……

针对每一个研究缺陷，提出了相应的改进意见以及对未来进一步研究的建议：

1.……但我们建议读者谨慎地解释我们的结果。

2.……未来的研究应该采用更细粒度的性能度量，以捕获企业关键业务流程的有效性。

3.……未来的比较研究存在一个很有潜力的机会——涵盖生命周期、技术强度或制度背景不同的多个行业——可能会发现特定的行业条件如何影响创业取向和社会资本绩效效应。

4.……未来的研究可以通过确定高管外部联系的个人、公司和行业层面的决定因素，做出有价值的贡献……

5.……当前研究的一个自然延伸，将是研究支配高管关系如何影响组织结果的心理和社会过程。通过调查企业家的社会网络和个人背景如何共同塑造他们的认知偏见和战略选择……

现实意义

尽管可能存在局限性，但本研究提供了一些实际意义。研究结果显示，企业家可以通过同时刺激他们的创业导向和建立与同行业其他公司的社会关系来提高他们的企业绩效。但是，企业家应该认识到，当一个中央网络的地位没有得到足够的行业外桥梁联系的容纳时，强烈的企业导向可能会限制绩效。因此，除了考虑创业团队成员的人力资本，在团队形成和发展的过程中，评估成员的社会资本也很重要。例如，考虑一位在计算机行业拥有广泛经验和关系的企业家，他已经创建了一家开发创新存储设备的公司。对这样一位业内人士来说，研究结果表明，与其他多个领域有社会关系的个人合作，可能会防止过度嵌入，并将提高风险绩效。鼓励企业家支持可能促进行业内部联系发展的倡议，例如参加社会活动（如会议、商业会议）、获得行业协会的成员资格和建立重要行业联系数据库。然而，与此同时，研究结果表明，这样的网络活动可能会导致过度嵌入，并表明这些计划必须得到支持创建行业外联系的项目的补充。新颖的安排，例如使用复杂的"社会软件"技术，有可能与更广泛的社会圈子建立联系，从而为企业的创业活动和业绩提供便利。

本部分将研究的理论结果与实际情况相联系，说明研究结果将如何投入实践，发挥现实指导作用。比如，"研究结果显示，企业家可以通过同时刺激他们的创业方向和建立与同行业其他公司的社会关系来提高他们的企业绩效""在团队形成和发展的过程中，评估成员的社会资本也很重要""鼓励企业家支持可能促进行业内部联系发展的倡议，例如参加社会活动（如会议、商业会议）、获得行业协会的成员资格和建立重要行业联系数据库"等。

重要术语

研究局限　理论贡献　实践启示

复习思考题

1. 简要分析研究总结书写步骤有哪些以及书写研究总结时需要注意哪些事项。
2. 理论贡献撰写常出现的雷区有哪些？
3. 研究方法的局限性有哪些？
4. 如何撰写讨论中的研究局限？
5. 根据研究者的不同目的，未来研究建议可以分为哪些类型？

参考文献

[1] Bitchener J, Basturkmen H . Perceptions of the Difficulties of Postgraduate L2 Thesis Students Writing the Discussion Section [J]. Journal of English for Academic Purposes, 2006, 5(1): 4-18.

[2] Hess D R. How to Write an Effective Discussion [J]. Respiratory Care, 2004, 49(10): 1238-1241.

[3] Heugens P P, Lander M W. Structure! Agency!(and Other Quarrels): A Meta-analysis of Institutional Theories of Organization [J]. Academy of Management Journal, 2009, 52(1): 61-85.

[4] Lam C K, Huang X, Chan S C H. The Threshold Effect of Participative Leadership and the Role of Leader Information Sharing [J]. Academy of Management Journal, 2015, 58(3): 836-855.

[5] MacCoun R J. Biases in the Interpretation and Use of Research Results [J]. Annual Review of Psychology, 1998, 49(1): 259-287.

[6] Nason R S, Wiklund J. An Assessment of Resource-based Theorizing on Firm Growth and Suggestions for the Future [J]. Journal of Management, 2018, 44(1): 32-60.

[7] Patel P C, Terjesen S. Complementary Effects of Network Range and Tie

Strength in Enhancing Transnational Venture Performance [J]. Strategic Entrepreneurship Journal, 2011, 5(1): 58-80.

[8] Sauaia A, Moore E E, Crebs J, et al. The Anatomy of an Article: The Discussion Section "How Does the Article I Read Today Change What I Will Recommend to My Patients Tomorrow?" [J]. Journal of Trauma and Acute Care Surgery, 2013, 74(6): 1599-1602.

[9] Stam W, Elfring T . Entrepreneurial Orientation and New Venture Performance: The Moderating Role of Intra-and Extraindustry Social Capital[J]. Academy of Management Journal, 2008, 51(1): 97-111.

[10] Yellin L L. A Sociology Writer's Guide [M]. Allyn and Bacon, 2009.

第 10 章

论文投稿与发表

当我们完成了研究项目和数据分析,并得到可靠而真实的结果时,我们将进行论文的撰写并且开始准备投稿。本章将从以下五个方面进行介绍:

- 论文的规范性要求。一篇论文要想发表,它必须按照论文的规范性要求进行撰写。我们按照论文书写的顺序,对论文的结构和书写方式一一进行了剖析,希望读者对于论文的结构和书写规范有一个大致的概念。
- 有关论文投稿的学术道德。当忽略甚至违反学术道德时,可能会导致学术不端的行为出现。学术不端的行为在学术界是坚决反对的,每一个科研人都应该严于律己,特别对于学术方面,应该抱有尊重诚信的态度。
- 管理学期刊的审稿流程。审稿流程主要分为编辑初审、专家外审、修改后再审以及接受这四个关卡。每一个关卡都有严格的要求,如果你有幸通过了编辑初审进入外审阶段,在编辑和审稿人的意见综合下,将会为你提供可能复杂也可能简单的修改稿件,这也是我们本章的第四个方面。
- 如何进行恰当且完善的修改以及回复。在外审回复的过程中,你需要保持谦虚谨慎的心态以及积极乐观的态度。对于审稿人和专家,使用礼貌的用语,同时怀揣一颗认真尊敬的心。当你走到论文的最后一关,即论文的录取时,恭喜你,你离成功只有一步之遥。在你的论文见刊之后,你的胜利才刚刚开始。
- 有关研究的发表后管理,永远不要认为论文发表是一个一劳永逸的行为。撤稿的事情时有发生,后评审对论文作者而言也是个令人担忧的事情。在面对这些可能发生的情况时,我们唯一能做的就是在论文撰写的过程中,保持严谨,反复查证,使这篇论文无愧于心。

10.1 期刊论文的规范性要求

在管理学领域,大多数实证性质的文章都遵循着类似的模式。首先,介绍研究的现象及提出问题,再对一直以来关于此现象和问题的有关知识、辩论争议等进行阐述。其次,对于历年的文献进行回顾,此部分将会提及相关构念的发展、涉及的理论以及不同学者研究的方法和框架等。再次,理论框架的建立和假设的提出,这是研究过程中逻辑推论的一部分。接下来的内容是研究方法,介绍研究设计,包括抽样、数据的来源和收集、变量的测量和分析。最后,讨论与结论部分,具体包括对结果的讨论、本研究的局限性、现实意义及对未来研究的启示。一个好的讨论部分会通过对研究结果的讨论给读者留下思考的空间,并且引导读者从不同的角度得出新的、重要的研究方向。一般而言,作者还可以在最后加上篇幅较短的致谢。以上是正文部分,除此之外,在一篇论文中,标题是必不可少的,正文前还必须有摘要和关键词,正文后必须有此篇论文的参考文献。一篇论文要想发表,它必须按照论文的规范性要求进行撰写。下面,我们将对期刊论文每一部分的规范性要求进行具体的阐述。

10.1.1 标题

标题是文章的眼睛和旗帜,它揭示主题,直接体现中心内容。要使读者在数以万计的文章中注意到你的论文,一个好的标题至关重要。学术论文中标题的撰写应符合以下几条原则:

- 标题应该以简明、确切的词语反映文章的主旨,并且符合编制题录、索引和检索的有关原则且有助于选定关键词。
- 中文标题一般不宜超过 20 个字,必要时可加入副标题。标题也应避免使用非公知公认的缩写词、字符、代号,不出现结构式和数学式。
- 标题应明确,要揭示文稿内容,与文章内容相符,与文章内容的风格相一致。

10.1.2 摘要和关键词

摘要是对整篇文章的总括而不是引言。它应该包含拟待解决的问题、一个有关主要假设的简短声明、所采用的方法以及主要的研究成果。摘要是每篇论文必备的部分,摘要的编写应符合 GB6448-86 的规定。摘要从形式和内容上看应是一篇完整的短文,具有独立性和自含性,不用图表和非公知公认的符号或术语,不得引用图、表、公式和参考文献的序号。对于摘要的篇幅,一般报道性的以 300 字左右为宜,指示性的以 100 字左右为宜,报道—指示性的以 200 字左右为宜。

关键词是为了方便文献索引和检索而选取的能够反映论文主题内容的词与词组,

一般每篇文章的关键词为 3～5 个。关键词应尽量从《汉语主题词表》等词表中选用规范词——叙词，未被词表收录的新学科、新技术中的重要术语和地区、人物、文献、产品及重要数据名称，也可作为关键词标出。

10.1.3 引言

引言部分的第一段是最重要的。它应该告诉读者这篇文章所要研究的现象以及为什么要研究此类现象。在首段或前两段要给读者一个有关全文的清晰框架，并且提出核心构念以及有关该构念的问题。在引文的结尾处通常会提出研究问题或声明研究目的，突出文章的贡献。在本质上，引言应该开门见山、简明扼要地表明你将要参与对哪个问题的研究讨论（争论、辩论、现有的知识、尚未解决的问题或异常的实证），并解释你的研究将如何对该问题的讨论和知识做出贡献。它还应该为你的研究勾画一个明确的边界，告诉读者你的论文所涉及的范围。需要注意的是，引言不要与摘要雷同或成为摘要的注释，避免公式推导和一般性的方法介绍。

10.1.4 文献回顾

一个学术性的问题总是在一定理论启发、指导下提出的。因此，学术问题总是与一定理论相联系，与其说确认了一个问题，不如说找到了一个观察问题的理论视角。文献回顾主要就是对与确认问题有关的研究领域进行综述和评论，这是一个学术性研究必备的环节。

总体来说，文献回顾就是：确认对于知识体系的熟悉程度并且展现这项研究的可信度；阐述过去的研究成果以及过去研究与现在正在进行的研究之间的关系；总结并组织已存在的研究成果，理清问题和研究方向。

在进行文献回顾前，对于所要引用的文献也应进行一定的筛选，这里有几点需要注意：

- 聚焦所要研究的主题，选取与自己研究的问题和采用的理论框架较为相近的文献。
- 选取被研究者引用频率较高，或者在研究领域有决定性地位的文献。
- 选取发表时间较晚、年代较近的文献。
- 选取影响因子和领域地位较高的期刊中的文章。

10.1.5 理论框架与假设

这一部分的目的是对研究的问题提供一个合乎逻辑的分析。它包括两个方面：一是理论框架的建立，二是假设的提出。用一个由方框和箭头画出的图来表示你的研究模型是一个很好的做法，它可以使读者便于获取整篇文章的中心内涵，并且方便读者对文章的理解。更为重要的是，你可以按照这个框架的示意图来组织理论讨论：首先对构念进行定义，然后列举过去相关的研究，再说明为何以及如何与模型中的变量相关，并生成相关的假设。通常，我们对于此模型的分析采用从左至右、从上至下的分析方式。

对于文章中的假设，一篇文章中的假设数量并没有定量要求，研究者可以根据文章的难易程度以及文章中涉及的构念的数量和研究框架的复杂性进行确定。一个好的研究也有可能只有一个假设，虽然这较为罕见。通常，一个假设是为了在几个构念之间构建关系，一个假设一般不会超过三个构念。但是，如果这个假设里同时含有调节变量和中介变量，那么这个假设可能会涉及四个构念。当你撰写假设时，应该确保每个假设都能直接或间接地为你的研究问题提供答案，从而保证分析的连贯性。如果你在进行了更多的分析后，发现加入新的构念的分析结果对你的文章十分有用，你也可以将新的构念纳入你的理论，形成新的假设。

10.1.6 研究方法

实证方法在学术论文中之所以重要，主要是因为科学研究不仅仅看重结论，而且在一定意义上更看重研究过程。如果你的实证检验无法重复性实验，或者真实数据结论和你的理论假设不能完全贴切，那么即使你的理论构念再好，这样的论文也是无法发表的。

方法部分主要包括对样本信息、数据收集过程、变量测量、构念效度的检验、假设检验的分析过程以及结果和稳健性检验的阐述说明。在抽样这一环节中，必须严格根据你论文的研究目的和研究对象进行选择，并简洁完整地叙述抽样方法和抽样过程，使读者能判断你的样本是否合适以及确定你的研究结果可以对应的总体。如果是问卷调查，应该检查是否存在非应答偏差；如果使用的是档案数据，应该尽可能对样本是如何产生的进行描述，以确保收集过程的真实性和可行性。对此，通常我们会做一个总结样本统计人口学特征的表格。测量变量以对因变量的叙述开始，然后是自变量、中介变量、调节变量和控制变量。自变量的介绍顺序依照在假设部分引入它们的顺序。控制变量往往不止一种，介绍的时候应尽可能完整。控制变量是排除对研究结果有影响的其他因素从而加强研究内部效度的重要手段，在对于控制变量的介绍中，不仅应该提出你的研究中存在哪些控制变量，还应该指出如何对它们进行测量并且如何降低它们对于研究的影响。除此之外，研究者还需报告测量的信度，在测量这一环节关键是确保构念效度和信度。接着是分析，分析由两部分组成：构念效度分析和假设检验分析。构念效度分析一般涉及因子分析和个体水平与总体水平的一致性指数。当变量测量均来自同一数据源时，还需检查同源误差。最后是结果和稳健性检验的说明。你应该报告假设检验的结果，同时标明插入表格和图示的地方。在提供统计数据之前先描述整体结果，如关键变量的分布和它们的相关系数。在假设检验结果介绍完之后，还可以对不一样的发现进行额外的分析。在稳健性检验中，研究者可以根据图示依次进行稳健性结果的描述分析。

10.1.7 讨论与结论

这一部分主要包括以下几个方面的内容：结果讨论、本研究对理论的贡献以及对未来研究的指导、研究的局限性、对管理实践的启示和结论。对研究结果和结论的讨论并不是简单地再次解释和重复研究结果部分已经总结了的观点，而是对你的研究进行讨论。你的研究是以何种方式对问题进行分析验证的？是否在研究过程中对问题进行了解答？哪些假设得到了证实？没有得到支持的假设的原因是什么？你的研究结果和其他研究的相关和不同之处在哪里？

在结果讨论之后，研究者需要探讨本研究对理论的贡献以及对未来研究的指导和启示。你的研究在研究领域内的贡献是什么？是否意味着有什么新的视角和问题需要研究？未来学者对于此类现象的研究还可以从哪些地方入手？

所有的研究都有其局限性，我们应该尽可能坦诚地指出在研究中不足的地方。这些不足不应该是对你的研究造成很大错误的地方，而仅仅是你在研究设计中出于客观条件不得不妥协的地方，虽然缺陷存在，但并不会带来严重的错误。对于这些问题，你应该指出你为克服此类问题，做出了什么努力，并且它的影响已经大大降低。值得注意的是，这些不足必须是在你竭尽全力仍然无法改善的地方，而不是在你进行研究设计时可以避免的地方。

最后，应该根据你的研究结果为管理者提供意见，讨论你的研究结果对于管理实践的影响。结尾应该强有力地指出你的研究的贡献，例如方法的创新、不同寻常的发现以及为今后的研究提供一个方向或研究思路等，但切记不要空洞浮夸，夸大其词。

10.1.8 致谢及其他

致谢是作者对于在该文章形成过程中做出贡献的组织或个人表达感谢的文字记载，内容要实在，语言要真诚、适当、简短。致谢文字的字号或字体一般与前文部分有所区别，可以根据不同期刊的要求进行修改，并且它通常编排在参考文献之前。

1. 参考文献要求

为了反映论文的科学依据以及向读者提供有关信息的出处，应在论文的末尾列出参考文献。参考文献所列明的一般只限于作者阅读过的、公开发表在正式出版物上的文献，私人信件或还未发表的文章不宜列出。参考文献的著录应该执行 GB7714-87 的规定，采用著者出版年制或顺序编码制。根据不同期刊的要求，应对参考文献的格式进行修改。

2. 其他要求

对于文章中的图示，有以下几点要求：①图要精选，切忌与表及文字表述重复；②图示要求大小适中，线条均匀，主辅线分明，图中文字与符号均应清晰，字的大小6号至5号之间为宜；③图中的术语、符号、单位等应与表格及文字表述所用一致；④图在文中的布局要合理，一般先见文字后见图；⑤图应有以阿拉伯数字连续编号的图序和简明的图题。图序和图题间空一个字距，一般居中排于图的下方。

对于文章中的表格，有以下几点要求：

- 表中数据应按一定规律和顺序编排，表中内容切忌与插图及文字表述重复。
- 表的格式建议采用三线表，必要时可加辅助线。
- 表中内容相同的相邻栏或上下栏，应重复标明或以通栏表示。
- 表中的术语、符号、单位等应与图示及文字表述所用一致。
- 表随文排，先见文字后见表。
- 表应有以阿拉伯数字连续编号的表序和简明的表题。表序和表题间空一个字符，居中排于表的上方。

10.2 论文投稿的学术道德

学术道德是指从事科研工作和进行学术活动时所应遵守的道德规范。当忽略甚至违反学术道德时，可能会导致学术不端的行为出现。学术不端是指违反学术规范或学术道德的行为，具体包括捏造数据、窜改数据和剽窃三种行为，一稿多投、侵占学术成果、伪造学术履历等行为也属于学术不端。本节我们将针对在论文撰写和投稿过程中为了防止学术不端的行为出现，而应该注意的五个方面进行阐述。

10.2.1 数据处理

研究者在进行学术研究的过程中，往往以数据作为科研成果的支撑，如实验数据、问卷调查数据、观察访问数据等。论文中的数据必须保证其真实性和完整性。如果研究人员没有做过某个实验、调查或观察，却谎称做过，而进行数据的编造，这就构成了捏造数据，这种行为在学术界影响颇为严重。如果确实做过一部分实验、调查、观察，并得出具体的数据，但由于数据的拟合程度不足，或者无法验证假设，而对数据进行一定程度的窜改，则为窜改数据。这种行为虽然严重程度不及捏造数据，但同样是不可接受的不端行为。通常数据窜改行为包括：删除不利数据，添加有利数据；夸大实验次数；夸大样本容量；对照片记录进行修饰等。

在完成一篇论文并进行投稿之后，应该真实地记录和保存原始数据，不能捏造和窜改。虽然由于论文的篇幅有限，原始数据不能完全地展现在文章中，但是一旦有读者或专家对此数据的来源和形成过程、结果产生怀疑，作者应该第一时间展现原始数据。如果依照原文作者的操作流程不能进行重复性实验，或者结果并不符合文章中展示的研究结果，该数据可能存在造假嫌疑。一般而言，在论文发表之后，有关的原始记录、实验数据仍然需要保存一段时间，至少5年。如果论文的结果受到了质疑，论文有关的原始记录和数据必须永久保存。

10.2.2 论文的引用

研究者在撰写论文时，不论出版与否，都应指出那些从别处得来的思想和概念，以及建议和帮助。反之，则构成剽窃。对于剽窃的认知，有两点需要注意：一是不仅照搬他人的观点、实验数据、结果是剽窃，抄袭他人的语句也是剽窃。即使实验数据是自己做的，也不能直接套用他人的语句进行描述，而应该用自己的语言进行描述。二是并不是注明了文献出处，就可以直接照抄他人的语句。在引言和文献综述部分会涉及大量的其他作者的观点以及理论成果，在我们对其进行介绍时，必须用自己的语言进行复述，否则即使注明出处，也会被认为构成文字剽窃。如果一定要照抄其他学者的表述，必须使用引号，表明直接引用。

在文章中对于公开出版物的引用，可以不告知原作者，但是如果是从其他途径获取的资料信息，例如尚未发表的文献、学术会议中其他学者提出的暂未成文的观点，则需要得到原作者的书面许可再进行引用。在论文注解中必须写明物质利益关系，例如文章所属为国家自然科学基金项目，或者由某家企业资助的研究项目等。

10.2.3 署名

学术研究的开展和论文的撰写往往都涉及诸多参与者，但只有真正做出实质性知识贡献或撰写手稿的人员才可被作为论文的作者，在作者的列表中出现。作者出现顺序的国际惯例为对该论文的工作做了最直接主要的贡献的研究者为第一作者，其余人员按贡献大小排序。论文的通讯作者为就此论文与期刊和外界联系的人，作为期刊和论文其他所有作者之间沟通的首要负责人，为论文工作确定了总体的研究方向。一般而言，一篇论文只有一名通讯作者和一名第一作者。如果两个人的贡献相同，也可将其并列为第一作者，但是第一作者最好不要超过两人，否则在同行中容易产生歧义。在确定论文的署名时，注意不要遗漏对论文工作做出实际贡献的人。但仅参与获得资金或收集资料的人员，以及对科研小组进行一般管理的人员不宜列为作者，对这些人员的贡献应该列入致谢部分。如果此论文的发表属于大型协作研究项目，参与人数众多，不便在论文中一一列举，那么可以署单位或团体名称，如"××协作组"。

论文一般由第一作者或通讯作者撰写初稿，然后向共同作者征求意见。论文中出现的任何结论都必须是所有作者一致同意的，如果某个作者存在不同意见，他可以选择退出署名，并撤销他那一部分的文章。不能在学者不知情的情况下冒用其姓名作为署名作者。论文发表前应让每一位作者知情同意，每一位作者应对论文发表具有知情权，并认可论文的基本学术观点。论文的署名不但是对研究者学术的认可，更是一种责任。一旦论文发表后存在造假或剽窃嫌疑，不仅造假者、剽窃者要承担主要的责任，共同作者也应承担相应的责任。

10.2.4 论文的投稿

在发布学术成果时，应选择有同行评议的学术期刊。重要的学术成果应当向国际期刊进行投稿，接受国际同行的评议。在投稿过程中，要注意两种情况：一是一稿多投，二是二次发表。

一稿多投是指同一作者或者同一研究群体的不同作者，在期刊编辑和审稿人不知情的情况下，向两种或以上期刊同时或相继投递内容相同或相近的论文。与此含义相近的还有重复发表。典型的相同研究成果的重复发表很少，更常见的是作者就某个较大的课题发表多篇论文。如果不是使用同一套数据且每篇论文所讨论的问题均不一样，那么这是合理的，但是重复发表常处于以上两种情况的中间地带。以下四个条件可以用来判断是否为重复发表：

- 使用一篇论文更具信息量，且比多篇文章更为关联和完整。
- 可以用一篇文章概括所有的信息，而不必使用多篇文章。
- 分成多篇文章会降低研究的成果性。
- 当多篇文章发表时，读者可能只需阅读其中一篇文章。

一篇文章，当它选择一稿多投时，它将受到科学界的严厉指责，并且一旦被发现，轻则退稿，重则将被拉入黑名单，采取制裁或处罚措施。因为一稿多投将会浪费期刊版面及编辑和审稿人的时间，同时也对相关期刊的声誉造成不良影响，论文的版权问题也会对相应期刊产生困扰。一般而言，重复投稿在很多情况下均属于一稿多投，但是在以下情况下，重复投稿或发表不属于一稿多投：①在专业学术会议上做过口头报告，或者以摘要、会议板报形式报道过的研究结果，但不包括以会议文集或类似出版物形式公开发表过的全文；②对首次发表的内容充实了50%或以上的学术论文；③有关学术会议或科学发现的新闻报道，但此报道不应通过附加更多的资料或图表而使内容描述更为详尽。这些情况，作者在投稿时均应与相关期刊编辑进行坦诚的沟通，并附上有关资料，以免被编辑或审稿人误认为是相同或相似成果的重复发表。

二次发表指的是使用同一种语言或另外一种语言再次发表，尤其指使用另一种语言在另一个国家再次发表。先在国内期刊上发表论文，再在国际期刊上发表同一内容的英文论文，这种情况是允许的，但需要满足以下条件：

- 作者已征得首次和再次发表期刊和编辑的同意，特别是需要获得首次发表期刊的版权授权，并向再次发表期刊的编辑提供首次发表文章的复印件和原稿。
- 再次发表的目的是面对不同的读者群，因此使用不同的版本效果更好。
- 再次发表应与首次发表的论点和数据保持一致。
- 再次发表的论文应在论文首页上说明首次发表的信息。

在论文发表之前，不宜向新闻媒体宣布论文报告的结果，否则很有可能被退稿。研究者在论文发表前对其论文享有特权，有权不让他人了解、使用该成果。但是研究成果一旦发表，就失去了特权，他人有权做恰当的引用和进一步了解该成果的细节。

10.2.5 学术履历的撰写

在向国外期刊进行投稿的时候，一般会附上作者的学术履历。学术履历的目的是让他人对你的受教育经历和学术成就有一个客观的了解，不能自己主观评价，刻意拔高学术水平，捏造学术成果。对于学术履历的撰写，有以下注意事项：

- 在进行自我受教育程度的介绍时，如果研究者还在攻读博士学位，不应该把还未获得博士学历的博士研究生写成博士。在履历中应该写明获得学位的各项时间，如果还未获得，则注明预计获得时间。
- 在介绍学习、研究经历时，不应该利用中英文化差异来对自己的学术地位和成果进行拔高。例如，博士后研究人员不应该被翻译成"研究员"，在国外，研究员被认为是与教授同级的职称。
- 在列出发表的学术专著时，应该列清自己的贡献。在论文表中列举自己作为共同作者的论文时应该保留论文原有的排名顺序，并且列举的论文应该是发表在经同行评议的期刊学术的论文。

10.3 管理学期刊一般的审稿流程

10.3.1 提交稿件

当你已经选好准备投稿的期刊并且准备投稿时，要保证你的文章符合该期刊的格式要求。你可以查询与此期刊格式有关的信息，对论文的格式进行修改。格式不按要求的文章通常会带给编辑和审稿员较差的第一印象，因为他们会认为你对此期刊不尊重，对待学术不认真以及缺乏专业素养。因此，花费一定的时间对论文的结构、字体、图片、表格、参考文献等进行重新修改以满足期刊的格式要求是非常有必要的。

核心期刊目前主要有三种投稿方式：一是邮寄，打印纸质版后邮寄给杂志社；二是在线投稿，通过期刊官网或者其他渠道投稿；三是邮箱投稿，将稿件文档通过电子邮件方式投稿。如果你在此研究领域的学术地位颇高，学术成果甚丰，编辑主动约稿的可能性很大。许多期刊现在一般采取网络投稿系统进行投稿，你可以阅读期刊最新一期的给作者或投稿人的信息，或者查看期刊的主页，一定要确保找到官方的投稿方式。目前大多数期刊均使用双盲评审程序，即匿名评审人看到的论文也是匿名的，双方均不知道对方的身份。此时，在你所提交的文本中不应该涉及你真实的身份以及你所在的研究机构的信息。但你可以向编辑发送一封邮件，在信中致谢有关的机构或给予你帮助的人，以及那些曾读过该文并给过你反馈的同仁。如果你可以得到在此研究领域学术地位较高的学者的推荐和正面评价，这会在很大程度上提高论文成功发表的可能性。

10.3.2 评审过程

期刊在收到稿件后先由编辑助理审核材料是否齐全，若投稿时未要求选择编辑，则先到主编或值班编辑处，他们会将稿件分派给副主编或者专业编辑。其中一人将会成为你的责任编辑（或称执行编辑）。他将对你的论文进行审阅，若其认为稿件有科学价值、设计合理、可引起读者共鸣，会将稿件推荐给另外两至五名审稿人进行评审。通常，投稿（submit）状态后的一个星期内会出现编辑处理稿件（with editor）这个状态。顶级期刊的初审时间一般为 20～50 天。

在编辑对文章进行审阅后可能会出现两种状态：前台拒稿（decision letter being prepared）和审稿人审稿（reviewers invited）。第一种情况是指编辑在没有经过评审人审稿的情况下直接将稿件返还给原作者，通常是因为编辑认为你的文章主题与该期刊的研究领域并不相配、稿件质量太差或者写作水平欠佳。许多顶级期刊对 50%～90% 的投稿在未进行审稿人评审前直接拒稿。这不仅节约了审稿人的时间，也节省了投稿人的时间。建议投稿人在进行期刊投稿时，明确了解期刊的核心宗旨和研究领域，并对自己的文章进行润色与修改。第二种情况是编辑初审通过后会指任两三个审稿人审评你的文章，通常对于审稿人的选择会基于你文章的主题、方法、理论是否与审稿人的专长相配。但在你向学术期刊投稿时，投稿页面常常会允许你"推荐"或"回避"一些审稿人。绝大多数期刊会建议投稿者不要推荐曾经的文章合作者（最近发表的、合作人数不多的文章的合作者），作者应遵守这一规定。为了最大程度地保证同行评议的独立性，责任编辑在确定审稿人时可能完全不采用作者推荐的审稿人。在你给出很长的回避审稿人名单时，一定要向编辑进行说明，否则他可能会认为你在企图操纵文章的同行评议。如果你为了回避竞争者，不得不列出一长串回避审稿人，一定要在附函（covering letter）中，或名单旁进行说明。如果你的领域很小，大家合作的文章特别多，找到一个真正独立的"审稿人"十分困难，这时不推荐任何审稿人为宜。信任对投稿作者和编辑之间的社会契约来说是非常重要的部分。

在审稿人进行评审的过程中，每个审稿人对于文章的关注点均有不同，甚至对于同一个问题，他们会得出完全相反的结论。审稿中（under review），是指已邀请审稿人和已送审过程中。如果被邀请的审稿人对此文章没有兴趣或者时间紧张，没有意愿对此文章进行评审，就会选择谢绝（decline），编辑会重新邀请其他审稿人。一般来说，顶级期刊的审稿人有四至八个星期的时间完成评审，但如果有审稿人选择谢绝，评审时间通常会更长。

在专家外审完成之后，审稿人会将审稿意见返还给编辑。这个状态的持续时间较短，通常可以根据最初投稿后分配的稿件编号数量对此过程的处理时间进行预测。随后，执行编辑将对审稿人的意见进行评估（evaluating recommendation）。在等待稿件处理意见过程（decision in process）中，审稿人的反馈基本已经全部回来，编辑开始斟酌意见、处理稿件。执行编辑在整合审稿人的意见和他自己对稿件的判断后将起草决定函。一般你会在2~6月内得知编辑的决定，大部分期刊会在3~4月内完成评审。

10.3.3 决定函

执行编辑结合审稿人意见和他自己对稿件的意见后，向投稿人出示决定函。经过评审的稿件有五种可能的结果：直接接受、小修后接受、大修后接受、修改后重投及拒绝。值得注意的是，编辑起草决定函的过程耗时一周以上的，是由于审稿人意见不统一。这时编辑可能会自己决定此文章的命运，有可能充分尊重审稿人意见而拒稿，或者交由编委会讨论决定，也可能再次找一位审稿人进行评审。

直接接受是指不需要经过任何修改，接受发表原始论文，但很少有论文可以收到这个决定。对于稿件被拒绝，主要有两个原因：一是有关"技术性"问题，例如不恰当的样本、数据存在缺陷或无法重复实验以及不恰当的方法等。如果数据本身存在重大的缺陷，并且再修改也不会改变此结果，那么编辑会直接拒绝该稿件。二是有关"理论性"的问题，其中包括构念模糊不清、理论发展不足或者根本没有理论。这时编辑会认为该文在核心的理论架构上就存在重大问题，也会直接拒稿。这两种原因都涉及理论和方法不匹配的问题。但如果一些问题虽然较为严重，但还是可以修改的，编辑需要估计这些问题修改成功的可能性，并选择拒稿或者大修。例如，数据是合适的，而且结果也很有趣，文章的研究方向也具有探索性，那么即使理论建构较差，他也会给你一次修改并重新投稿的机会。大部分顶级期刊会给25%~35%的投稿修改再投稿的决定函，这也意味着30%～45%的投稿在经过一轮评审后会被拒绝。

小修后接受（minor revision）也称为有条件接受，表示论文需要经过较少的改动就能被期刊接受，小修后接受的论文可能不需要经历再次审稿，一般期刊编辑会自己检查后做出裁决，但是要注意"小修后接受"不代表一定会被接受，修改的地方一定要让编辑满意。

大修后接受（major revision）是指当编辑认为论文需要大幅度修改而做的决定。作者在返还修改稿时需要附上给审稿意见的逐点回复，修改后的论文也可能再送外审，通常会交由第一轮的审稿人，编辑也有权选择其他审稿人。第二轮的审稿，也被称为"再审稿"，结果如何根据作者针对评审和编辑意见进行的修改和回复来决定，如果投稿人没有完整回复所有的意见，那就有可能再次修改或被拒稿。也有可能有些文章上，编辑会标有"极高风险的修改"，这指的是你将会有大量的修改工作要做，无论是理论方面还是实证研究方面。对此，你不应该抱有消极抵触的情绪而放弃此次修改机会。因为修改后被发表的概率大于50%，并且修改后重投在这个期刊上发表的机会要大大超过提交到另一家相同等级期刊被接受的机会。

修改后重投是指有时候编辑拒稿，但是愿意在作者进行修改的前提下接受重新投稿，这时候重投算是新的投稿，如果作者接受的话，必须先根据评审和编辑的意见修改论文，然后在再投稿的时候附上含有前次投稿稿件编号以及修改说明的信函，编辑在检查修改后的论义还有相关信息之后，决定是否要将论文送交同行评审。

优秀期刊的标准是很高的，并且从评审过程中得到的反馈也很有价值。当投稿人向这些顶级期刊提交论文时，即使没有达到录用的标准，也可以根据获得的修改意见及反馈，重新进行修改和补充，再向其他期刊进行投稿。一篇文章被拒后原稿件不经过修改是不能直接投到另一个期刊的，通常要根据其他期刊的要求进行格式的修改或者内容的删减扩充。

10.4 外审回应方法

收到要求对你的文章进行修改的决定函往往会让人产生复杂的情绪。一方面，恭喜你的文章在一定程度上受到期刊的认可，在适当的修改后有可能公开发表。另一方面，这也意味着你需要付出大量的时间和精力对文章进行修改，特别是对于需要进行大修和标注高风险的文章，可能需要重新收集数据或对理论框架进行大范围的改动。决定函通常超过10页，意见繁多，这需要你有足够的耐心来进行修订工作。

10.4.1 修订原稿前的准备工作

在修订原稿前，应该仔细阅读分析决定函及审稿人给出的逐条意见，以便确切了解论文中的不足和缺陷、需要改进的地方。编辑在决定函中对审稿人意见的引用尤其需要注意，因为编辑同意这些意见并且认为这些问题的解决是修改成败的关键。如果审稿人的意见十分多且复杂，甚至提出的要求对你来说是个难以解决的瓶颈问题，那么要注意放平心态，毕竟如果你直接放弃去转投其他刊物，可能也会有同样的经历。

对于意见的整理和论文的修改，你可以尝试以下几种方式：一是每一天回答一个问题。对于大部分的论文，如果有两个审稿人，修改意见可能在20条左右。如果每天修改一条，再余下一些时间进行汇总和原稿的修订，基本上可以在规定的时间内完成。当面对所有的修改意见时，你可以先总结并整合所有审稿员和编辑指出的共同问题，再将每个审稿员的问题和意见分别标出；同时，找出原稿中存在的主要问题和次要问题，把理论和实证问题区分开。这种方式可以将所有的困难进行分解，再逐一攻破。

二是先放置半个月，再动笔修改。这是很多投稿者都会采用的一种方法。因为如果期刊的执行编辑要求你进行重大修改，而投稿人在较短时间内修改完毕，执行编辑对此会非常不满甚至拒稿，他会认为投稿者并没有认真对待编辑和审稿人的修改建议。因此，部分投稿人会选择先将问题和意见进行整理与分析，再花费半个月左右的时间思考如何进行修改和回应。在对问题的解决方式有了大致的方向之后，再着手于文稿的修改。

三是首先集中精力攻破难关，再解决其他较为简单的问题。如果能够集中精力尽快解决最主要、最困难的问题，那么其他问题也将迎刃而解。但这种方式也有其弊端，一旦核心问题久攻不破，时间消耗过长，在修改稿返回规定日期到来时，可能意见回应的文稿还没有完成。

四是将审稿人和执行编辑的意见分担给所有作者。每位作者只需完成自己那一部分的意见修改，如果共同作者较多，那么每位作者所需要修改的意见也较少。这种方式所花费的时间较短，并且每条意见都可以得到足够的分析整理和解释修改。但是这种方式的缺陷是不同的作者风格不一，并且一旦其中一位作者没有时间修改而迟迟未回复，这将为文稿的修改造成诸多的阻碍。

在你对于修改意见中的某些批评或评论不大了解，而你周围的同事或者论文的其他作者都对此感到不解时，你可以写信给编辑要求其解释和澄清。毕竟，编辑是非常愿意帮助你进行成功的修改的，但切记一定要有恰当的措辞和礼貌的态度。

10.4.2 修订原稿

在修订原稿的准备工作做完以后，你可以开始修订原稿了。在大多数顶级期刊中，执行编辑将审稿人的意见进行整合，并针对你的修改工作提出具体的建议。我们首先要关注的是执行编辑提供的建议，因为这关系到你的论文是否可以在这个期刊上成功发表。在回答完编辑所总结指出的所有问题之后，我们再仔细阅读审稿员给的各项建议。在之后向编辑提交的"回应评审员意见"（response letter）中，除了文章的修改稿，我们还需要用问答式——列出所有的评论意见并且作答。

在论文的评审过程中，有时来自审稿人的意见可能不那么礼貌，甚至不近人情，但我们绝不能用不礼貌的话语对审稿员进行回复。作者应该在回复中表达对审稿人的尊重，并迁就他们所提出的意见。如果审稿人要求使用一种新的统计方法，那么作者不应该抱有抵触情绪，而是应该进行积极的、新的统计工作，即使这样并不会改变最终的结论。与其要求第二轮评审，直接按照审稿人的指示去做会节省不少时间。如果评审员要求使用的方法你觉得并不合适，你可以先使用这个方法，再将其在"回应评审员意见"中予以指出，说明此方法造成的结果以及为何不使用这种方法。当两个审稿员提供了互相矛盾的建议，你可以分析选择哪位审稿人提出的建议更适合你的文章。你不需要遵循审稿人的所有意见，但你必须慎重考虑每条意见。

有的审稿人的研究领域与此文章的研究方向有所差异，或者审稿人阅读文章不够仔细，从而导致对于文章的理解有误，提出一些不能被人采纳的建议。此时对于这些意见进行回复的时候，可以首先引用一下文章的相关句子，然后指出文章的真正意思。接着承认是自己的表达出现了问题，让审稿人曲解了意思。最后指出句子已经重写，表达的意思已更为准确。这样，既能巧妙地回答该问题，也避免让审稿人尴尬。如果遇到了非常难回答的问题，比如审稿人质疑文章的创新性有限，价值不大，这是文章的根本性问题，很难进行改动，不能向审稿人表示赞同，但也不能直接对这个问题进行回避。虽然这个问题很难回答，但还是应该尝试争取一下。比如再强调一下文章中的相关语句，适当表达自己对此的观点，毕竟每个人的见解不同，虽然存在某个审稿人对此有不同的观点，但是决定权还是在编辑手中。综合多个审稿人意见，如果编辑认为这篇文章可以接受，那么不用过于担心。"回应评审员意见"的信件是所有审稿人都可以看见的，因此必须要诚恳地回答来获得其他审稿人的好感。

对于延长评审进度的原因，有两种可能：作者和审稿人。对于第一种可能，当面对审稿人的意见，如果作者给出的回复过于杂乱或长篇累牍，却并没有真正意识到审稿人真正关心的问题，这会拖累整个进程。但是作者也不是唯一影响评审进度的人。在某些情况下，审稿人对研究者的工作不够了解，因而会提出一些不合理的要求。作者往往会指出错误，并忽略这些要求。但有时作者和审稿人之间的分歧过于技术性，以至于编辑也不能判断谁对谁错。这时编辑就需要做出大量研究，这将会使得事情进度放慢，甚至有时编辑不得不另外再请一个审稿人进行审稿。

作者对于审稿人的意见可以稍微表达不同的看法，但一定不要频繁。作者应该在回复中体现出他们十分看重审稿人的反馈，并好好思考过了每一条建议。审稿人是自愿奉献他们的时间来审稿的，他们也在努力帮助一篇文章变得更好，以达到发表的水平。身为作者，应该努力和审稿人合作，让编辑和审稿人看见你文章中的闪光点。

10.4.3 撰写回复并提交

在向编辑提交文件之前，再将编辑的信仔细读一遍，确保你已经考虑到了所有的评论并对所有的建议做出了回应。阅读一遍你的修改稿，保证语言是准确的，所有被提醒的地方均做了修改。如果担心英语的写作水平受到质疑，可以选择聘请一位母语为英语的编辑或同行对其进行校正。在某些期刊中，编辑对于回应信件的长度做出了限定，如果你习惯于先总结评论再记录回应，你可以选择缩写评论后再写出简洁的回应。你的回应最好使用与原评论不同的字体以方便编辑和评审员阅读，并且明确标明页码以显示文章的哪部分进行了修改。

在向编辑提交文件之时，除了修改稿和回应评审员意见，还可再附上一个附件（cover letter）。在附件内，可包含以下内容：首先是感谢编辑安排审稿以及审稿人提出的宝贵意见。其次是作者已经认真按照审稿人的要求对问题一一作答，并对文章进行了仔细的修改，文章的所有修改都着重标出。最后是再次感谢编辑和审稿人的帮助。虽然附件的内容较为简单和常见，但也会使编辑和审稿人更为舒心。

10.5 研究的发表后管理

首先，恭喜你的论文越过千军万马，得到了发表的机会。但你需要注意的是，在期刊向你显示论文录用的时候，并不代表着论文一定能够发表。论文录用到见刊之间有若干流程，作者需要在录用通知中载明的期限内交纳相关发表费用，并且按照杂志社的要求和建议对论文进行简单的修改，达标后方可等待排版见刊。文章被录用后，如果作者不想再在此刊物上发表，只要没有在规定期限内交纳相关费用，杂志社会默认作者放弃发表。但在此之前，一定不能一稿多投。在论文见刊之后，是否就可以将其抛在脑后了呢？接下来，对于研究的发表后管理，我们将做几点说明。

10.5.1 期刊的保存

首先，一定要注意保管自己收到的期刊。在你的论文见刊之后，杂志社通常会向你邮寄两三本载有你的论文的当期刊物。在刊物发表之后，通常还需要在知网上查询到论文后，才能使用你的学术成果，例如评选职称或是评优等。知网查到论文的时间一般是收到刊物后再过1～2个月。有的地方的论文有效期为两三年，在此期间一定要注意保管好期刊。

其次，注意查找自己论文在知网或其他网站的检索页。一般在自己收到刊物后再过1～2个月，知网或者其他网站都会收录。当然，这个时间会随着期刊给知网文件和知网自己的工作进度安排而提前或延迟。在找到自己的文章收录页后，要注意保存到收藏夹内。

除此之外，在一些机构或者学校，论文的证书对评选职称或是评优也大有用处。如果有必要，可以向编辑询问是否可以提供证书。

10.5.2 后评审

后评审（post-publication criticism）指的是论文发表后的评价甚至是批评。在论文发表之前，只有少数期刊编辑和审稿人能够看见论文并且对其进行评价；而在论文发表后，所有的学者和读者都可以看见论文的文本。这时，如果他们对于论文本身存在质疑，那么所提出的评审意见属于后评审。例如，PubPeer 网站就是这样一个后评审的网站。在这个网站上，用户必须至少发表过一篇可被 PubPeer 收录的论文，才能注册账号。这个网站中的用户可以对已经发表的论文进行匿名的评价、审查甚至是举报。无论是数据捏造、实验造假还是论文抄袭，通过 PubPeer 网站，都可以对其进行重新审核。这也是后评审如此有效，被人恐惧的原因。

对于论文录取之前的评审意见，虽然意见繁多、要求过于苛刻，但论文作者的态度都是礼貌而尊敬的。但是对于发表之后的批评和质疑，作者深感困扰。因为这种公开而且匿名的评审，不仅有可能造成论文的撤稿，还会影响他们的声誉，甚至是工作机会。这种情况一部分也源自于学术界对于论文的发表赋予了过多的社会意义和经济价值。但后评审一定有利吗？在 PubPeer 上，用户虽然都发表过一篇可被 PubPeer 收录的论文，但是由于注册后所发表的评价都是完全匿名的，PubPeer 的公信力一直存在质疑。可能由于某些评价者对于论文研究领域的不了解，而给出不恰当的评价，使得作者受到无端的批评。最近一次 PubPeer 上引发的关注，是有人利用自动化程序 StatCheck 对 5 万多篇论文中的统计结果进行了检验和纠错。这一次大范围的纠错号称可以找到论文中出现的统计错误，包括 P 值和 t 值。计算机程序的使用也将对论文的查错提供新的思路。

那么对于论文的后评审，我们应该持有什么态度呢？

合理的学术批评，我们应该欢迎，但是本身对论文并不了解的人发表的错误观点，我们也应该拒绝。学者们发表评价应该基于客观公正的标准，学者们发表合法批评的自由权也应该得到保护。学术论文中的错误本身并不可怕，因为即便是错误的科学发现，也可能促进科学的进步。但与此同时，我们也应该警惕，对待学术，不能抱有侥幸的心理，要死守学术道德底线。对于学术研究，要精益求精，也要虚心进取。

10.5.3 撤稿

尽管目前论文的发表都会经过同行评审和编辑的共同分析检查，进而提高论文的质量以及修正错误，但是即便如此，也不能保证论文完全无错误。因此，读者或者其他学者仍可能在已发表的论文中找到错误。一般而言，一些较小的错误，如通信地址、作者的姓名更正，期刊会采用勘误声明的方式。但是，如果论文中存在严重的错误，甚至影响到研究的真实性和可靠性，那么就需要进行撤稿。撤稿是旨在提醒读者这些研究存在问题，它的目的是更正科研错误以及维护科学的可信度。

对于编辑需要撤稿的情况，一般分为以下几种：

- 有明确证据显示研究发现不可靠。不论背后的原因是学术不端行为，如伪造数据、实验造假，还是诚实的错误，如计算错误或者实验错误，都将被撤稿。
- 研究发现已经发表在别的地方，而且没有适当引用、取得同意或在论文中说明。
- 抄袭剽窃。
- 不道德的研究，例如论文中的研究方式不被当前社会所允许，违背伦理道德或损害被研究者的权利等。

在一定程度上，期刊对于撤稿而影响声望持有担忧的态度，因此在撤稿时并不愿意提供明确的撤稿原因。由于担心期刊的同行评审遭到质疑，针对这个现象，期刊透明指数被提出。这个指数根据期刊提供的撤稿原因清晰度来排名，使读者可以清晰认识到这些期刊撤稿的透明度以及撤稿的主要原因。但是，如果是作者自身发起的撤稿，撤稿原因大多数情况下仍为不明。

虽然拥有撤稿决定权的是期刊编辑，但是作者和期刊编辑都能发起撤稿。很多时候，撤稿是由作者和期刊编辑联合发出的。期刊编辑会向作者要求撤销有问题的论文，如果作者表示拒绝，那么编辑会自行撤销稿件。一般最常出现的情况是期刊编辑收到消息，表明在该期刊上的某篇论文存在错误，然后展开进一步的调查。一旦发现问题确实存在，则会发起撤稿通知。在通知中，必须向作者解释撤稿原因并提供对论文完整有用的信息。此外，在网络中在不同途径刊登的该篇文章，均会清楚表示已撤销。对于期刊的撤稿信息，一般有以下几点要求：

- 撤稿信息必须链接到所有能存取论文的网站，针对所有的在线版本。
- 必须清楚识别已撤稿的论文，比如在撤稿声明的标题上提及论文题目和作者名字。
- 让其他人能清楚此为撤稿声明，不与其他更正、勘误、评论等声明混淆。
- 及时公布撤稿以尽可能地减少误导等不良影响。
- 免费公开给所有人，不该要求登录或注册才能看见撤稿信息。
- 提供撤稿原因，是学术不端行为还是诚实错误。

撤稿一直以来都在学术界引起广泛关注，科研论文发表的压力更促使撤稿率不断攀升。虽然撤稿在科研发表中屡见不鲜，但是作者应该清楚了解造成撤稿的原因以及将会造成的影响，积极避免自己的论文被撤销。

重要术语

文献回顾　学术道德　学术不端　一稿多投　二次发表　前台拒稿　审稿人审稿　审稿中　小修后接受　大修后接受　修改后重投　后评审　期刊透明指数

复习思考题

1. 对所用文献进行筛选时需要注意什么？
2. 对于剽窃的认知需要注意什么？
3. 判定重复发表的条件有哪些？
4. 重复投稿或发表不属于一稿多投的情况有哪些？
5. 学术履历的撰写需要注意什么？
6. 核心期刊主要的投稿方式是什么？
7. 稿件被拒绝的原因有哪些？
8. 对于意见的整理和论文的修改，你可以尝试哪几种方式？
9. 对于编辑需要撤稿的情况，一般可以分为哪几类？
10. 对于期刊的撤稿信息，一般有哪些要求需要注意？

推荐阅读

中文书名	作者	书号	定价
公司理财（原书第11版）	斯蒂芬 A. 罗斯（Stephen A. Ross）等	978-7-111-57415-6	119.00
财务管理（原书第14版）	尤金 F. 布里格姆（Eugene F. Brigham）等	978-7-111-58891-7	139.00
财务报表分析与证券估值（原书第5版）	斯蒂芬·佩因曼（Stephen Penman）等	978-7-111-55288-8	129.00
会计学：企业决策的基础（财务会计分册）（原书第17版）	简 R. 威廉姆斯（Jan R. Williams）等	978-7-111-56867-4	75.00
会计学：企业决策的基础（管理会计分册）（原书第17版）	简 R. 威廉姆斯（Jan R. Williams）等	978-7-111-57040-0	59.00
营销管理（原书第2版）	格雷格 W. 马歇尔（Greg W. Marshall）等	978-7-111-56906-0	89.00
市场营销学（原书第12版）	加里·阿姆斯特朗（Gary Armstrong），菲利普·科特勒（Philip Kotler）等	978-7-111-53640-6	79.00
运营管理（原书第12版）	威廉·史蒂文森（William J. Stevens）等	978-7-111-51636-1	69.00
运营管理（原书第14版）	理查德 B. 蔡斯（Richard B. Chase）等	978-7-111-49299-3	90.00
管理经济学（原书第12版）	S. 查尔斯·莫瑞斯（S. Charles Maurice）等	978-7-111-58696-8	89.00
战略管理：竞争与全球化（原书第12版）	迈克尔 A. 希特（Michael A. Hitt）等	978-7-111-61134-9	79.00
战略管理：概念与案例（原书第10版）	查尔斯 W. L. 希尔（Charles W. L. Hill）等	978-7-111-56580-2	79.00
组织行为学（原书第7版）	史蒂文 L. 麦克沙恩（Steven L. McShane）等	978-7-111-58271-7	65.00
组织行为学精要（原书第13版）	斯蒂芬 P. 罗宾斯（Stephen P. Robbins）等	978-7-111-55359-5	50.00
人力资源管理（原书第12版）（中国版）	约翰 M. 伊万切维奇（John M. Ivancevich）等	978-7-111-52023-8	55.00
人力资源管理（亚洲版·原书第2版）	加里·德斯勒（Gary Dessler）等	978-7-111-40189-6	65.00
数据、模型与决策（原书第14版）	戴维 R. 安德森（David R. Anderson）等	978-7-111-59356-0	109.00
数据、模型与决策：基于电子表格的建模和案例研究方法（原书第5版）	弗雷德里克 S. 希利尔（Frederick S. Hillier）等	978-7-111-49612-0	99.00
管理信息系统（原书第15版）	肯尼斯 C. 劳顿（Kenneth C. Laudon）等	978-7-111-60835-6	79.00
信息时代的管理信息系统（原书第9版）	斯蒂芬·哈格（Stephen Haag）等	978-7-111-55438-7	69.00
创业管理：成功创建新企业（原书第5版）	布鲁斯 R. 巴林格（Bruce R. Barringer）等	978-7-111-57109-4	79.00
创业学（原书第9版）	罗伯特 D. 赫里斯（Robert D. Hisrich）等	978-7-111-55405-9	59.00
领导学：在实践中提升领导力（原书第8版）	理查德·哈格斯（Richard L. Hughes）等	978-7-111-52837-1	69.00
企业伦理学（中国版）（原书第3版）	劳拉 P. 哈特曼（Laura P. Hartman）等	978-7-111-51101-4	45.00
公司治理	马克·格尔根（Marc Goergen）	978-7-111-45431-1	49.00
国际企业管理：文化、战略与行为（原书第8版）	弗雷德·卢森斯（Fred Luthans）等	978-7-111-48684-8	75.00
商务与管理沟通（原书第10版）	基蒂 O. 洛克（Kitty O. Locker）等	978-7-111-43944-8	75.00
管理学（原书第2版）	兰杰·古拉蒂（Ranjay Gulati）等	978-7-111-59524-3	79.00
管理学：原理与实践（原书第9版）	斯蒂芬 P. 罗宾斯（Stephen P. Robbins）等	978-7-111-50388-0	59.00
管理学原理（原书第10版）	理查德 L. 达夫特（Richard L. Daft）等	978-7-111-59992-0	79.00